Ilse Gräfin von Bredow
Denn Engel wohnen nebenan
Ein Bernhardiner namens Möpschen

Zu diesem Buch

In ihren Erinnerungen aus der Mark Brandenburg erzählt Ilse
Gräfin von Bredow liebevoll und nostalgisch von ihrer Kindheit: vom Schlittschuhlaufen auf dem Havelsee, von Geschwistern, Spielkameraden und originellen Dorfbewohnern und
natürlich von der skurrilen Tante Barbara mit ihrem Bernhardiner namens Möpschen. In »Denn Engel wohnen nebenan«
kehrt die große Erzählerin an den Ort ihrer Kindheit und
Jugend, in das Forsthaus von Lochow in der Märkischen Heide,
zurück und erinnert sich an glückliche Zeiten. Die Geschichten
in »Ein Bernhardiner namens Möpschen« erweitern die märkischen Erinnerungen um viele liebenswürdige Einzelepisoden.
Gräfin von Bredows einzigartige Mischung aus Erinnerung
und heutigem Erleben eröffnet ein Panorama von Schicksalen,
wie es nur jemand beschreiben kann, der das alles auch selbst
erfühlt und erlitten hat.

Ilse Gräfin von Bredow wurde 1922 in Teichenau / Schlesien
geboren. Sie wuchs im Forsthaus von Lochow in der Märkischen Heide auf und besuchte später ein Internat. Während
des Krieges war sie im Arbeitsdienst und mußte Kriegshilfs-
dienst leisten. Seit Anfang der fünfziger Jahre lebt Gräfin von
Bredow als Journalistin und Schriftstellerin in Hamburg und
hat zahlreiche Bücher veröffentlicht.

Ilse Gräfin von Bredow

Denn Engel wohnen nebenan

Ein Bernhardiner namens Möpschen

Märkische Erinnerungen und Geschichten
in einem Band

Piper München Zürich

Von Ilse Gräfin von Bredow liegen in der Serie Piper außerdem vor:
Willst du glücklich sein im Leben (2438)
Denn Engel wohnen nebenan (2439)
Familienbande (2911)
Ein Fräulein von und zu (2912)
Glückskinder (2913)
Ein Bernhardiner namens Möpschen (2914)
Ich und meine Oma und die Liebe (3213)

Taschenbuchsonderausgabe
Piper Verlag GmbH, München
Juli 2002
© 1995 und 1991 Scherz Verlag, Bern, München, Wien
Umschlag / Bildredaktion: Büro Hamburg
Isabel Bünermann, Julia Martinez, Charlotte Wippermann
Umschlagabbildung: John Atkinson Grimshaw
(»Herbstlicher Kirchgang«, 1888; Artothek)
Foto Umschlagrückseite: Gudrun Drews
Druck und Bindung: Clausen & Bosse, Leck
Printed in Germany   ISBN 3-492-23642-1

www.piper.de

Denn Engel wohnen nebenan

»Wer nicht den Himmel unten fand,
verfehlt auch oben ihn,
denn Engel wohnen nebenan,
wohin wir immer ziehn.«

Emily Dickinson

1

Es ist ein strahlender Junitag. Der Sommer '94 hat vielversprechend begonnen. Wir sitzen hinter Luzie Trägenapps Haus im Garten, von dem man einen weiten Blick über die angrenzende Wiese und über ein Stück vom Witzker See hat, und bewundern ihre Blumen. Rittersporn, Löwenmäulchen, Vergißmeinnicht und Levkojen. Luzie klagt über die Quekken mit ihren langen Wurzeln. Sie sind anscheinend sowenig auszurotten wie die Mücken, die meine Vorfahren hier schon vor sechshundert Jahren plagten, als die Bredows dem Teufel im Flug aus dem Sack purzelten und sich im Havelland verstreuten. Doch im Moment lassen sie uns in Ruh.

«Keine Mücken dieses Jahr? Ich weiß wirklich nicht, was ihr immer habt», sage ich.

«Da hättest du mal vor vier Wochen hier sein sollen», sagt Luzie. Nach anfänglichem Zögern sind '92 sie und ihr Mann Sigmund Mateke wieder von West-Berlin in das Heimatdorf Lochow zurückgekehrt. Auf dem Trägenappschen Grundstück hat sich das Ehepaar ein Häuschen gebaut. Es waren anstrengende Monate gewesen. «Erinnere mich nicht an diese Zeit», sagt Luzie. Die Großstadt vermißt sie nicht. Sie kann sich kaum noch vorstellen, daß sie es so lange in Berlin überhaupt ausgehalten hat.

«Kunststück», sage ich, «bei dieser Lage!»

Die hohen Bäume vom Nachbargrundstück, unserem ehemaligen Forstgarten, geben angenehmen Schatten. Gerade weht eine leichte Brise, so daß wir die selbstgebackenen Windbeutel und den Ausblick doppelt genießen. Leider ist ein Grasmäher dabei, der Wiesenblumenpracht den Garaus zu machen. Auch einige Rehkitze werden wohl, wie früher, in dem dichten Gras ihr Leben lassen müssen.

Außer meiner Schwester gehören zu Luzies Kaffeegästen auch ihre Schwägerin Genia Mateke, ihre Schwester Ilse und ihr Schwager Arno Mateke. Wir sind sozusagen der letzte Rest der «Eingeborenen», ein Häuflein klein, die meisten von uns inzwischen Rentner und von den üblichen Alterszipperlein geplagt. Trotz der Grenze waren wir immer in Verbindung geblieben, auch mit anderen alten Bekannten aus dieser Gegend, mal mehr, mal weniger, wie es die Lebensumstände gerade so mit sich brachten. Lochow, der früher so idyllische Ort mit seinen wenigen Häusern, hat sich im Laufe der Jahre in Richtung Luch gestreckt. Schöner ist er dadurch nicht geworden. Baracken am Ufer des kleinen Sees, ein ausgebrannter Wohnwagen, ein leerer, allmählich zusammenstürzender Kuhstall der LPG und dicht bei dicht Finnenhütten auf unserer ehemaligen Koppel hinter der Scheune.

Meine Schwester und Luzie haben begonnen, von den beschaulichen Zeiten unserer Kindheit zu reden, von den heißen Sommern, wenn uns der Sand fast die nackten Fußsohlen verbrannte, Frauen und Mädchen im Dorf nur Schlüpfer und eine Kittelschürze darüber trugen und meine Mutter auf dem Flügel das Lied vom Nöck spielte. «Komm wieder, Nöck, du singst so schön, wer singt, kann in den Himmel gehn.» Wir Kinder plärrten: «Anneliese Lohse macht sich in die Hose!» Und nach Feierabend ließ jemand am Witzker See sein Horn klagen: «Schön ist die Jugendzeit, sie kommt nicht mehr.» Das Frühjahr, das sich jedesmal Zeit ließ – «Mein Gott, dieses Jahr wird's ja wohl überhaupt nicht mehr Frühling!» –, und plötzlich, wie durch Zauberhand, waren die Wiesen voller Sumpfdotterblumen, tummelten sich die Kiebitze über der Wiese, wurde alles wieder grün, und die Waldmeisterbowle brachte uns in Schwung. «Waldeslust, Waldeslust, oh, wie einsam schlägt die Brust.» Die Männer von Luzie und Ilse, die Matekes und ihre Vettern und Kusinen hatten ähnliches erlebt. Auch sie sind auf dem Land groß geworden, erst in Wolhynien und dann im Warthegau, wohin sie nach dem Pakt zwischen Stalin und Hitler umgesiedelt worden waren.

Wir reden darüber, wie Luzies Mutter über den Gartenzaun in Richtung unserer Küche rief: «Erna, bei 'ne Weile Brot holen!» Bäcker Scheer aus Ferchesar kam mit Pferd und Wagen nur einmal in der Woche. Das Brot backte sich das Dorf selbst, im Backofen neben unserer Scheune. Den Backofen gibt es nicht mehr, und die Eiche mit den Hornissen vor Trägenapps Haus ist einem Sturm zum Opfer gefallen. Wir reden dies, wir reden das und verklären die Erinnerungen. Im Winter das Schlittschuhlaufen auf dem Witzker See und den überschwemmten Wiesen. Eine endlose Eisfläche dehnte sich und glitzerte im Mondlicht, während der kalte Ostwind uns ins Gesicht blies. Das Fischen mit Aalpuppen und Netzen, und dann der Schnee, der jedes Geräusch erstickte. An unsere Liese, die Kriegsveteranin aus dem Ersten Weltkrieg, können sich allerdings nur noch meine Schwester und ich erinnern. Vor eine Kette Rodelschlitten gespannt, stampfte sie in einem für einen Kaltblüter erstaunlichen Tempo die Waldwege entlang, angefeuert von Gerhard Karge, der auf dem letzten Schlitten die Trommel meines Bruders schlug, dafür allerdings auch in der Kurve die Balance verlor und umkippte. Gerhard Karge ist inzwischen gestorben, wie schon so viele aus meiner Generation. Dann sind wir beim Adventssingen in unserem Haus angelangt, wo man sich um den Flügel versammelte und die Transparente bewunderte, während meine Mutter Weihnachtslieder spielte.

Mir fällt mal wieder Schauriges ein. «Weißt du noch», sage ich zu meiner Schwester, «der Uhrmacher in den zwanziger Jahren? Der reizende alte Herr, der gütige Onkel, von den Kindern geliebt?»

«Keinen Schimmer», sagt meine Schwester abwehrend. Sie ahnt, was kommt, und sieht ihre Kindheit gern als eine heile Welt.

«Das weißt du nicht mehr?» frage ich ungläubig. «Er hat den Bauern die Uhren repariert und so ganz nebenbei mehrere Kinder umgebracht. Auf unseren Streifzügen im Wald haben wir uns mit dieser Geschichte gegenseitig gegruselt.»

«Typisch», sagt meine Schwester. «An so was erinnerst nur du dich. Paß auf, du kleckerst.»

Irritiert sehe ich auf das Tischtuch. «Wo denn?» Ich schiebe den Teller beiseite. Tatsächlich, ein Obstfleck.

«Macht doch nichts», sagt Luzie.

«Du warst schon immer eine Kleckerliese», sagt meine Schwester. Sie ist fast fünfundsiebzig und ich fast zweiundsiebzig, aber die geschwisterlichen Reibereien funktionieren immer noch.

«Noch jemand Kaffee?» fragt Luzie und, vorwurfsvoll: «Ihr eßt ja gar nichts. Greift doch zu!» Das Aufheulen eines Motors läßt uns zusammenzucken. Ein BMW-Fahrer mit

Berliner Kennzeichen verwechselt offensichtlich den Plattenweg mit der Autobahn und gerät prompt ins Schleudern. Fast landet er in Luzies Gartenzaun. Entrüstet drehen wir uns nach ihm um. Es ist immer dasselbe mit den Städtern. Und schon fällt mir wieder ein: «Schlimmer als Rüsselkäfer und Waldbrände zusammen!» Alles wie gehabt. Auch das Elternhaus, das uns nun wieder gehört. Nikolai Kolbatsch, der Onkel von Sigmund und Arno Mateke, hat es uns zurückgegeben. Er stammte aus der Ukraine und war mit seiner Familie seit '40 bei uns. Nach der Enteignung war ihm als Siedler das Grundstück zugeteilt worden. Doch von Anfang an hatte er es nie als sein Eigentum betrachtet und auch bis zu seinem Tode keinen Hehl daraus gemacht, daß er es uns wieder überlassen würde.

«Stimmt», sagt Sigmund, Luzies Mann. «Er hat immer gesagt: ‹Die Grafen kommen wieder. Ist doch ihr Land, oder nicht?› Und er hat sein Versprechen gehalten.»

«Zuletzt hat er auch nicht mehr leben wollen», sagt Luzie. «Seitdem Tante Olga gestorben war, hat er sich ganz in sein Haus verkrochen. Nicht mal mehr den Garten hat er zum Schluß bestellt. Und den Hund hat er auch weggegeben.»

«Glaubst du, daß er sich nach seinem Hof in der Ukraine gesehnt hat?» frage ich.

«Zu Anfang vielleicht nicht, aber zum Schluß, glaub ich, schon.» Wir schweigen. Eine Gedenkminute für Nikolai Kolbatsch. Auch der Grasmäher schweigt. Bleierne Hitze liegt jetzt über dem Land. Für kurze Zeit herrscht Stille. Es ist die Stunde der Roggenmuhme, vor der man uns Kindern angst machte, damit wir nicht durchs Getreide liefen und alles zertrampelten. Nikolai müssen unsere spärlichen Erträge ärmlich vorgekommen sein gegen das, was er auf seinem Hof in der Ukraine geerntet hatte, der Kornkammer Rußlands, wie es hieß.

«Der Onkel Kolla war so ein Mensch», sagt Arno Mateke, Luzies Schwager, und beginnt in seiner bedächtigen Weise, den Onkel zu beschreiben, da bringt ihn ein voll aufgedrehtes Autoradio zum Verstummen, das «Katzenklo, Katzenklo macht jede Katze frisch und froh» oder so ähnlich plärrt, so daß Arnos Promenadenmischung, die heute mal nicht ihrer Lieblingsbeschäftigung nachgeht, die Schwalben auf den Telefondrähten anzubellen, kläffend aus dem Hof hinter dem Auto herwetzt.

«‹Katzenklo, Katzenklo›, so was Hirnrissiges», lache ich. Aber dann fällt mir ein, daß die Schlager in meiner Kindheit auch nicht viel geistreicher waren: «Es war einmal ein Teddybär, der blies Trompete und noch mehr. Und war man zu ihm grob und barsch, dann blies er den Radetzkymarsch. Oh, Mona!»

«Dreihundert Autos haben wir an einem Wochenende gezählt», sagt Sigmund, «das kann ja noch heiter werden.» Und meine Schwester fügt hinzu: «Gott erhalte uns den Plattenweg.»

«Auf dem man nicht mal radeln kann», ergänze ich bedauernd.

«Da hättest du mal hier sein sollen, als die Russen das Luch noch als Übungsgelände für ihre Panzer benutzten», sagt Ilse Mateke und fügt ohne Übergang hinzu: «Am 24. April '45 seid ihr weggemacht. Ich weiß es noch wie heute. Vier Tage nach Adolfs Geburtstag. Dein Vater ist noch zu meiner Mutter gekommen und hat gesagt: ‹Frau Trägenapp, geben Sie mir lieber Ihre Mädchen mit. Es wird schlimm werden.› Aber Mutter wollte nicht. Sie konnte sich nicht von uns trennen.»

2

Ich erinnere mich. Nachdem ich mich von der Wehrkreis-Reit- und -Fahrschule abgesetzt hatte und auch meine Schwester, die im Herbst '44 einen Vetter von uns geheiratet hatte, wieder in Lochow war und die Front allmählich näher und näher rückte, stand Vaters Entschluß, Lochow zu verlassen, fest. Ein Wagen wurde für die Flucht vorbereitet, Kisten und Koffer wurden gefüllt, und wir konnten uns nicht einig werden, was am wichtigsten zum Mitnehmen war. Auf jeden Fall einige Erinnerungsstücke, an denen unsere Herzen hingen, darunter auch der zerbeulte Serviettenring meines Bruders, den er zur Taufe bekommen hatte.

Nachdem wir Kisten und Koffer auf dem Treckwagen verstaut hatten, sich, o Wunder, auch das Oktavheftchen, in dem jeder Gegenstand verzeichnet war, wiederfand und das Haus in dem ganzen Durcheinander die Gemütlichkeit eines Güterwaggons ausstrahlte, hatte es sich Vater plötzlich anders überlegt. Wie sollte Nikolai ohne Pferde die Frühjahrsbestellung machen? Auch würde es womöglich heißen, wir hätten uns aus dem Staube gemacht und den Leuten keine Chance gegeben, mit ihren Kindern wegzukommen.

So wanderte alles wieder zurück in Schränke und Kommoden, und nur meine Mutter fuhr mit dem Treck einer befreundeten Familie voraus. Wir wollten mit den Rädern nachkommen und uns mit ihr, wie es die Situation ergab, entweder in Niedersachsen bei entfernten Verwandten oder in Schönweide, einem Gut in Holstein, treffen.

Am 23. April verwöhnte uns der Staat noch mit einer Sonderration Zucker, die ich aus Rathenow holen mußte. Ich war noch nicht ganz aus der Stadt heraus, da begann die Eisenbahnflak zu schießen. Die Granatsplitter prasselten nur so durch die Bäume, als führe ich durch einen Platzregen. In der Nacht vom 23. zum 24. hörten wir es zum ersten Mal, dieses malmende Geräusch von Panzern. Mein Vater, der es vorher nicht so eilig gehabt hatte, drängte jetzt sehr. Er setzte sich mit meinem Onkel in Stechow in Verbindung, dessen Treck wir uns anschließen wollten. Wir packten unsere Rucksäcke und füllten unsere Feldflaschen mit Rotwein. An den Lenkstangen der Fahrräder befestigten wir Stallaternen.

Möpschen, unseren Bernhardiner, konnten wir nicht mitnehmen. Er war nicht mehr der Jüngste und schon ziemlich steifbeinig. Er wedelte nur kurz, als wir ihn streichelten, zu sehr war er mit der Blutwurst beschäftigt, die wir ihm spendiert hatten. Nikolai würde sich um ihn kümmern.

Wir gingen noch einmal durchs Haus. Waren die Fenster auch verschlossen? Die Schränke sollte man lieber offen lassen, hatten wir gehört. Die würden doch nur aufgebrochen. Während wir von Zimmer zu Zimmer gingen, fühlten wir uns ein bißchen verlegen. Waren wir nicht überängstlich? Friedrich der Große in Öl über Vaters Schreibtisch blickte verächtlich. Das wollten nun Preußen sein. Im Flur zog ich noch einmal Großmutters Spieluhr auf. Vier Porzellanpüppchen im Rokokokostüm, die in einer Rosenlaube auf zierlichen Stühlchen an einem gedeckten Tisch saßen, hoben die Tassen und bewegten ihre Köpfe zu dem Menuett von Boccherini. So saßen und nickten sie wohl noch, als wir uns auf dem Hof vom Dorf verabschiedeten. Wir machten es kurz. Dann radelten wir davon, mit unseren beiden Hausmädchen Irmchen und Erna und dem jungen Münsterländer Buschi.

Schon auf dem Weg nach Ferchesar hatte Erna nach zwei Kilometern die Nase voll und wollte am liebsten wieder umkehren. «Mein Nähzeug hab ick ooch vergessen.» Vater wurde ungehalten. «Seien Sie nicht albern. Los, los, wir müssen uns beeilen!» Erna fügte sich mit muckschem Gesicht.

«Mensch, Erna», sagte ich tröstend. Mit unseren Köchinnen und Hausmädchen hatten wir Kinder immer ein sehr gutes Verhältnis gehabt. Sie vertuschten unsere kleinen Sünden und ergriffen unsere Partei, vor allem, wenn sie sich über meine Mutter geärgert hatten. Irmchen und Erna waren die letzten einer langen Reihe. Mit Erna standen meine Schwester und ich auf besonders vertrautem Fuß. Wir waren fast im selben Alter, lasen dieselben Bücher, sangen dieselben Schlager und radelten, wenn irgend möglich, mit ihr ins Kino oder gingen, mit Möpschen im Gefolge, gemeinsam baden. Erna stammte aus Witzke. Ihr Vater betreute die Pumpwerke am Kanal und war Jagdaufseher bei den Jagdpächtern. Nebenbei betrieben ihre Eltern eine kleine Landwirtschaft.

In Ferchesar war von Aufbruch nichts zu merken. Aber auf dem Weg von Ferchesar nach Stechow sah man bereits in östlicher Richtung eine riesige Rauchwolke und das Mündungsfeuer der Artillerie. Auf dem Gut meines Onkels Wilhelm Bredow wartete der Treck schon auf uns. Wir verstauten unsere Rucksäcke, und dann setzten sich die

Wagen in Bewegung. Wir, auf unseren Rädern, bildeten das Schlußlicht.

Die Straße nach Rathenow war völlig verstopft, von flüchtendem Militär, endlosen Kolonnen von Ostflüchtlingen auf ihren Treckwagen und vielen kriegsgefangenen Russen, die wenig Lust zu verspüren schienen, sich von ihren Landsleuten befreien zu lassen. Im Wald links und rechts der Straße hatte deutsche Artillerie bereits Stellung bezogen, um die Stadt zu verteidigen. Rathenow selbst wirkte von einem Tag auf den anderen völlig verändert, was nicht an dem vielen Militär und den Flüchtlingen lag. Daran waren wir gewöhnt. Es war das Entsetzen, das die Mauern der Stadt auszuschwitzen schienen, die Angst vor dem, was ihr bevorstand.

Wir passierten die Havelbrücke und kamen gegen Morgen in Briest an, einem kleinen Ort etwa fünfzehn Kilometer von Rathenow Richtung Elbe. Dort machten wir erst mal halt, um die Pferde zu füttern und selbst zu frühstücken.

Meine Erinnerung an diese Zeit hat große Lücken. Ich weiß nur noch, daß wir uns einmal, vor Tieffliegern Schutz suchend, voller Panik zu viert in eine Telefonzelle drängten, während mein Vater auf einer Anhöhe saß und ganz entrückt zusah, wie sie zwei Kilometer von uns entfernt eine kleine Brücke in die Luft jagten. Als er merkte, wohin wir geflüchtet waren, erhob er sich und holte uns dort raus. «Was soll denn der Unsinn?»

In Klietznick, nicht weit von der Elbe, hatten wir, auf der Suche nach einem geeigneten Nachtquartier, erschöpft auf einer kleinen Anhöhe haltgemacht und uns unter einem Schild für einen Augenblick ausgeruht. «Was steht da eigentlich drauf?» fragte meine Schwester schläfrig. Und Erna sagte: «Achtung, Feindeinsicht!» Da gab es auch schon ein merkwürdiges Sausen und Rauschen, und wir rannten, Buschi hinter uns herzerrend, in Deckung. Wir waren unter Artilleriebeschuß geraten. Zum Glück waren die Pferde ausgespannt. Aber einige Flüchtlinge wurden leicht verletzt und einer unserer Treckbegleiter von einem Splitter am Hals getroffen.

Nach diesem Erlebnis zogen wir es vor, im Wald zu übernachten. Aber an Schlaf war nicht zu denken. Es war hundekalt, und die Angst hatte uns voll im Griff. Obwohl die meisten von uns nach fünf Jahren Krieg auf solche Schrecken nicht ganz unvorbereitet waren, nützte das jetzt wenig. Glücklicherweise ist Angst nicht steigerbar. Da gibt es keinen Unterschied, ob es Krieg ist oder Frieden. Dafür bekamen wir sehr schnell, wie die anderen Flüchtlinge auch, einen Instinkt für die Gefahr. Am 25. April, gegen Morgen, hörten wir die Sirenen von Rathenow Feindalarm geben. Jede Überlegung, ob es nicht vielleicht doch besser war, wieder umzudrehen, konnten wir also vergessen.

Ich weiß auch nicht mehr, wie es mein Vater und mein Onkel schafften, mit Hilfe eines Parlamentärs mit den Amerikanern auf der gegenüberliegenden Seite der Elbe Kontakt aufzunehmen und, ebenso wie das Lazarett aus Jerichow, in dem sich viele verwundete amerikanische Kriegsgefangene befanden, die Genehmigung für den Treck zum Übersetzen zu erhalten. Der Treck war inzwischen bei einem Bauern in Klietznick untergekommen und zog am 26. April, vormittags, zum Elbufer, gefolgt von einem endlosen Troß von Flüchtlingen, voran ein Träger mit der weißen Fahne. Doch am anderen Ufer bei den Amerikanern rührte sich nichts. Einige Männer versuchten ihr Glück, auf eigene Faust hinüberzurudern, wurden aber sofort von den Amerikanern heftig beschossen und mußten wieder umkehren.

Erna und ich beschlossen daraufhin herauszufinden, wo der Übernahmeplatz des Lazaretts war. Vielleicht gab es ja dort eine Chance. Wir radelten im Schutze des Deichs in Richtung Jerichow und schauten ab und zu über die Krone, aber von Kähnen oder Fähren war nichts zu sehen. Als der Wiesenweg endete und wir unsere Räder über die Wiese in einen kleinen Wald schoben, begann die Artillerie wieder, sich auf uns einzuschießen. Auf dem Weg nach Jerichow kamen wir an unzähligen Unterständen der Wehrmacht vorbei, gefüllt mit Panzerfäusten, Patronentaschen, Karabinern, Stahlhelmen und Tellerminen. Dann sahen wir ein Hausdach durchs Gebüsch leuchten. War das schon Jerichow? Aber es war nur ein einzelnes Gehöft. Haus- und Stalldach waren ziemlich zerschossen. Da aber auf einer Holzmiete einige Wäschestücke hingen, mußte wohl hier noch jemand wohnen. Wir pirschten uns langsam näher und hatten das Haus fast erreicht, als wir plötzlich einem Amerikaner gegenüberstanden. Er sprach etwas Deutsch, so daß wir uns gut verständigen konnten. Wir versuchten herauszubekommen, wann und wo die Übernahme des Lazaretts erfolgen sollte. Aber er zuckte nur die Achseln. So kehrten Erna und ich zu unserem Treck zurück.

Allmählich glich das Elbufer einem riesigen Heerlager. Von den zugesagten Fähren war immer noch nichts zu sehen. Dafür kamen einige Amis herübergerudert, stolzierten zwischen den Flüchtlingen herum und sparten nicht mit höhnischen Bemerkungen in gebrochenem Deutsch. Erna war ganz empört. «Wie kommen eigentlich diese Lackaffen dazu, unsere Wehrmacht schlechtzumachen?» Zwei Nächte froren und klapperten wir an der Elbe vor uns hin. Dann hieß es plötzlich: Franzosen! Ehemalige französische Kriegsgefangene seien die einzige Chance, hinübergelassen zu werden. Jeder machte sich auf die Suche. Aber die Handvoll Franzosen, die sich unter den Flüchtlingen befand, war schnell vergriffen. Zuerst waren sie über das plötzliche Interesse an ihrer Person ganz perplex. Aber dann, als sie begriffen, um was es ging, wurden sie sehr wählerisch. Sie suchten sich die hübschesten Mädchen zum Beschützen aus. Wir gehörten nicht dazu.

Schließlich gaben wir auf. Vater beschloß, sich mit uns von dem Treck meines Onkels zu trennen und sich über Neumarkt, Havelberg, Sandau, Perleberg, Ludwigslust und Schwerin Richtung Lübeck durchzuschlagen. Das hieß, wir mußten erst einmal wieder fast bis Rathenow zurück, und wir wußten nicht, ob die Russen dort bereits einmarschiert waren. Doch noch immer wurde, in diesem Fall zu unserem Glück, um Rathenow gekämpft.

Zwei unserer Räder waren uns inzwischen gestohlen worden, und so mußten wir teils zu Fuß, teils per Anhalter weiter. Hatten wir uns eingebildet, schlimmer als die letzten Tage könne es nicht kommen, wurden wir schnell eines Besseren belehrt. Das Chaos auf den Straßen war nicht mehr zu überbieten. Von den Tieffliegern zusammengeschossene Trecks, ineinander verkeilte Militärfahrzeuge, flüchtende Soldaten und halbe Kinder in Uniform, die unter der Anleitung eines Leutnants ein Flakgeschütz in Stellung brachten. Die Dorfbewohner gingen fast mit der Mistgabel auf den jungen Offizier los. «Hau bloß ab, du Dussel! Soll auch hier alles in Schutt und Asche gehen?» Der Leutnant verstand die Welt nicht mehr. «Ich will Sie doch nur schützen!»

Besonders eilig hatten es die Repräsentanten des Tausendjährigen Reiches. Sie schafften sich mit schneidigen Kommandos rücksichtslos Platz, ungerührt von dem Anblick der an Chausseebäumen aufgehängten Soldaten, die Schilder um den Hals trugen: «Wer den Tod in Ehren fürchtet, stirbt ihn in Schande.» Die Tiefflieger waren überall. Mal ging ein Munitionszug auf einem Bahnhof in die Luft, mal schossen sie ein Dorf in Brand. Erst die Dunkelheit gab wieder so etwas wie Sicherheit. Sehnsüchtig wartete jeder, von einem Auto mitgenommen zu werden, und kaum hatte man es geschafft, mußte man nach ein paar Kilometern schon wieder aussteigen, weil das Benzin ausgegangen war. Verwundete, die man kurzerhand auf die Straße gesetzt hatte, versuchten, sich mit letzter Kraft an bereits überfüllten Lastwagen hochzuziehen. Man schlug ihnen so lange auf die Finger, bis sie losließen. Niemand kam ihnen zu Hilfe, auch wir nicht. Wir waren zu sehr mit dem eigenen Überleben beschäftigt. Unsere Wünsche schrumpften zusammen. Sie beschränkten sich nur noch auf Essen, Trinken, Schlafen. Wohlig räkelten wir uns in einem Pferdestall auf trockenem Mist, und auch einen Schweinestall empfanden wir als ein durchaus passables Quartier. Als am 30. April jemand im Dunkeln der auf einen Weitertransport wartenden Menge mit getragener Stimme Adolf Hitlers Tod mitteilte, erweckte er damit dieselbe Aufmerksamkeit wie bei einem überfahrenen Huhn. Und Erna lamentierte weiter über ihren Rucksack mit den zwei Broten, den sie irgendwo stehengelassen hatte.

Einer Kusine von uns war es nach der Flucht ähnlich ergangen. Glücklich darüber, der Hölle entronnen zu sein, nahm sie am 2. Mai diese Nachricht im Radio vollkommen unbeteiligt zur Kenntnis und ging laut pfeifend den Flur ihrer Gastgeber entlang. Darüber war der Hausherr aufs tiefste schockiert. «Stellt euch vor, er hatte sich sogar einen schwarzen Schlips umgebunden!»

Obwohl wir dauernd getrennt wurden, weil wir nur noch drei Räder besaßen und immer zwei von uns sehen mußten, auf irgendeinem Fahrzeug Platz zu bekommen, fanden wir uns jedesmal an den verabredeten Treffpunkten wieder zusammen. So auch in einem Café am 1. Mai in Lübeck. Da Erna und ich vor Müdigkeit zweimal unterwegs vom Rad gefallen waren, suchten wir erst einmal Quartier, um ein paar Stunden Schlaf zu bekommen. Eine Familie mit zahllosen Kindern zeigte für unsere Lage großes Verständnis, obwohl sie selbst recht beengt wohnte, und überließ uns ihre Betten.

Am Morgen machten wir uns weiter auf den Weg Richtung Eutin. Ein Lkw nahm uns samt Fahrrädern bis Schwartau mit. Im ersten Gehöft versuchten wir im Stockdunkeln in einer überfüllten Scheune Quartier zu finden. Zähneklappernd hockten wir auf der Diele, mit dem Rücken gegen die Wand. Als wir nach oben klettern wollten, um uns ins Stroh zu legen, wurden wir barsch angefahren: «Bleibt bloß unten, hier ist kein Platz mehr!» Buschi bellte fast ununterbrochen. Und so schlichen wir durch den strömenden Regen in den Kuhstall.

Am nächsten Morgen trennten wir uns. Diesmal sollten Erna und ich samt Buschi per Anhalter weiterfahren. Mittags gegen drei Uhr hatten wir endlich Glück. Ein Lkw mit Anhänger hielt an und wurde von Flüchtlingen gestürmt. Aber erst als wir oben waren, sahen wir, was er geladen hatte: Munition, Benzinfässer, Kisten mit Handgranaten und Panzerfäusten. Kaum waren wir ein paar Kilometer gefahren, tauchten Tiefflieger auf. Wir sprangen hinunter und suchten in dem nahegelegenen Wald Schutz. Das ging so fünfmal. Beim nächsten Tieffliegerangriff brannte schon das Fahrzeug vor uns, und ich sah aus der Munitionskiste, auf der ich mit einem Gefreiten saß, sich blaue Wölkchen ringeln. «Höchste Zeit zum Verduften, Fräulein», sagte der. «Oder möchten Sie auf einer Wolke landen?» Wir warfen unser Gepäck hinunter, aber Erna kletterte noch einmal zurück, weil ein Rucksack fehlte. Es blieb gerade noch soviel Zeit, uns direkt neben dem Wagen in den Chausseegraben zu rollen. Da begann er auch schon zu brennen. Ein Versuch, von dem brennenden Wagen weg über das Feld zu robben, kostete mich fast das Leben. Einer der englischen Jäger erkor mich zum Ziel. Die Maschinengewehrgarbe ging hautnah an mir vorbei. Sie versengte meinen linken Ärmel und durchschlug meinen Rucksack. Die Maschine flog so tief, daß ich das Gesicht des Piloten erkennen konnte. Er mußte längst mitbekommen haben, daß es vor allem Frauen und Kinder waren, auf die er es abgesehen hatte. Aber an Menschenjagd kann man sich schnell gewöhnen. Als er eine Schleife zog, robbte ich in den Graben zurück.

Ein junger Soldat rettete uns das Leben. Er sprang auf den Fahrersitz und fuhr mit dem brennenden Munitionszug los. Nach dreißig Metern flog er mit ihm in die Luft. Stundenlang zischte und krachte es um uns herum. Systematisch schossen die Tiefflieger Fahrzeug um Fahrzeug in Brand oder bombardierten sie. Wir vom Lande hatten bislang für die Bombenflüchtlinge und das, was sie durchgemacht hatten, nur in Maßen Verständnis gezeigt. Ihre Einquartierung wurde als eher lästig empfunden, und die Bürgermeister der Dörfer hatten Mühe, sie unterzubringen. Jetzt waren wir an der Reihe.

Buschi drehte durch. Er biß in Ernas Mantelgurt und zerrte wie ein Verrückter. Weinend irrten Frauen auf der Suche nach ihren Kindern umher und wurden sofort unter Beschuß genommen. In den Einmannlöchern drängten sich vier, fünf Schutzsuchende, ohne Rücksicht auf die unter ihnen Kauernden.

Als es dämmerte, trat endlich Ruhe ein. Jetzt erst sahen wir das ganze Ausmaß der Tragödie. Verkohlte Menschen und Tiere, aufgeplatzte Koffer, deren Inhalt auf dem Acker verstreut war oder in den Bäumen hing.

Gegen elf Uhr nachts erreichten wir Eutin. Die Panzersperren wurden gerade dichtgemacht und an den Straßenbäumen Tellerminen angebracht.

«Mein Gott», sagte ich, «diese Idioten. Jetzt verteidigen sie auch noch die Stadt.»

Wir trotteten durch die menschenleeren Straßen. Die Haustüren waren fest verschlossen, die Fenster verrammelt. Die Stadt duckte sich in Erwartung des Krieges, von dem sie bis dahin verschont geblieben war. Auf der Suche nach einem Quartier wurden wir über den Gartenzaun einer Villa von einem jungen Mädchen angesprochen. «Meine Eltern haben gesagt, ich soll jeden hereinholen, der eine Unterkunft sucht.» Sie öffnete uns die Gartenpforte.

Die Gastfreundschaft in diesem Haus war überwältigend. Es wimmelte von Flüchtlingen, und jeder wurde versorgt, sogar die Soldaten mit Zivilkleidung. Wir durften uns mit Buschi in dem ehelichen Schlafzimmer einquartieren. Kreuz und quer, mit ihm in der Mitte, lagen wir auf den Ehebetten und schliefen tief und fest. Wir wachten nicht einmal auf, als ganz in unserer Nähe eine Panzerfaust explodierte und die Engländer die Kasernen mit Granaten beschossen. Glücklicherweise war, wie wir später erfuhren, Eutin noch rechtzeitig zur offenen Stadt erklärt worden. So waren die Engländer mit ihren Panzern Richtung Plön abgeschwenkt.

Am nächsten Morgen sahen wir uns in der Stadt um, ob

vielleicht auch meine Schwester und mein Vater hier gelandet waren. Vergeblich. So machten wir uns zu Fuß auf nach Schönweide, unserem Endziel, zunächst wegen der Tieffflieger auf Nebenwegen bis Malente. Die Dörfer, durch die wir kamen, waren gepflegt, und den Gehöften sah man an, daß hier die Bauern reicher waren als in der Mark. Diese wunderschöne, friedliche Landschaft mit ihren Buchenwäldern und den großen Seen ließ uns das Grauen, das wir erlebt hatten, fast vergessen. Und dann – mitten auf einer Wiese, wie weggeworfener Müll – wieder einmal etwa zwanzig zusammengeschossene Treckwagen und tote Menschen. Das Grauen, die Angst hatten uns wieder eingeholt.

Ganz überraschend kamen uns auf halber Strecke mein Vater und meine Schwester entgegengeradelt. Sie waren schon am Vortage bis Schönweide durchgefahren und so dem Tieffliegerangriff vor Eutin entgangen. Wir verteilten das schwere Gepäck auf die Räder, und am 3. Mai kamen wir gegen Abend bei strömendem Regen auf dem Gut Schönweide an. Man brachte uns im Nachbarhaus des Schlosses, der sogenannten Meierei, unter. Ich teilte mir mit meiner Schwester ein Zimmer.

Nachts hörte ich sie weinen. «Was ist denn?» fragte ich.

«Ich glaube, ich habe die Masern», schluchzte sie. Und so war es auch.

«Immer noch besser als Typhus», versuchte ich sie zu beruhigen.

Mit unserer Ankunft in Holstein war für uns der Krieg praktisch zu Ende und der Tag der endgültigen Kapitulation nur noch ein formeller Abschluß. Trotzdem, am Morgen des 9. Mai war ich früh aufgestanden, um die von den Engländern beschlagnahmte Milch heimlich für uns und die anderen Flüchtlinge abzusahnen. Danach lehnte ich mich,

Buschi zu meinen Füßen, gegen die Stallwand und ließ mich von der Morgensonne wärmen. Kein Flugzeug am Himmel, keine Panzergeräusche, keine Detonationen. Es herrschte friedliche Morgenstille, nur ab und zu unterbrochen vom Krähen eines Hahnes und dem Gesang der Lerchen. Die Waffen schwiegen, wie es so pathetisch hieß. Vergessen war, was gerade hinter uns lag. Wir waren noch einmal davongekommen. Nur das allein zählte.

3

Täglich fanden sich auf Schönweide neue Flüchtlinge ein. Bald waren mehr als sechzig Personen zu verpflegen, darunter auch Jungen aus dem Arbeitsdienst, Soldaten und freiwillige Erntehelfer, dazu unsere Gastgeberin und ihre sechs Kinder. Allmählich gingen die alten Kartoffeln zu Ende, und wir lebten vor allem von Kohlrüben, die mal zu Suppe, mal zu Gemüse mit Einbrenne gestreckt wurden. Manchmal brachten uns die Engländer ein Reh oder Wildenten, die wir ihnen zurechtmachen mußten. Sie hatten das Schloß beschlagnahmt und, wie es der älteste Bruder meines Vaters, Onkel Achim, genannt hätte, die Möbel sortiert, das heißt, was sie nicht gebrauchen konnten, kurzerhand aus dem Fenster geworfen. Aber sie trugen auch den älteren Töchtern unserer Gastgeberin galant die Gießkanne, wenn sie am Schloß vorbei zum Friedhof gingen. Fraternisieren, wie das damals hieß, war natürlich streng verboten. Das hielt jedoch einen schottischen Sergeanten nicht davon ab, seine Soldaten direkt vor dem Küchenfenster der Meierei exerzieren zu lassen, um der hübschen blonden Schwägerin der Hausfrau, deren Mann sich noch in Gefangenschaft befand, zu imponieren. Die Hausfrau sah es nicht gern. «Der arme Max», hörten wir sie oft seufzen. Daß wir Flüchtlinge auf der Suche nach Freunden und Bekannten ständig unterwegs waren, stieß bei ihr auf Verwunderung. Das Absahnen der beschlagnahmten Milch dagegen billigte sie durchaus.

Wir versuchten, uns soweit wie möglich nützlich zu machen. Abgesehen von der Hausarbeit halfen wir in der Landwirtschaft, beim Rübenhacken und -vereinzeln und im Garten. Aus Lochow und der Umgegend hörten wir nur Gerüchte. Wie Onkel Achim, der in Tornesch bei Hamburg untergekommen war, uns schrieb, hatten in Görne, dem nur wenige Kilometer von Lochow entfernt liegenden Hauptgut, keine Kämpfe stattgefunden. Und auch in Friesack waren die Russen kaum noch auf Widerstand gestoßen. Wie Onkel Achim schrieb, habe es der Kampfkommandant und Nazistratege nicht besser gekonnt als die Quitzows vor 533 Jahren: Er habe die Burg Friesack auch nicht halten können.

Mein Vater ließ sich von uns nicht abbringen, noch einmal mit dem Rad in die Gegend von Stendal zu fahren, die zu der Zeit noch von den Amerikanern besetzt war. Dort wollte er von einem Freund, der sich noch auf seinem Gut sicher wähnte, Näheres hören. Ganz betreten kehrte er wieder zurück, denn fast wäre er den Russen in die Hände gefallen. Ausgerechnet an diesem Tag waren die Amerikaner in der Nacht abgezogen. Im Laufe der Zeit wurde dieses unerfreuliche Erlebnis, wie in meiner Familie üblich, zu einer skurrilen Episode. Mein Vater habe gerade friedlich auf der Schloßterrasse bei einem Glas Schorle gesessen und der Freund tröstend gesagt: «Wenn ihr wirklich nicht mehr nach Lochow zurück könnt, dann machst du eben bei mir den Wald.» In diesem Augenblick sei der Diener auf der Terrasse erschienen, habe mit diskretem Räuspern auf sich aufmerksam gemacht und gesagt: «Herr Baron, die Russen sind im Park.»

Die einzige Neuigkeit, die Vater über Lochow mitbrachte, war, daß es dort ein großes Russenlager geben sollte.

Im Spätsommer beschlossen wir, nach Niedersachsen überzuwechseln, wo meine Mutter auf einem Gut in der Nähe von Hannover untergekommen war. Mich schickte man als Vorbote los. Dazu verdingte ich mich als Kutscher bei einem großen Treck, der ebenfalls in diese Gegend wollte, da es in Holstein für die Flüchtlinge keine Arbeit gab. Außerdem hatte ich die Aufgabe, während der Fahrt durch die Dörfer bei den Gemeinden die nötigen Lebensmittelkarten zu beschaffen. Es war nicht immer leicht, für die vielen Menschen in den überfüllten Dörfern zusätzlich Quartier zu finden, und ein Teil von uns mußte nachts auf den Wagen schlafen. Zwei-, dreimal wurden wir dabei überfallen. Die Plünderer hatten wohl nur mit Frauen und alten Männern gerechnet, aber in dem Treck hatten sich mehrere aus den Lagern entwichene deutsche Kriegsgefangene versteckt, und so waren die Diebe schnell in die Flucht geschlagen.

Der Inhalt unserer Rucksäcke hatte sich in dieser kurzen Zeit unseres Aufenthaltes in Holstein verdreifacht, woran man sieht, wie schnell sich Besitz vermehrt. Und so überraschte ich meine Mutter bei der Ankunft mit drei vollgestopften Hafersäcken.

Nach der ersten Wiedersehensfreude machten wir einen Rundgang durch unser neues Zuhause, ein wunderhübsches Wasserschloß, dem es jedoch, was ich sofort feststellte, wie allen Schlössern an Klos mangelte. Das Gut gehörte einer alten niedersächsischen Adelsfamilie. Einer der Vorfahren hatte sich nach dem Geschmack der Welfen zu sehr mit den Preußen arrangiert, und es wurde behauptet, noch heute werde sein Grabstein von so manch wackerem, immer noch dem ehemaligen Königshaus ergebenem Niedersachsen verstohlen angespuckt.

Dann stellte mich meine Mutter den drei alten Damen vor, die das Schloß bewohnten.

Vier Wochen später folgte Vater mit Irmchen, und bald darauf fand sich auch meine Schwester mit Erna und Buschi ein. Beide Mädchen fanden Arbeit und Unterkunft auf einem großen Bauernhof, und meine Schwester und ich zogen zunächst ins ehemalige Kavaliershaus des Schlosses. Unser Schlafzimmer lag nach Norden. Ein riesiger Kastanienbaum vor dem Fenster verdunkelte den Raum, die dunkelblaue Tapete mit den dunklen Möbeln tat ein übriges. Meine Schwester besah sich staunend das Bild eines auf einem Stuhl sitzenden verwundeten Kriegers, hinter ihm, mit starrem Blick, ein riesiger Engel.

«Willkommen im indischen Grabmal», sagte ich.

Sie lachte. «Grabmal? Wohl eher Gruft.»

«Das ist gehupft wie gesprungen», sagte ich. Noch ahnte ich nicht, daß ich einmal viele Monate in diesem Zimmer verbringen sollte, in dem im Winter die Eiskristalle an den Wänden glitzerten.

«Wie war die Reise?» fragte ich im leichten Plauderton meine Schwester, die gerade hundert Kilometer geradelt war und sich unter ziemlich dramatischen Umständen mit Erna und Buschi über die Elbe hatte setzen lassen. Dabei waren sie in ein schweres Gewitter geraten und wären fast ertrunken.

Bald mußten wir unser Quartier vorübergehend wieder räumen. Die beiden Zimmer waren für einen Offizier der UNRRA beschlagnahmt worden, einer Organisation, die sich vor allem um die von den Nazis verschleppten Menschen kümmerte, sogenannte Displaced Persons. Der Engländer sagte, er sei mit sehr gemischten Gefühlen nach Deutschland gegangen, denn seine Familie sei bei einem Bombenangriff auf London ums Leben gekommen. Aber beim Anblick der zerstörten Städte und des großen Elends habe er seinen Haß vergessen.

Wir kamen erst einmal bei Ernas Bauern unter und halfen gelegentlich in der Landwirtschaft aus. Die meiste Zeit jedoch verbrachten wir im Wasserschloß. Das Leben dort mit den drei alten Damen, einer Vertreterin des leichten Gewerbes und einem sonderlichen Junggesellen war recht abwechslungsreich. Das energische Dienstmädchen der alten Damen lag mit ihm ständig in Fehde. Wenn er grußlos an ihr vorbeiging, sah sie uns bedeutungsvoll an, machte eine Handbewegung, als wolle sie tanzende Mücken fangen und sagte: «Sie spellen all wedder.» Das einzige Nahrungsmittel, das er zu sich nahm, war Milch, die er sich im Tausch gegen geflickte Fahrradreifen verschaffte. Sein Zimmer war bis oben hin voller Gerümpel, von dessen Verkauf er angeblich lebte. Und er fühlte sich immer von irgend jemandem beleidigt, häufig auch von meiner Mutter. Als sie sich etwas erstaunt zeigte, daß er dann plötzlich doch wieder mit ihr sprach, erklärte er: «Ihr Mann ist genauso schlimm wie Sie. Aber einen Zweifrontenkrieg kann ich nun mal nicht führen.»

Die Dame des leichten Gewerbes bot ebenfalls viel Stoff. Sie besaß einen sehr gepflegten Spitz. Geschmückt mit einer roten Schleife, lag er den halben Tag auf dem Fensterbrett und schaute hochmütig auf den Schloßhof hinunter, wo sich die Rüden beknurrten und ihre Herzensdame anjaulten. Die englischen Kunden seiner Herrin grüßten stets höflich, wenn sie uns begegneten, und steckten uns gelegentlich etwas zu. Einmal gab es nachts ein wildes Handgemenge.

Mein Vater stürzte auf den Flur. Aber der Streit war schon vorbei. Schwer atmend stand die Dame in einem hellblauen Nylonnachthemd vor ihm. «Man glaubt es nicht, Herr Graf, was es für Menschen gibt! Dieser Kerl ist mir doch richtig dumm gekommen. Da hab ich einfach vergessen, daß ich eine Dame bin, und hab ihm eine geklebt.»

«Früher», sagte mein Vater, als er wieder einmal diese Geschichte von sich gab, und stopfte sich zum x-ten Mal seine Pfeife mit Tabak Marke Eigenbau von unerträglichem Gestank, «kannte man so was nur aus Romanen. Heute lebt man damit Tür an Tür.»

«Ja, ja, du sprachst schon davon.» Meine Mutter machte eine abwehrende Handbewegung gegen den Qualm. «Du wirst dich mit diesem Zeugs noch krank machen.»

Sie sollte recht behalten. Die selbstgetrockneten und mit einer Lauge präparierten Tabakblätter bekamen seinem Magen nicht.

Erna kam zweimal in der Woche angewalzt und brachte uns eine Bierflasche voller Sahne, die wir durch geduldiges Schütteln in Butter verwandelten.

«Aber Erna», sagte meine Mutter etwas geniert, «das geht doch nun wirklich nicht. Was sollen denn die Leute von uns denken?»

Erna grinste. «Keene Bange, ick laß mich schon nich erwischen. Und außerdem, wo die meisten im Dorf schwarz schlachten, da soll'n se man ganz stille sein.»

«Trotzdem», sagte meine Mutter, die sich für Erna immer noch verantwortlich fühlte, so wie sie es in all den Jahren mit ihrem Personal gehalten hatte. Stets hatte sie großen Wert darauf gelegt, daß die Mädchen abends pünktlich zu Hause waren. Doch ihre vorsorglich vorgebrachte Bitte, «Ich kann mich hoffentlich darauf verlassen!», fand nie das rechte Echo. «Mein Gott», sagte Vater, «laß sie. Sie sind nun mal jung.»

«Und was sage ich den Eltern, wenn was passiert?»

Bei Erna war das nicht anders gewesen. «Wo kommen Sie nur so spät her? Es ist bereits Mitternacht. So lange kann der Film in Rathenow ja wohl nicht gedauert haben.»

«Ich hatte 'n Platten, Frau Gräfin, wirklich.»

«So, so.»

Andererseits war sie sehr dafür, daß Erna sich ein bißchen hübsch machte, wenn sich einer ihrer Verehrer zeigte. «Nun lassen Sie doch den jungen Mann nicht so lange draußen stehen, und ziehen Sie sich schnell ein anderes Kleid an.»

Erna, eher ein Mädchen von der burschikosen Sorte, machte ein bockiges Gesicht. «Wieso? Was will der Dussel überhaupt? Ich hab zu tun. Ich muß noch Vokabeln lernen.» Erna hatte sich einen Englischkurs schicken lassen. «Nun gehen Sie schon, und binden Sie sich wenigstens die Schürze ab!» Erna tat es mit mauligem Gesicht.

Als sie bei uns anfing, versuchte es meine Mutter zunächst mit einigen Verhaltensmaßregeln. «Also, wenn Gäste da sind, dann binden Sie sich bitte eine weiße Schürze um, klopfen an, öffnen die Tür und sagen: ‹Frau Gräfin, es ist angerichtet.›»

«Nee», sagte Erna, «det mach ick nich. So was tu ick einfach nich.» Sie riß statt dessen die Tür auf und schmetterte: «Essen steht auf'm Tisch!» Meine Mutter nahm es seufzend hin. «Mit mir macht ja jeder, was er will.»

Nach der Flucht mußte sich meine Mutter erst daran gewöhnen, daß Erna nicht mehr sozusagen ihr Küken war. Als Erna sich nämlich an einer landwirtschaftlichen Maschine nicht unerheblich verletzte und trotzdem nicht krankgeschrieben wurde, rauschte sie in die Praxis der verantwortlichen Ärztin und stellte sie zur Rede: «Das Mädchen kann doch unmöglich mit der kaputten Hand auf dem Feld arbeiten!»

Die Ärztin betrachtete sie kühl. «Was haben Sie damit zu tun? Bei Ihnen ist sie doch wohl nicht angestellt. Der nächste, bitte.»

An dieser Niederlage hatte meine Mutter noch lange zu knacken. Erna tröstete sie. «Lassen Se man, Frau Gräfin, ick mach doch, wat ick will.»

Nach und nach füllte sich das Schloß immer mehr mit Flüchtlingen, meist Standesgenossen. Der stark entwickelte Familiensinn des Adels trug Früchte. Außerdem hatte man durch Internate, Ritterakademie, renommierte Korps und Ordenszugehörigkeit stärkere Verbindungen untereinander als jede andere gesellschaftliche Schicht. Es gab ein enggeknüpftes Netz von Beziehungen, das allerdings nach dem Krieg recht rissig wurde, aber im großen und ganzen noch halbwegs hielt, auch wenn es zwischen denen, die ihren Besitz behalten hatten, und den Flüchtlingen manchmal heiß herging und Kränkungen nicht ausblieben: «Zur Jagd hat er uns eingeladen, aber am Essen durften wir nicht teilnehmen. Dabei war ich der Jagdkönig.»

Wie früher die Bettler ihre Geheimzeichen an den Türen für ihre Kumpel hinterließen, so machten unter den Flüchtlingen jetzt Listen die Runde, bei wem auf Hilfe zu rechnen war und bei wem nicht. «Herr von R., famoser Mann. Ihn kannst du fragen.» Oder: «Soll sehr schwierig und launisch sein. Es ist ratsamer, sich an die Frau zu wenden.» Das anerzogene «Noblesse oblige» blieb dabei häufig auf der Strecke. Jetzt ging man mehr nach der Devise: «Wer zuerst kommt, mahlt zuerst.» Die hochwohlgeborenen Mütter, die sich die nach und nach eintrudelnden hochwohlgeborenen Heimkehrer bereits als Schwiegersöhne ausgesucht hatten, grämten sich sehr, weil die adligen Flüchtlingsmädchen sie sich schnappten und das Töchterchen das Nachsehen hatte, sehr zur Schadenfreude der Verarmten. Klagen über das Erlittene und den Verlust des Besitzes waren kaum zu hören, und man war sich für keine Arbeit zu schade. Die Generation unserer Väter zog mit Besen und Bürsten über Land, verkaufte Haushaltswaren, oder es wurde, soweit noch Pferde vorhanden, ein Fuhrunternehmen gegründet.

Unter den Flüchtlingen war auch eine Verwandte mit vier Kindern. Ihr Mann war noch in russischer Kriegsgefangenschaft. Die Jüngste, Mone genannt, ein blondes Engelsgeschöpf, hatte sich dank ihrer schauspielerischen Fähigkeiten bei den Russen so manche Extras für den Lebensunterhalt der Familie zusammengebettelt und war deshalb ihr ein und alles gewesen. Damit war es nun vorbei, worunter das Kind sichtlich litt. Sie schrieb an die Tür des Sonderlings «der lange Mühler ist dof» und tat auch sonst allerlei Unnützes. Zur Strafe wurde sie jedesmal auf den Boden geschickt. Sie gehorchte sofort, ja, sogar mit einer gewissen freudigen Erregung. Als ihre Mutter sich eine andere Strafe für sie ausdachte, fing sie an zu heulen. Der Grund war schnell herausgefunden: Auf dem Boden stand der Siruptopf.

Eines Tages kam über Kisten, Holz- und Kohlenkästen ein Mann Ende Zwanzig den Flur entlanggestolpert. «Wer sind Sie denn?» fragte ich. Es war der Hausherr, den man gerade aus amerikanischer Kriegsgefangenschaft entlassen hatte. Daß er in seinem eigenen Haus mit einem Notquartier vorliebnehmen mußte und eine der alten Damen ungeniert mit ihrem Nachttopf früh am Morgen an seinem Bett vorbei zum Klo marschierte, nahm er mit Humor. Seine

Frau und die beiden Söhne folgten erst ein Jahr später. Sie lebten noch bei ihrem Großvater in der Schweiz. Es war der Schriftsteller John Knittel, was uns tief beeindruckte. Wer hatte schließlich nicht «Via Mala» gelesen!

Trotz seines zerschossenen Beines verdingte sich Vater auf dem Nachbargut als Waldarbeiter. Er schlug Bäume, pflanzte und hackte, nicht anders als zu Hause, oder durfte, eine ihm vom Vorarbeiter gewährte besondere Vergünstigung, die Pferde des Forstmeisters halten, während der die Schonung inspizierte.

Anstatt uns an soviel Fleiß ein Beispiel zu nehmen, genossen meine Schwester und ich die neue Freiheit, wenn auch nach heutigen Begriffen eine noch sehr eingeschränkte. Wir waren immer unterwegs und mit uns ein ganzes Volk auf der Suche nach Angehörigen, nach Wohnung, nach einer neuen Existenz, nach Lebensmitteln. Im Gegensatz zu meiner Schwester, die meist ein festes Ziel im Auge hatte, ließ ich mich treiben, wie es sich gerade so ergab. Jahre des Reglements lagen hinter mir, vom Internat über den Arbeitsdienst bis zum Kriegsdienst bei der Reit- und Fahrschule. Nun richtete ich mich nur noch nach dem Zufall – und natürlich der Sperrstunde. Bald kannte ich mich in den Möglichkeiten, per Anhalter weiterzukommen, wie in einem Kursbuch aus und hätte gut einen Leitfaden für Anhalter herausgeben können, wo und wie man in jeder Stadt am besten weiterkam und was unbedingt zu vermeiden war. So empfahl es sich nicht, sich an steil ansteigende Straßen zu stellen, bei denen jeder Autofahrer in seinem meist auf dem letzten Loch pfeifenden Fahrzeug befürchten mußte, den Motor nicht mehr in Gang zu kriegen.

Vielen Menschen ging es wie mir. Man tat sich für kurze Zeit mit den Weggenossen zusammen und trennte sich wieder. Ich schlief ohne Furcht in Feldscheunen und hatte in den Städten fast immer Glück mit Quartier, wenn die Sperrstunde nahte. Die Gründe, warum man einem wildfremden Menschen Gastfreundschaft gewährte, waren unterschiedlich. Es gab da neben ganz normaler Hilfsbereitschaft ein starkes Mitteilungsbedürfnis. Endlich hatte man einen Zuhörer, endlich konnte man wieder einmal über die Leidensgeschichte des Sohnes, der Tochter, der Enkelkinder sprechen. Erschlagen, verbrannt, verschleppt, erfroren. Man bekam die entsetzlichsten Dinge zu hören. Und doch waren sie inzwischen zu alltäglich, um noch bei den Nachbarn ein Echo zu finden. Ich kam mir mit meinen eigenen Erlebnissen dabei oft vor, als wollte ich jemandem, der gerade einem Erdbeben entronnen ist, von einem Hagelsturm berichten.

Der Krieg mit seiner Gewalttätigkeit war für viele noch lange nicht ausgestanden. Von den Deutschen als Arbeitskräfte verschleppte Polen, die auf ihre Heimkehr warteten, überfielen die Höfe in der Lüneburger Heide und gingen mit den Bewohnern nicht gerade zimperlich um. Ein englischer Kommandant ließ in einer Kleinstadt nationalsozialistische Literatur zu einem Scheiterhaufen türmen und anzünden, wobei die Parteimitglieder der Stadt gezwungen wurden, so nah am Feuer zu sitzen, daß sie Verbrennungen erlitten. Deutsche Heimkehrer schoren den Frauen die Köpfe, weil sie mit den Engländern fraternisiert hatten, und erlaubten sich auch sonst manches Unvorstellbare. So mußte ich miterleben, wie sie einen ehemaligen Zwangsarbeiter aus dem fahrenden Zug warfen. Entsetzt starrte ich sie an. «Aber das können Sie doch nicht machen!»

«Wenn du wüßtest, Mädchen, was die auf dem Kerbholz haben! Da ist ja der Strick noch zu schade.» Sie boten mir eine Zigarette an. Ich zögerte. Der Anführer nahm mich ins Visier. «Na?» Ich nahm sie.

Auf den überfüllten Bahnhöfen liefen mir, trotz Hunderter von Menschen, die um einen herumwirbelten, erstaunlicherweise immer wieder Bekannte über den Weg. So eine ehemalige Kollegin aus der Reit- und Fahrschule und ein Angestellter des Landratsamtes in Rathenow, der die Kämpfe dort miterlebt hatte. Während wir in einem Kellerlokal mit angeketteten Löffeln eine undefinierbare markenfreie Suppe aßen, erzählte er mir davon. «Der Kirchturm von Rathenow ist zum Teil abgebrannt. Zehn Tage ist noch Widerstand geleistet worden. Erst am 6. Mai war es zu Ende.»

Im Wasserschloß schüttelte man über meine Schwester und mich den Kopf. Wir sollten uns mal lieber ein Beispiel an unserem Vater nehmen. Erna war ganz neidisch. «Komteß haben's gut. Immer auf Achse. Wo woll'n Se denn nu schon wieder hin?»

«Nach Flensburg, meine Freundin Corri besuchen. Aber dann ist auch endgültig Schluß. Jedenfalls für dieses Jahr», setzte ich einschränkend hinzu. «Die Tage werden ja schon kürzer, und dann wird's schwierig, vor dem Dunkelwerden noch irgendwo unterzukommen.»

An meine Freundin konnte sich Erna noch gut erinnern. «Da haben Sie doch direktemang den Koffer von ihr im Wald verloren, als Sie vom Bahnhof zurückgefahren sind. Weg war er. Warten Sie mal 'n Moment.» Sie ging aus dem Zimmer und kam einen Augenblick später, verstohlen um sich blickend, wieder, ein eingewickeltes Stück Speck in der Hand. «Nehmen Se man. Das hält länger vor als geröstete Kartoffeln.»

Corri war kurz nach mir im Arbeitsdienstlager eingetroffen. Zwei Abiturientinnen, eine Gräfin und nun auch noch die Tochter des preußischen Finanzministers! Die nette Lagerführerin rang die Hände. Wie würde das die Gemeinschaft verkraften! Die Gemeinschaft hatte ganz andere Sorgen. Was sie bewegte, brachte eine Verszeile zum Ausdruck. «Wo die Freizeit knapp ist und die Männer rar, da ist deine Heimat für ein halbes Jahr.»

Ich hatte meine Freundin zum letzten Mal gesehen, als sie im Februar '45 nach der Hinrichtung ihres Vaters Berlin verlassen wollte und ich sie zur Bahn brachte. Wir hatten Gott sei Dank den Bahnhof noch nicht betreten, da gab es einen fürchterlichen Knall, und große Teile der Halle gingen durch einen explodierenden Zeitzünder in die Luft.

Ich brauchte fast zwei Tage bis Flensburg, fand aber das Haus, in dem sie sich ein Zimmer gemietet hatte, ziemlich schnell. Die Wohnung ihrer Vermieterin war nicht weit vom Hafen, der noch voller deutscher Kriegsschiffe lag. Meine Freundin öffnete mir selbst die Tür. Sie starrte mich ungläubig an.

«Schieß nicht, Graf Arthur, ich bin's, dein Ännchen Liesmann», sagte ich. Die Antwort kam prompt: «‹Das kann jeder Seehund sagen›, sagte Graf Arthur von Ramowski, legte an, schoß, und Ännchen Liesmanns weißer Leichnam schwamm auf den azurblauen Wogen des Meeres.»

Mit dieser albernen Geschichte von Ännchen Liesmann, die von ihrem Geliebten, dem Grafen Arthur von Ramowski, mit einem Seehund verwechselt und erschossen wird, aus einem der Alben des Zeichners Oberländer, war ich schon im Internat hausieren gegangen und später auch im Arbeitsdienst.

Das Eis war gebrochen. Wir umarmten uns. Sie musterte mich kritisch. «Das erste Frührot der Jugend, wie bei Ännchen, brennt auch nicht gerade mehr auf deinen lieblichen Wangen. Komm rein.»

Seltsamerweise war unser Wiedersehen ähnlich wie der Abschied in Berlin. Wir hatten gerade das Zimmer betreten, als es eine ungeheure Detonation gab. Das Haus bebte, und die Fensterscheiben flogen heraus. Blitzschnell kroch ich unters Bett und sie unter den Tisch. Wie wir später hörten, war im Hafen ein Schiff mit Munition in die Luft gegangen. Als der Spuk vorbei war, entdeckte Corri auf dem Tisch einen Feldpostbrief, den ihr die Wirtin dorthin gelegt hatte. Während sie ihn öffnete, bemühte ich mich, die überall im Zimmer verstreuten Scherben aufzusammeln. «Hast du keinen Handfeger?» fragte ich und sah auf, als ich keine Antwort bekam. Corri weinte. Sie hatte die Nachricht bekommen, daß ihr bislang als vermißt gemeldeter ältester Bruder gefallen war.

4

Für dieses Jahr waren meine Ausflüge zu Ende. Die Jagd nach der letzten Kartoffel, nach der letzten Rübe, nach Bucheckern, Pilzen, Beeren und Holz für den Winter begann.

«Das soll ein morscher Ast sein?» erregte sich der Förster, als meine Schwester, einen respektablen Baum hinter sich herziehend, des Weges kam. «Ihr verdammten Flüchtlinge ruiniert mir noch meinen ganzen Wald.»

Die Rübenpresse für den Sirup war Wochen vorher bestellt worden. Eingeweckt wurde alles, was man früher verschmäht hätte: halbreife Birnen, matschige Pflaumen, die ich gleich aus dem Rucksack ungewaschen in die Gläser kippte, damit nicht noch mehr von dem kostbaren Saft verlorenging. Als ich die Weckgläser später aus dem Einmachtopf nahm, starrte mich eine Hornisse böse an.

Der gefürchtete Winter kam und das erste Weihnachtsfest nach dem Kriege. Im Gegensatz zu den meisten Flüchtlingen ging es uns gut. Wir hatten dank Erna eine warme Stube, mehr zu essen als manch anderer und sogar einen kleinen Tannenbaum mit drei Kerzen und etwas Lametta. Wir aßen aus Kartoffeln und Mandelöl hergestelltes Marzipan und Pfefferkuchen aus Mehl und Sirup. Dazu tranken wir ein Heißgetränk, ein schauriges Gesöff, das es im Sommer als Kaltgetränk gab und das aus reiner Chemie bestand. Meine Schwester las uns zu unserer Erbauung die ins Flüchtlingsgepäck geratene reichseinheitliche Hochzeitskarte vor. «Die Verteiler haben die Abschnitte der Zusatzlebensmittelkarten für Hochzeiten gegebenenfalls noch nach näherer Weisung der Ernährungsämter zusammen mit den übrigen Bedarfsnachweisen der gleichen Warenart bei den Ernährungsämtern abzurechnen.»

«Immerhin», sagte meine Schwester, «für zwölf Personen wurden folgende Sonderzuteilungen bewilligt: 150 g Fleisch oder Fleischwaren, 50 g Butter oder Margarine oder 40 g Speiseöl, kein Schweineschlachtfett, 200 g Brot oder 150 g Mehl, 50 g Nährmittel, 100 g Zucker, 25 g Kaffee-Ersatz und ein Ei. Dafür würde ich heute bis München trampen.»

Wir ergingen uns in Erinnerungen an ihre Hochzeit im Herbst '44 in Breslau, zu der noch einmal die gesamte Familie zusammengekommen war und die ihren Abschluß im Luftschutzkeller fand. Wir dachten an unseren Bruder und den Mann meiner Schwester und hofften, daß sie bei den Westalliierten in Gefangenschaft geraten waren. Mein Vater beteiligte sich nicht an dem Gespräch. Er paffte schweigend vor sich hin. Der Gestank des Tabaks war unbeschreiblich. Er übertraf fast noch den erhitzten Lebertran, mit dem im Nebenzimmer gerade jemand Kartoffeln briet.

«An was denkst du?» fragte ihn meine Mutter.

«Ob die Panzer wohl großen Schaden im Wald angerichtet haben, und ob Nikolai mit allem zurechtkommt.»

Schon von Anfang an hatten beide Männer das Gefühl gehabt, das große Los miteinander gezogen zu haben. Endlich hatte mein Vater jemanden gefunden, auf den er sich verlassen konnte und der in der Lage war, selbständig zu arbeiten, und Nikolai Kolbatsch war glücklich darüber, wenigstens ein eigenes kleines Häuschen zu bewohnen mit Stallung, Garten und Feld. Die Familie seiner deutschen Frau Olga Mateke, die in Wolhynien ihre Höfe gehabt hatte, war nach dem Stalinpakt in den Warthegau umgesiedelt worden, auf die Höfe der dort enteigneten Polen. Nikolai Kolbatsch hatte in Wolhynien zwar auch einen Hof besessen, aber ihm wurde als Ukrainer von den Deutschen kein Hof zugebilligt. Er mußte mit seiner kleinen Familie nach Deutschland in ein Lager, wo sich die Bauern und Gutsbesitzer der Gegend die besten Arbeitskräfte für die Landarbeit herauspickten, unter ihnen auch mein Vater. Er brauchte dringend jemanden, der unsere kleine Landwirtschaft in Gang halten und Pferde und Kühe versorgen konnte. Dem Mann, der das bis dahin getan hatte, mußte er kündigen. Als wir ihn schließlich los waren, war das Arbeiterhaus völlig verwanzt und voller leerer Konservenbüchsen. Die Familie Kolbatsch mit Kind und Schwiegermutter gefiel ihm gleich. Er wunderte sich nur, daß niemand sie haben wollte. Der Grund: Sie waren Adventisten. Adventisten arbeiten am Sonnabend nicht und essen kein Schweinefleisch. Für Vater mit seinem Waldgut war das kein Problem. Bis auf das Füttern der Tiere, was die Religion am Sonnabend erlaubte, ließ sich jede Arbeit genausogut am Sonntag erledigen.

So zog Nikolai Kolbatsch bei uns ein. Ein zweiter Glücksfall war Nikolais Schwiegermutter, Großmutter Mateke. Sie entpuppte sich als exzellente Schneiderin und zauberte für meine Schwester und mich aus Vaters alten Uniformen Röcke, Jacken und Mäntel und aus gefärbten Wappentischtüchern Dirndlkleider und Blusen. Mit meiner Mutter war sie bald ein Herz und eine Seele, trotz ihrer unermüdlichen

Bekehrungsversuche. Kurz vor Kriegsende fanden sich dann Maria Matekes Söhne mit ihren Familien, einer nach dem anderen, in Lochow ein.

Näheres über die Lochower erfuhren wir erst im April '46, als eine Kusine uns besuchte. Sie hatte acht Monate in Lochow gelebt, wo sie mit den fünf Kindern einer kranken Freundin, zwischen drei und zehn Jahre alt, nach einer unbeschreiblichen Flucht gelandet war. In Rathenow wollte sie niemand haben, so verdreckt und verlaust, wie sie waren. Sie nahmen ihnen als erstes die Kleider weg und verpaßten ihnen irgendwelche Sachen, die natürlich viel zu klein oder viel zu groß waren.

«Ich wollte einen kleinen Muff als Andenken für die Kinder retten. Aber der bestand praktisch nur noch aus Läusen. In Ferchesar bin ich dann erst mal zu eurer Gutsnachbarin gegangen. Das Schloß hatten sie schon beschlagnahmt. Sie hat es gut gemeint und auf einem Silbertellerchen ein paar kleine Schnittchen gebracht, ganz dünn und ganz fein zurechtgemacht. Die Kinder waren ja halb verhungert, haben getrampelt und geschrien vor Wut. Es war entsetzlich peinlich. Aber ich konnt's auch verstehen.»

Auf der Dorfstraße erkannten glücklicherweise ein paar Ferchesarer meine Kusine von ihren früheren Besuchen in Lochow wieder. Die organisierten dann einen Wagen mit einem Pferd. Vor Lochow mußten sie und die Kinder allerdings aussteigen, sonst hätten die Russen das Pferd konfisziert.

«Im Dorf empfing uns als erstes der Kommandant und sagte triumphierend zu mir: ‹Das hat nun Hitler aus euch deutschen Frauen gemacht.› So ausgemergelt und gelb im Gesicht, sah ich ja wirklich aus wie eine ausgepreßte Zitrone.»

Wir wollten wissen, wo sie untergekommen war. «Zuerst bei Kolbatschs und bei Gustav Mateke, dem ältesten Sohn von Maria. Wir haben zehn Tage lang gegessen und gegessen und in dieser kurzen Zeit kräftig zugenommen. Aber allmählich wurden wir hungrigen Wölfe dann doch zum Problem. Auch gingen ihre Vorräte zu Ende. Da bin ich einfach erst mal in euer Haus gezogen, das stand ja leer. In dem Zimmer neben der Küche haben wir uns einquartiert. Man wird ja Fatalist, und ich dachte, irgendwie wird's schon weitergehen.»

«Zu sechst in diesem kleinen Raum?» fragte meine Mutter staunend.

«Ja, wir waren immer zusammen. Die Kinder waren für mich der beste Schutz. Wenn es kritisch mit den Russen wurde, warfen sich die fünf schützend über mich. Dann, eines Tages, kam eins von ihnen in die Küche geschossen und schrie: ‹Ein Mann, ein Mann, paß auf, paß auf!› Es war mein Schwager Stoffel. Er war noch elender dran als wir und sah auch wirklich zum Erschrecken aus mit seinem struppigen langen Bart. Später sind wir dann nach oben gezogen in eure Betten. Nikolai bekam von den Russen oft Schinken und Speck geschenkt, das hat er an uns weitergegeben. Als Adventisten durften sie ja kein Schweinefleisch essen. Frau Trägenapp hat immer für mich mitgebacken und so getan, als wenn die Brote von mir wären.»

Zur Freude meiner Schwester erfuhren wir auch, daß mein Schwager sich in Norwegen in englischer Kriegsgefangenschaft befand. Im Lochower Wald hatten lauter Briefe an uns herumgelegen, darunter auch einer von ihm aus dem Gefangenenlager.

Meine Kusine erzählte und erzählte und weckte in uns das Heimweh nach unserem Dorf, in dem sie sich wie zu Hause gefühlt hatte, obwohl sie nur ein paar Monate dort gewesen war. Sogar ein Stück Land hatte sie pachten dürfen. «Aber als sie herausbekamen, daß ich mit euch verwandt bin, mußte die Pachtung wieder rückgängig gemacht werden.»

Sofort beschloß ich, selbst nach Lochow zu fahren. Wie ich meinen erstaunten Eltern großartig erklärte, wollte ich einmal nach dem Rechten sehen. Wir waren zwar streng erzogen worden, aber meine Eltern versuchten eigentlich nie, uns etwas auszureden. So ließen sie mich ziehen, und vier Wochen später, Mitte Mai, war ich mit meiner Freundin Corri auf dem Weg nach Berlin. Die Reise hatte es in sich. Ich hätte es wissen müssen. Aber Sehnsucht, Neugierde und das starke Bedürfnis, bewundert zu werden, überwogen. Corri, die von Flensburg nach Göttingen gezogen war, um dort ihr Studium fortzusetzen, kam mit, weil sie nach ihrem immer noch vom Staat beschlagnahmten Haus sehen wollte.

Wir starteten, wie bei Unternehmen dieser Art so oft, in strömendem Regen. Wir fuhren mit dem Bus nach Duderstadt, umgingen die Registrierung im Lager und bewegten uns im Schneckentempo mit Hunderten von Menschen auf die Grenze zu, dichtgedrängt zwischen Kinderwagen, Handwagen, mit Stricken umwickelten Koffern und allem, was die Menschen damals sonst noch so mit sich schleppten. Wir warteten und warteten, aber niemand murrte. Nach ein paar Stunden kam endlich Bewegung in die Menge. Der Schlagbaum wurde geöffnet.

Natürlich hatten wir keine Zuzugsgenehmigung für Berlin. Wir hatten einfach auf unser Glück vertraut. Wir waren nicht die einzigen. Die Anzahl der Grenzgänger, die aussortiert wurden, vermehrte sich zusehends. Niemand regte sich darüber auf. Man stellte sich einfach wieder hinten an, und eine Stunde später war der Schlagbaum zum zweiten Mal erreicht. Diesmal fertigte uns der kontrollierende Russe zu unserem Erstaunen zügig ab. Alles schien gutzugehen, bis ich ihm dummerweise zusätzlich ein Papier zeigte, das meinen selbst ausgestellten Ausweis angeblich ins Russische übersetzte. Ich hatte es mir auf dem Schwarzmarkt aufschwatzen lassen. Er zerriß das Papier gekränkt. «Du dumm, ich nicht.» Und schon waren wir wieder aus dem Rennen. Also versuchten wir es ein drittes Mal. Diesmal klappte es. Der Nieselregen hatte sich in einen Platzregen verwandelt. Der Russe verkroch sich in sein Schilderhäuschen und ließ einfach jeden durch. Kaum waren wir drüben, gab es ein neues Hindernis. Bewaffnete Russen trieben uns auf ein Sammellager zu. Durch die Menge ging ein Wehklagen: «Nun schicken sie uns nach Sibirien.»

«Was hattest du in Sport?» fragte ich meine Freundin.

«Eine Fünf.»

Wir schafften es trotzdem. Die Wachtposten schossen zwar in die Luft, verfolgten uns aber nicht. Ungehindert rannten wir über einen Acker, sprangen über einen ziemlich breiten Graben und befanden uns auf der Straße Richtung Leinefelde. Wir liefen bis zum nächsten Dorf, um erst mal zu einer Bahnstation zu gelangen. Dort erfuhren wir, daß der nächste Zug nach Leinefelde erst in drei Stunden gehen sollte. Wir hatten uns gerade im Wartesaal häuslich eingerichtet und rubbelten uns die nassen Haare, da kam ein uniformiertes Bürschchen herein und sagte: «Grenzgänger, was? Wieso sind Sie nicht im Sammellager?»

«Man hat uns entlassen.»

«Ach nee. Na?» Er sah mich aufmunternd an.

«Zehn Mark?» fragte ich vorsichtig.

Er warf mir einen verächtlichen Blick zu. «Fünfzig sind das mindeste.»

Ich hatte längst das Feilschen gelernt. Wir einigten uns auf zwanzig. Er durchwühlte enttäuscht unsere Rucksäcke und gab sich damit zufrieden. Er erlaubte uns sogar, eine Fahrkarte nach Berlin ohne Reisebescheinigung zu lösen.

Weiter als bis Leinefelde kamen wir an diesem Tag nicht. Dort mußten wir sehen, wo wir die Nacht verbrachten. Eine alte Frau, der wir auf der Straße begegneten, hatte Mitleid mit uns völlig durchweichten Geschöpfen. Sie nahm uns mit in ihre winzige Wohnung und gab uns zu essen. Sie heizte sogar mit ihrer kostbaren Kohle den kleinen Ofen, damit wir unsere Sachen trocknen konnten.

Den Zug nach Halle als voll zu bezeichnen, wäre untertrieben gewesen. Menschentrauben, wohin man sah, auf den Dächern, auf den Trittbrettern, in den Gängen, in den Klos, auf den Puffern. «Aufs Dach kriegen mich keine zehn Pferde», sagte Corri. «Das eine Mal, wo einem in der Unterführung der Kopf abgerissen worden ist, hat mir gereicht.»

Ein für damalige Verhältnisse recht beleibter Mann in einem noch durchaus passablen Anzug hörte uns zu. Er lachte uns an. «Wenn mir die Damen folgen wollen.» Wir taten es etwas verblüfft. Mit vorgestrecktem Kopf rammte er sich förmlich durch das Menschenknäuel. Wir schlängelten uns hinter ihm her. Es gab wütende Proteste, aber die meisten der Fahrgäste waren schon zu mürbe, um sich gegen soviel Rücksichtslosigkeit zu wehren. Und so gelang es uns tatsächlich, uns noch in ein Abteil zu zwängen, wo wir, ineinander verkeilt, geduldig warteten, daß sich der Zug endlich in Bewegung setzte. Sofort fand sich eine Autorität, die in diesen verlotterten Haufen Menschen wieder so etwas wie Ordnung brachte. «Sie da, junger Mann am

Fensterplatz, stehen jetzt mal auf und lassen die Dame mit dem Kanarienvogel für 'ne Weile sitzen!» Und zu unserem Begleiter: «Ziehen Sie mal gefälligst Ihren Bauch ein! Der braucht ja Platz für zwei.»

«Ich tu mein Bestes», sagte der Angesprochene fröhlich.

Wir kamen tatsächlich pünktlich in Halle an und erreichten, ein zweites Wunder, sogar den Anschlußzug nach Berlin, wobei wir in dem dichten Gewimmel unseren Begleiter aus den Augen verloren. Nach weiteren zehn Stunden hatten wir die Hauptstadt erreicht.

Schon bei meinem letzten Besuch im Februar '45 war Berlin sehr zerstört gewesen. Aber diese Mondlandschaft, in der wir nun standen, hatte ich dann doch nicht erwartet. Nichts erinnerte mehr an früher, und angesichts der sich kilometerweit erstreckenden Ruinen schaffte es auch die Phantasie nicht mehr, die Erinnerung zu wecken. Nur die Straßen waren vom Schutt geräumt, und überall dort, wo Engländer und Amerikaner auftauchten, folgten ihnen, wenn auch in respektvoller Entfernung, Männer und Kinder, die, wie Spatzen auf Pferdeäpfel, auf weggeworfene Zigarettenkippen warteten.

Wir hatten Mühe, uns zurechtzufinden, aber schließlich landeten wir doch dort, wo wir hinkommen wollten, bei einer Schulfreundin von Corri in Steglitz. Später wechselten wir in Corris Elternhaus in Steglitz über. Dort hatte sich ein amerikanischer Stab bis zur mittleren Etage einquartiert. Die Amis merkten nicht, daß wir uns über den Boden des Nachbarhauses in das obere Stockwerk eingeschlichen hatten, und auch der lässig auf einem Stuhl sitzende Wachtposten vor dem Haus bekam von unserem Treiben nichts mit. Nur zu baden vermieden wir, das Rauschen des Wassers hätte uns verraten. Im übrigen wurden sämtliche Geräusche von dem Soldatensender überdeckt, dessen Musik durchs ganze Haus schrillte. Seitdem kann ich Country-Musik nicht mehr ausstehen.

Zu essen hatten wir reichlich. Eine junge Frau, die Corri noch von früher kannte und die im Hause gegenüber wohnte, versorgte uns auf großzügigste Weise. Fast täglich kam Trudi über den Boden, um nach uns zu sehen. «Glad to see you», sagte sie höflich zu mir, und zu Corri: «Damit de mir nich vom Fleisch fällst.» Sie packte uns Konserven, Zigaretten, Eipulver, Milchpulver und Bohnenkaffee auf den Tisch. Wir bedankten uns überströmend. «Ick kann euch Mädels doch nich verhungern lassen.» Und dann, mit fragendem Blick zu mir: «Biste wirklich ne Komtesse? Aussehen tuste grade nich so. Schlechte Zeiten für'n Adel, wa? Na, dann will ick mal wieder. Ick muß zu meinem Bob. See you later.» Sie stöckelte davon.

«Gott erhalte uns diesen Bob noch lange», sagte ich mit vollem Mund.

«Wenn der's nicht ist, ist's ein anderer», sagte Corri trocken. «Neulich hat sie mir gestanden, seitdem sie Neger kennt, faßt sie keinen weißen Mann mehr an. Willst du wirklich nach Lochow, in die russische Zone? Ich weiß nicht recht. Außerdem, so schön ist die Gegend bei euch nun auch wieder nicht.»

«Deine Erinnerungen an diesen Ort sind eben etwas getrübt. Es war ja auch Pech mit deinem Koffer.»

Sie lachte. «Sonst war es aber sehr nett bei euch. Ihr spracht immerzu von irgendeiner Kuh, die verkauft werden sollte. Und nachts kam euer Bernhardiner und wollte zu mir ins Bett.»

«Jaja, das einfache Landleben ist nicht jedermanns Geschmack. Weißt du noch, wie uns dein Vater großzügig seine Loge in der Staatsoper für die ‹Meistersinger› anbot und ganz fassungslos darüber war, daß wir lieber ‹Gyges und sein Ring› mit Willy Birgel sehen wollten? Den fanden wir damals fabelhaft. Dabei wurden die ‹Meistersinger› von Karajan dirigiert.»

«Ach, du meine Güte», sagte meine Freundin, «der Arbeitsdienst hatte uns eben für die Kunst total verdorben.»

Für kurze Zeit versanken wir in Erinnerungen. Im Arbeitsdienst hatten wir uns erst nach ein paar Wochen angefreundet. Corri behauptete, sie hätte mich zu Anfang gräßlich gefunden. «Unerträglich, wie du angegeben hast. Was wolltest du eigentlich damit beweisen?» Aber ich war, anders als sie, ein Internatskind gewesen und hatte dort gelernt, mir nicht die Butter vom Brot nehmen zu lassen. Dafür hatte Corri bei der Gutsfrau ihrer ersten Außendienststelle sofort einen Stein im Brett. Endlich mal ein junges Mädchen, mit dem man schöngeistige Gespräche führen konnte. Als ich sie ablöste, war die Enttäuschung groß. Grüße, die meine Mutter der Standesgenossin ausrichten ließ, fielen nicht auf fruchtbaren Boden. Von Lyrik hatte ich wenig Ahnung, Brecht war mir unbekannt. Nur Balladen mochte ich. «Das Grab im Busento» zum Beispiel von Platen. «Und den Fluß hinauf, hinunter / ziehn die Schatten tapf'rer Goten, / die den Alarich beweinen, / ihres Volkes besten Toten.» Das Buch «Ein Kampf um Rom» von Felix Dahn hatte als Kind zu meiner Lieblingslektüre gehört. Aber das interessierte hier weniger. Auch daß ich die Socken der Familie in zu heißem Wasser wusch, so daß sie zu Kindergröße zusammenschrumpften, verzieh man mir nicht. Corri hatte solche niedrige Arbeit nie verrichten müssen, was ich ihr sogleich vorwarf. Sie hörte sich meine Klagen mit einem gewissen Wohlgefallen an, und unsere

Rivalität war von da an wie weggeblasen. Sie lud mich sogar nach Berlin ein, und wir verbrachten unseren knappen Urlaub gemeinsam in ihrem Elternhaus. Die melancholische Atmosphäre der weiträumigen Villa mit den dunklen Möbeln und den Ölbildern in schweren Goldrahmen schüchterte mich ein, ebenso die Tischgespräche mit ihrem Vater und dem jüngeren Bruder. Sie wirkten auf mich gezwungen und wurden nur etwas lockerer, wenn die erste Frau des Chirurgen Professor Sauerbruch auftauchte. Sie vertrat an Corri Mutterstelle, und wir mochten sie sehr. Insgeheim fand ich die Familie ein wenig spinnig, obgleich Corris Vater einen trockenen Humor besaß und sich amüsiert anhörte, was wir an Geschichten aus dem Lager von uns gaben.

«Kaum zu glauben, in was für Filme du mich geschleppt hast», erinnerte sich Corri. «Ich glaube, der eine hieß ‹Henker, Frauen und Soldaten›, aber es kann auch irgend etwas anderes in dieser Richtung gewesen sein. Meinem Vater habe ich das gar nicht erzählt.»

Nach einer durchschwatzten Nacht, in der wir uns dauernd gegenseitig ermahnt hatten, nicht so laut zu sein, suchte ich Onkel Achims ehemaligen Jagdpächter aus Görne auf. Jetzt, im zerstörten Berlin, war Herr Klein Verkehrsdezernent geworden und residierte in einem stattlichen Büro. Er nahm die Sache sogleich in die Hand und erteilte einem Berliner Fahrzeughalter den Fahrbefehl, mich nach Friesack mitzunehmen, wohin die Stadt Berlin Akten ausgelagert hatte. An einem schönen Junimorgen starteten wir. Die Dörfer, durch die wir fuhren, boten einen tristen, verwahrlosten Eindruck, Gutshäuser und Parkanlagen waren verwüstet, die Fensterscheiben eingeschlagen. In Friesack setzte mich der Fahrer ab, und ich machte mich, deprimiert von dem Gesehenen, auf den Weg nach Görne. Als ich an dem Schild des Dorfes Kampehl vorbeikam, schoß mir der letzte Vers des Gedichtes über die Mumie des Ritters Kahlebutz durch den Kopf: «Betet für die arme Seel / des von Kahlebutz Kampehl.»

5

Görne wirkte unzerstört. Niemand ließ sich auf der Straße blicken. Trotzdem beeilte ich mich, das Dorf hinter mir zu lassen. Wie wir inzwischen gehört hatten, wohnten dort bereits mehr Fremde als Einheimische, so daß es unter Umständen gefährlich werden konnte. Dann lag das Luch vor mir. Es war ein schöner Vorsommerabend, windstill und warm. Über den Wiesen jagten sich die Kiebitze. Die Frösche quakten, und die Kronschnepfe war zu hören. Von Mücken umsurrt, lief ich den schmalen Radfahrweg entlang, der einen im Dunkeln so leicht aus der Spur brachte. Keine Menschenseele weit und breit. Für einen Augenblick vergaß ich die Umstände, die mich hierhergeführt hatten, und es schien, als wäre ich wie früher auf dem Rückweg nach einem Besuch bei Tante Gertrud und Onkel Achim in Görne. Erst der Anblick der zerstörten Kornhausbrücke brachte mich in die Wirklichkeit zurück.

Ich lief den Havelländischen Hauptkanal entlang, über die Heubrücke, vorbei an der Feldscheune, kroch durch unseren Koppelzaun und kam wenig später im Dorf an. Alle stürzten aus ihren Häusern, voran Maria Mateke mit Kindern und Enkelkindern. Nach und nach fanden sich auch die anderen in Kolbatschs Haus ein und bedrängten mich mit Fragen.

Wir tauschten unsere Erlebnisse aus. Wieviel war doch in diesem einen Jahr geschehen! Auch die Lochower konnten ein trauriges Lied von den letzten Kriegstagen singen. Die Kosaken waren noch die besten gewesen, wenn sie auch als erstes Möpschen erschossen hatten. Der Kommandant hielt auf Zucht und Ordnung. «Luzika, Luzika, kleines Kind», hatte der russische Kommandant immer zu Luzie Trägenapp gesagt und ihr Bonbons geschenkt. Die Soldaten kampierten im Wald, und die Pferde liefen frei auf der Wiese. Am Abend spielte einer der Kosaken auf einer Flöte, und sie kamen angetrabt. Das Vergraben des Silbers hatte nicht viel genützt. Mit den Minensuchgeräten war es schnell gefunden. Auch mit den jahrhundertealten Gläsern hatten sie kurzen Prozeß gemacht und sie jeweils nach einem Toast an den Bäumen zerschmettert. Als ich am nächsten Morgen durch unseren kleinen Park zum See ging, knirschten die Scherben unter meinen Schuhen.

Erst aber begleiteten mich Kolbatschs und Matekes zu unserem Haus. Es hatte immer seine Stimmungen gehabt. Mal empfing es uns mit ausgebreiteten Armen, bot sich kuschlig und warm und verströmte angenehme Gerüche, mal rammte es uns die Türklinke in die Seite, ließ uns über die Treppe stolpern und goß aus der verstopften Regenrinne einen Wasserschwall anstatt in die Regentonne auf das neben dem Haus friedlich schlafende Möpschen. Jetzt wirkte es gekränkt. Wir, seine Familie, hatten es der Willkür von Barbaren ausgeliefert.

Von außen sah es unverändert aus. Fenster und Türen waren kaum beschädigt. Aber drin empfing mich gähnende Leere. Das meiste war abtransportiert worden. Großvater in Öl stand, von Kugeln durchsiebt, in der Ecke. Auf der sonst kahlen Veranda lehnte der halbzertrümmerte Toilettentisch meiner Mutter, die mir aus dem Bild im Abendkleid freundlich wie immer entgegenblickte. Nikolai und Olga entschuldigten sich für jeden fehlenden Gegenstand, als hätten sie die Verantwortung dafür gehabt. «Tand, Tand ist das Gebilde von Menschenhand», sagte ich, und sie schauten mich etwas ratlos an. Der trostlose Anblick machte mir mehr zu schaffen, als ich gedacht hatte. Im allgemeinen fanden wir, wie jede Generation, daß unsere Eltern doch noch recht hinter dem Mond lebten. Geradezu rührend, wie sie am Althergebrachten hingen. Nur wenn es um die Einrichtung unserer Zimmer gegangen war, hatten wir, sehr zum Bedauern meiner Mutter, die durchaus mit der Mode ging, keinerlei Veränderung geduldet. Kaum kamen wir aus den Internaten in den Ferien nach Haus, begannen wir zu mekkern. «Wieso steht der Stuhl jetzt hier und nicht dort? Wer hat das Bett umgestellt? Wo ist denn meine alte Waschschüssel? Die neue ist ja scheußlich!» Meine Mutter fügte sich, wenn auch seufzend. «Wenn du meinst, Kind.»

«Nun wollen wir erst mal Abendbrot essen», holte mich Oma Mateke aus meinen Erinnerungen zurück, und wir gingen zu Nikolais Haus.

Sie hatten mir auf dem Sofa in ihrer guten Stube das Bett gemacht. Aber die Mücken kannten mal wieder kein Erbarmen. Als die Morgendämmerung kam, stand ich auf und schlich mich leise aus dem Haus. Ich ging durch den sogenannten Park, der eigentlich nur eine Baumschule war, zum See. Die Sonne war gerade aufgegangen und stand als ein großer roter Ball über den Eichen am gegenüberliegenden Ufer. Ich setzte mich auf Vaters Lieblingsplatz, eine kleine Bank, wo er sich nach dem Schwimmen gern auszuruhen pflegte. Jeden Morgen, bei Wind und Wetter, nahm er im See ein Bad und stellte das Schwimmen erst ein, wenn der

See zugefroren war. Der Kahn lag noch an derselben Stelle, und die Fischernetze hingen, wo sie immer gehangen hatten. Ich wanderte einmal um den See herum. Das frische Laub, die blühenden Sträucher und Bäume, ein Fischreiher, der sich gerade in die Luft hob – die Natur zeigte mir die Heimat von der schönsten Seite. Ich machte einen Rundgang über den Fährberg, und von dort lief ich zum Witzker See. Die Rohrdommeln waren schon von weitem zu hören und die Lietzen.

Als ich zu Kolbatschs zurückkkam, hämmerte Nikolai bereits in seinem Schuppen. Er ging mit mir durch die Ställe und zeigte mir sein dürftiges Vieh. Zwanzig Morgen Land waren ihm zugeteilt worden. «Aber was für welches», seufzte Nikolai. «Schlechteste Koppeln, die ich erst umbrechen mußte. Zu dritt haben wir Siedler ein Gespann. Maschinen gibt es so gut wie überhaupt nicht. Hat man sich mal 'ne neue Kuh angeschafft, wird sie einem gleich wieder geklaut.» Er grinste. «Na ja. Das Schlechte ist schlecht. Doch ohne das Schlechte ist es noch schlechter, sagt der Russe.»

Ich lachte. Nikolai hatte sich nicht verändert. Er war immer noch der etwas schlaksige Bauernjunge mit dem pfiffigen Gesicht, den niemand zu etwas überreden konnte, was er nicht wollte.

Wir gingen frühstücken. Es gab köstliches selbstgebackenes Brot mit frischer Butter und wunderbarem dicken Sirup. Viel zum Grübeln kam ich danach glücklicherweise nicht mehr. Jeder im Dorf nahm mich in Beschlag. Es gab ja soviel zu erzählen! «Stell dir vor», sagte Ilse Trägenapp, «ihr wart kaum weg, da wimmelte es hier schon von Soldaten, und den Sigmund wollten sie gleich mitnehmen und in eine Uniform stecken.»

Ehe ich mich's versah, kam der Tag, an dem ich wieder nach Berlin zurück mußte. Meinen Rucksack packten sie mir voll mit den schönsten Delikatessen. Mit reichlich Stullen und hartgekochten Eiern, Honig und Marmelade machte ich mich auf den Weg nach Ferchesar. Dort nahm mich ein Bauer mit nach Rathenow. Da die Straßen ausschließlich von Angehörigen der Roten Armee bevölkert waren, hielt ich es für sicherer, auf dem Bahnhof zu bleiben.

Der Zug nach Berlin war überfüllt mit Hamsterern, die sich um ihre Beute sorgten. Eine Fahrkarte besaß kaum jemand. Die vielen Schwarzfahrer erschütterten den Schaffner nicht. Er kassierte die vorgeschriebene Strafe, und damit war für ihn der Fall erledigt. Dagegen beäugte er mißtrauisch einen Mann, der ihm stolz alle erforderlichen Papiere präsentierte. Nachdenklich blätterte der Schaffner darin herum. «Det is doch hier 'n reiner Arbeiterzug. Mit dem dürfen Se überhaupt nich fahren. Nur mit dem Zug 20 Uhr. Wat is'n nu? Wollen Se zahlen oder auf der nächsten Station wieder raus?»

Wir hatten Glück. In Spandau gab es keinerlei Kontrollen.

Das gelungene Unternehmen hatte mich mutig gemacht. Auf jeden Fall wollte ich noch einmal nach Lochow zurück. Herr Klein erwies sich wiederum als sehr hilfreich. Er organisierte für mich einen Lastwagen. Diesmal sollten aus Görne Möbel von evakuierten Berlinern abgeholt werden. Eine gute Gelegenheit, auch ein paar der von Nikolai für uns aufgehobenen Sachen mitzugeben.

Diesmal nahm ich auch auf der Hinfahrt die Bahn. Am Fahrkartenschalter in Spandau stand bereits die übliche Schlange. Plötzlich griff Unruhe um sich. Ehe wir uns zerstreuen konnten, waren wir von Polizisten und Russen umstellt, die unsere Ausweise verlangten. Die Frau neben mir im üblichen Einheitslook – Trainingshose, darüber ein Kleid und auf dem Kopf einen Turban – stieß mich an. «Sie brauchen wieder Arbeitskräfte für ihre Demontage.»

Einer nach dem anderen wurde aussortiert und zu einem Lastwagen geführt. Der kontrollierende Russe kam näher und näher. Ich konnte nur mit einer gefälschten Kennkarte aus der englischen Zone aufwarten. Davon besaß ich gleich mehrere. Sie waren von mir selbst ausgestellt und mit meinem Paßbild und dem kaum noch leserlichen Stempel eines Turnvereins versehen. Bis jetzt war ich damit immer ganz gut durchgekommen. Aber hier im russischen Sektor sah das anders aus.

Der Russe stand vor mir. Ich war an der Reihe. «Kein Ausweis», erklärte ich mit weichen Knien.

«Kein Ausweis? Nix gut.» Er lachte gutmütig und ging weiter. Ich durfte mich wieder vor dem Fahrkartenschalter anstellen.

In Rathenow nahm mich ein Trecker nach Stechow mit. Unterwegs waren Dutzende von Menschen damit beschäftigt, unter russischer Bewachung ein großes Kabel auszubuddeln. Mein Fahrer fuhr schneller. «Man weeß ja nie, auf was für Gedanken die Brüder kommen.»

Auf dem Weg von Ferchesar nach Lochow begegnete ich keinem Menschen. Die Schäden im Wald wurden durch das dichte Grün verdeckt. Karnickel flitzten über den Weg, und ein Specht bearbeitete eine Eiche. In Lochow hatte Olga bereits einiges Silber eingepackt, das Nikolai für uns gerettet hatte. Sigmund kam mit dem Gehörn eines von meinem Bruder geschossenen Rehbocks angerannt. Das sollte ich unbedingt mitnehmen. Viel Muße, Erinnerungen nachzuhängen, blieb nicht. Die Zeit drängte.

Den Tag darauf fuhr mich Nikolai mit seinen beiden kleinen Stuten nach Görne, wo schon der Lastwagen wartete. Die Rückfahrt nach Berlin verlief glatt. Als ich meiner Freundin von meinem Erlebnis mit dem Ausweis berichtete, schüttelte sie nur den Kopf. «Du mußt völlig verrückt geworden sein, so was überhaupt zu riskieren.» Dann überraschte sie mich mit Theaterkarten für den «Snob», die sie von Gustaf Gründgens bekommen hatte. Er war mit ihrem Vater befreundet gewesen und hatte im Haus verkehrt.

Soviel wir auch an uns herumputzten, viel Staat war mit uns nicht zu machen. Ich trug ein Dirndl aus einem karierten Bettbezug und sie ein zu enges Leinenkostüm mit Knöpfen von unterschiedlicher Größe und Farbe. Das Theater war voller hoher Offiziere der Besatzungsmacht und ihren Frauen. Sie starrten uns an, als wir unsere Plätze in der ersten Reihe ansteuerten. Gründgens warf meiner Freundin verstohlen eine Kußhand zu. «Er hat dich gegrüßt», sagte ich ehrfurchtsvoll. «I see», sagte sie und räkelte sich lässig in ihrem Stuhl. Prompt sprang einer der Knöpfe ab und rollte einem amerikanischen Offizier vor die Füße. Er hob ihn auf und überreichte ihn ihr mit einer Verbeugung. Zeit, ihr einen kleinen Dämpfer zu geben. «Aber ‹see you later› hat er nicht gesagt», flüsterte ich ihr zu. Ich prustete los und konnte gar nicht wieder aufhören. Die Anspannung der letzten zwei Wochen war einfach zu groß gewesen.

Im Gegensatz zu dem aufregenden Theaterabend entpuppte sich der Besuch bei der Frau eines englischen Generals, für die man mir ein Empfehlungsschreiben mitgegeben hatte, eher als eine Enttäuschung. Da ich eine üppige Mahlzeit erwartete, verzichtete ich vorher großmütig auf unser mittägliches Standardgericht, «Knümanns Nährspeise». Sie war die Erfindung eines Studenten gleichen Namens, den wir kennengelernt hatten, und bestand aus Weizenmehl mit etwas Eipulver und Coca-Cola als Treibmittel. Die englische Lady wußte nicht so recht, was sie mit mir anfangen sollte und was der Grund meines Besuches war. Unsere Verständigung erwies sich als recht mühsam, und statt des erwarteten Essens gab es nur einen sehr starken Nescafé und ein paar trockene Kekse. Prompt kippte ich auf der Heimfahrt in der S-Bahn um. Fürsorglich räumte man mir einen Sitzplatz ein. Ein dicker Mann beugte sich immer wieder besorgt über mich.

«Wat denn, nu machen Se man halblang. Leben tut sie ja noch», sagte ein anderer mißbilligend.

«Det seh ick selber.» Er schnüffelte wieder verzückt. «Aber dieser Kaffeeduft! Da könnt ich ooch direkt schwach werden.»

«Was wolltest du denn von dieser Engländerin überhaupt?» fragte Corri, als ich ihr davon berichtete.

«Ich dachte, Beziehungen zur Besatzungsmacht könnten immer nützlich sein.»

«Für dich wäre ein russischer General bestimmt vorteilhafter gewesen», sagte sie.

Mit einer Reisegenehmigung für die Rückfahrt bis zur Grenze hatte es immer noch nicht geklappt. So fuhr ich noch einmal nach Lochow. Student Knümann hatte mir freundlicherweise für drei Tage seine Halbschuhe geborgt. Meine Klapperlatschen fingen an, sich aufzulösen.

Diesmal mußte ich von Rathenow nach Ferchesar laufen. Dort traf ich Frau Behrend, unsere Postfrau, die mich gleich in ihr Häuschen schleppte und mir zu essen gab. Von ihr erfuhr ich, daß in Ferchesar vorübergehend ein Seuchenlazarett gewesen war. «Lauter geschlechtskranke Russen. Das war vielleicht was! Innerhalb von zwei Stunden mußten wir aus unseren Häusern raus und ins Fenn ziehen. Allesamt in zwei, drei Häuser, die da standen. Zu vierzehn Mann in einem Zimmer, und nachts aufs Klo konnten wir auch nich, das war auf dem Hof, und während der Sperrzeit durfte ja keiner das Haus verlassen. Ach, Komteß Ilse, was haben die bloß mit uns gemacht! Und Sie wollen wirklich nach Lochow? Da treibt sich doch immer noch 'ne Menge Gesindel rum. Auch desertierte Russen. Ich bring Sie 'n Stück.»

Die Post war bei ihr immer in guten Händen gewesen. Jeden Tag, bei Wind und Wetter, war sie damit nach Lochow gekommen, und das zu Fuß. Trotzdem gelang es ihr spielend, unseren Jagdwagen zu überholen, da Vater manchmal, nur, um meine Mutter zu ärgern, die Pferde im Schneckentempo dahinschleichen ließ. Wenn es das Wetter zu arg trieb oder hoher Schnee lag, schickte uns Vater mit dem Schlitten oder zu Pferde, um Frau Behrend den strapaziösen Weg zu ersparen. Postkarten las sie grundsätzlich. Vor allem Traueranzeigen, um den Betroffenen die schlimme Nachricht schonend beizubringen. So wußte sie auch in unserer schlesischen Familie gut Bescheid. Während sie mich begleitete, schimpfte sie auf den Förster, der den Leuten verboten hatte, sich Holz aus dem Wald zu holen. «‹Nu pusten Se sich mal nich so uff›, hab ich gesagt, ‹ich hab ja schon Holz gesammelt, da waren Se noch gar nich auf der Welt.›»

Als wir Ferchesar hinter uns hatten, blieb sie stehen. «Also, was meine Wenigkeit is, ich kehr wieder um.» Sie überlegte einen Augenblick. «Wir machen das anders. Ich warte hier, und Sie rufen ab und zu ‹huhu›, dann weiß ich, daß alles in Ordnung is.»

Beruhigt lief ich los, obwohl mir mein Verstand sagen mußte, daß mein «huhu» einen Überfall wohl kaum hätte verhindern können. «Huhu» rief ich gehorsam nach einem halben Kilometer, und «huhu» rief sie zurück. Es war fast so tröstlich wie in der Kindheit, wenn man die Tür einen Spalt offenlassen durfte, damit man nicht ganz im Dunkeln lag.

Die Lochower waren über mein Auftauchen teils erfreut, teils beunruhigt. Die Überfälle desertierter Russen häuften sich. Trotz aller Warnungen beschloß ich, diesmal in unserem Haus zu schlafen. Vaters Zimmer im oberen Stockwerk war noch einigermaßen intakt, Bett und Schrank noch vorhanden, wenn auch die Tür nur lose in den Angeln hing. Bevor ich mich hinlegte, horchte ich noch einmal durch das offene Fenster. Hof und Straße lagen still und friedlich im Mondlicht. Wie gewohnt, zog die Himmelsziege über mir ihre Kreise und war Entengeschnatter vom See zu hören. Dann legte ich mich hin. Kolbatschs hatten mir genug Decken gegeben, so daß ich nicht frieren mußte. Es war schon ein merkwürdiges Gefühl, in Vaters Bett zu liegen. Er ließ gern das ganze Haus wissen, wenn er aufstand. Die Hauslehrerin, die im Zimmer darunter schlief, wurde immer aus dem Schlaf gerissen, so ein Donnergepolter veranstaltete er.

Endlich schlief ich ein, wurde aber bald durch Männerstimmen geweckt. Jemand ging durchs Haus. Ich nahm Knümanns Halbschuhe und steckte sie in den Ofen, eine reine Reflexbewegung. Nicht auszudenken, wenn man mir die Schuhe weggenommen hätte. Die Stimmen entfernten sich. Ich holte die Schuhe wieder aus dem Ofen, packte meine Siebensachen und rannte zu Kolbatschs. Sie hatten mich schon erwartet und saßen angezogen in der Küche. Nikolai schüttelte mißbilligend den Kopf. «Hab ich's nicht gesagt.»

«Hoffentlich kommen sie nicht zu uns», sagte Olga. Doch wir hatten Glück.

Trotz dieses Schreckens wurden es wieder schöne Tage.

Ich stromerte viel in der Gegend herum, wenn auch mit gebotener Vorsicht. Am Witzker See stieß ich auf einen Russen. Er warf gerade eine Handgranate in den See, um auf diese bequeme Weise zu fischen. Die Detonation ließ mich zusammenfahren und machte mir wieder einmal bewußt, daß es nicht mehr dieselbe Heimat war, die ich verlassen hatte.

Der Abschied fiel uns allen schwer. Aber wir waren auch voller Zuversicht. Der naive Kinderglaube, daß alles wieder so werden würde wie früher, war erstaunlicherweise noch immer vorhanden.

In Berlin gelang es mir endlich, die Reisegenehmigung bis zur Grenze zu bekommen, und da ich eine Zuzugsgenehmigung nach Niedersachsen besaß, konnte eigentlich nichts schiefgehen. Diesmal mußte ich allein fahren. Corri wollte noch in Berlin bleiben.

Da ab elf Uhr abends keine Verkehrsmittel mehr gingen, verbrachte ich die Zeit von Donnerstag abend bis Freitag früh um fünf im Wartesaal am Zoo. Das Wort «Wartesaal» ist vielleicht nicht ganz angebracht, denn es handelte sich um einen Bretterverschlag mit einigen Tischen und Stühlen, der vollkommen überfüllt war, weil es Strippen regnete. Aber ich fand dann doch noch ein Plätzchen, wo ich mich ausstrecken konnte. Und schon war ich fest eingeschlafen, ein alltägliches Phänomen in dieser Zeit. Der Schlaf stellte sich ein, wo immer man den Körper in Ruhestellung brachte. Hauptsache, es fand sich etwas zum Sitzen oder zum Anlehnen. Weder Kindergeschrei noch Hundegebell oder andere starke Geräusche nahm man wahr, nicht einmal, wenn einem jemand über die Beine stolperte. Nur wenn einer es auf die Schuhe oder das Gepäck abgesehen hatte, war man sofort hellwach.

Am Freitag früh gegen zwei Uhr erwachte ich erquickt. Der Duft von Bohnenkaffee ließ mich schnuppern. Er wurde am Nebentisch unauffällig in Bouillontassen gereicht. Nicht nur ich starrte, die Lippen leckend, auf einen wohlgenährten Mann, dem zwei Setzeier mit Speck und Bratkartoffeln serviert wurden. Er aß sie ohne Scham, und seinem zufriedenen Gesichtsausdruck war anzusehen, wie gut es ihm schmeckte. Ab und zu erschien ein Russe an der Tür, warf einen kurzen Blick auf die Menschen, die sofort verstummten, und verschwand wieder in der Dunkelheit. Die Luft war zum Schneiden dick und angereichert mit den Ausdünstungen ungelüfteter Kleider, dem süßlichen Duft amerikanischer Zigaretten und nasser Windeln. Aber das störte niemanden. Hauptsache, man hatte ein Dach über dem Kopf.

Der Zug sollte erst um fünf fahren, die meisten waren jedoch bereits unterwegs zum Bahnsteig, und ich schloß mich ihnen an. An der Sperre im Tunnel stand das Wasser fußhoch, und es regnete weiter. Viele wurden schon im Vorfeld aussortiert, weil sie keine Reisegenehmigung hatten. Trotzdem blieben immer noch so viele übrig, daß man sich ausrechnen konnte, wie gering die Chance war, mitzukommen. Dann fuhr der Zug ein. Das Glück meinte es mal wieder gut mit mir. Nicht nur, daß ich einen Platz erwischte, das Abteilfenster hatte sogar Scheiben und war nicht, wie üblich, mit Brettern vernagelt.

Ich stellte meinen Rucksack auf meine Knie, legte den Kopf darauf und war sofort wieder eingeschlafen. Ein heftiger Ruck weckte mich. Der Zug hielt auf freier Strecke. Hilfeschreie waren zu hören. Wir waren überfallen worden. Im Abteil brach Panik aus. Ringe wurden abgezogen und das Abteil nach einem geeigneten Versteck für die paar Wertsachen, die jeder so mit sich schleppte, abgesucht. Aber der

Kelch ging noch einmal an uns vorüber: Einen Waggon vor uns sprangen die Plünderer ab. Langsam setzte sich der Zug wieder in Bewegung.

Bereits jetzt hatten wir über zwei Stunden Verspätung. Erst um fünf Uhr nachmittags waren wir in Halle, und von dort sollte erst am nächsten Morgen ein Zug nach Leinefelde gehen. Unmöglich also, den Grenzübertritt noch am Sonnabend zu schaffen. Während ich den Bahnsteig entlanglief, sah ich einen Zug auf dem gegenüberliegenden Gleis einlaufen, und ich las: «Halle – Leinefelde». Die Lok stand schon unter Dampf. Ich rannte über die Gleise. Ich hätte mir ruhig Zeit nehmen können. Erst drei Stunden später setzte er sich in Bewegung. Ich hatte um zwölf Uhr nachts den Bahnhof Leinefelde erreicht.

Der Wartesaal war bereits proppevoll. Vergeblich suchte ich nach einem freien Plätzchen, bis sich ein Kriegsversehrter meiner erbarmte. «Na, nu kommen Se schon, junge Frau. Ich mach Ihnen Platz. Ich kringle mich mit meinem einen Bein unter die Theke.» Ich bedankte mich herzlich. Als es hell wurde, versuchte ich, mich unter einem Wasserhahn notdürftig zu säubern. Dabei fiel mein Blick auf die lange Schlange, die bereits der Vorkontrolle harrte. Aber ich entdeckte auch noch etwas anderes: Einen Bus, der nach Heiligenstadt fuhr, um Arbeiter zu ihrer Arbeitsstelle zu bringen. Wenige Minuten später saß ich zwischen ihnen. Sie betrachteten mich verblüfft. «Na, junge Frau, suchen Sie Ihren Schatz?» Ich murmelte irgend etwas, und sie waren viel zu müde, um der Sache weiter nachzugehen.

In Heiligenstadt beeilte ich mich, ins Lager zu kommen, um unter den ersten bei der Entlausung zu sein, eine Prozedur, die den dazu angestellten Männern großen Spaß zu machen schien. Sie lachten über unsere wütenden Proteste.

Hinterher sah man aus wie mit Mehl bestäubt und nieste pausenlos vor sich hin.

Zu meiner Enttäuschung hieß es erst mal wieder warten. Es war immer dasselbe bei all diesen Unternehmungen. Entweder mußte man warten oder rennen, um noch rechtzeitig irgendwo hereingelassen, abgefertigt oder mit einem Stempel bedient zu werden. So auch diesmal. Es war kurz vor zwölf, und der Mensch, der mir eine Bescheinigung über die Entlausung auszustellen hatte, schloß gerade sein Zimmer ab, um Mittagspause zu machen. «Kommen Sie in einer Stunde wieder», sagte er herzlos, ohne auf mein Bitten und Betteln zu reagieren. Dabei wußte auch er, daß dann erst einmal die Grenze wieder dichtgemacht und die beiden in der ganzen Gegend als besonders großzügig bekannten russischen Wachtposten abgelöst wurden. So etwas sprach sich schnell herum. Was tun? Der Kriegsdienst bei der Reit- und Fahrschule hatte mich viel Nützliches gelehrt, so zum Beispiel auch, daß Männer nichts mehr fürchten als Hysterie. Ich atmete tief durch und legte los. Der Beamte zögerte nicht lange. Er drückte mir den verlangten Wisch in die Hand und verschwand.

Jetzt mußte ich mich ranhalten, aber das letzte Stück zur Grenze nahm mich Gott sei Dank ein Lastwagen mit. Als ich ankam, war es Viertel vor eins. Hunderte von Menschen jagten wie aufgescheuchte Hühner der Grenze zu. Die russischen Wachtposten hatten ihren Spaß daran. Zwei Minuten vor eins hatte ich die englische Seite erreicht. Hinter mir schloß sich auf der russischen Seite der Schlagbaum, ungeachtet der flehentlichen Bitten der Zurückgebliebenen.

In Friedland begann alles wieder von vorn, Registrieren, Entlausen, Gutschein für einen Teller Suppe. Es gelang mir nicht, noch an diesem Abend das Lager wieder zu verlassen.

So mußte ich mir einen Schlafplatz suchen. Die Baracken waren wie üblich überfüllt, und es regnete. Ratlos irrte ich von einer Unterkunft zur anderen, wo man bereits dicht an dicht lag. Schließlich machten mir zwei Männer zwischen sich Platz. Während der eine an mir herumzupfte, um zu prüfen, wie weit ich bereit war, ihm entgegenzukommen, flüsterte mir der andere sein Unglück ins Ohr. Er hatte gerade erst erfahren, daß seine ganze Familie bei einem Bombenangriff umgekommen war. Ich schlief tief und fest.

Am Montag durfte ich dann weiter nach Hannover fahren. Zufrieden mit mir, machte ich mich auf den Heimweg. Die Familie würde staunen. Auch das letzte Stück, das ich per Anhalter zurücklegte, schien glatt zu verlaufen. Zu spät bemerkte ich, daß mit dem Fahrer des Wagens etwas nicht stimmte. Zunächst behauptete er, er wäre Adjutant bei Himmler gewesen, und dann, er sei mit Hermann Göring verwandt. Seine Geschichten wurden immer verworrener. Wie ein Verrückter fuchtelte er in der Luft herum, so daß das Auto auf der Gott sei Dank leeren Straße hin und her torkelte, bis wir in einem Graben landeten. Ich stieg aus und machte, daß ich wegkam.

Die Familie war unter der großen Eiche am Schloßgraben, von Vater der Balzplatz genannt, versammelt. Mein unerwartetes Auftauchen nach immerhin sechs Wochen löste nicht die Reaktion aus, die ich mir ausgemalt hatte. Ein anderes Ereignis war mir zuvorgekommen: Mein Schwager war aus der Kriegsgefangenschaft entlassen worden. Er hatte sich aus Bayern gemeldet und bestimmte alle Gespräche. So war Buschi, unser geliebter Münsterländer, der einzige, der mich mit begeistertem Gebell begrüßte. Er nahm zärtlich mein Handgelenk in die Schnauze, wie es seine Art war, und begleitete mich ins Schloß. Ich war etwas gekränkt, erinnerte mich aber daran, wie es meiner Schwester nach ihrer Verlobung ergangen war. Meine Mutter und ich standen im Eßzimmer, und während meine Mutter sich sorgenvoll darüber ausließ, daß Vater wieder eingezogen werden könnte, redete ich wie aufgezogen von der Wehrkreis-Reit- und -Fahrschule, bei der ich mich melden mußte. Meine Schwester kam überhaupt nicht zu Wort und rief schließlich ganz unglücklich: «Ich habe mich verlobt, und keiner hört zu!»

Im Schloß kam mir ein Kind plärrend entgegen. Der Spitz der Dame vom leichten Gewerbe bellte. Eine der alten Damen reichte mir hoheitsvoll ihre Hand zum Kuß. Ihr Lodenrock hätte dringend der Reinigung bedurft. Das einzige Klo war wie immer besetzt, und in der Küche versuchte sich meine angeheiratete Kusine, die nicht gerade als perfekte Hausfrau galt, an einem Kuchen aus Roggenmehl und Sirup. Ein Onkel saß daneben und naschte verstohlen vom Teig. Auch ich hatte Hunger. Mein Reiseproviant aus Lochow war noch nicht ganz aufgebraucht. Ich pellte mir ein hartes Ei mit großer Sorgfalt, damit auch nicht ein winziger Rest vom Eiweiß in der Schale haftenblieb. Sie sahen mir dabei zu. «Ein Ei», sagte meine Kusine andachtsvoll. Ich steckte es schnell in den Mund. Daß sich in meinem Rucksack sogar eine Schlackwurst befand, verschwieg ich.

«Wer, verdammt noch mal, hat schon wieder meine Brotreste aufgegessen?» rief eine unwillige Stimme im Flur. «Jetzt kann ich heute abend keine Brotsuppe kochen!»

6

Es war das übliche Hickhack. Der Flüchtlingsalltag hatte mich wieder.

Bald darauf erschien mein Schwager, um meine Schwester abzuholen. Er hatte auf dem Gut eines Bankiers, der entfernt mit uns verwandt war, eine Stellung als Verwalter bekommen. So mußte ich vorübergehend die blaue Gruft, in die meine Schwester und ich inzwischen wieder zurückgekehrt waren, räumen. Mein Schwager wirkte noch sehr mitgenommen und zog sich am liebsten in den Park zurück, um vor dem Menschengewimmel im Schloß seine Ruhe zu haben. Vorbei war es nun mit dem Vagabundenleben für meine Schwester. Erna und mir fiel der Abschied von Buschi, der mit nach Bayern reiste, schwer. «Den scheint ihr mehr als mich zu vermissen», sagte meine Schwester leicht gekränkt.

Auch Irmchen verließ uns. Ihr Freund, der herzliebe Rudi, wie sie ihn nannte, hatte ihr gedroht, sich eine andere zu nehmen, wenn sie nicht in die Ostzone zurückkomme, was er dann sowieso tat.

Die Post funktionierte in dieser Zeit erstaunlich gut. Briefe gingen hin und her. Aus Lochow hörten wir von einem großen Missionsfest der Adventisten mit Orchester und Taufe im Witzker See. Sogar vier Russen hatten sich taufen lassen. Und Maria Mateke, die Stammesmutter, schrieb, mit Gottes Gnade würden wir uns sicher bald wiedersehen. Ernas Eltern in Witzke beklagten sich wiederum, daß so unheimlich gestohlen würde, Gänse, Hühner, Kartoffeln, einfach alles.

Und Erna? Erna hatte sich verliebt. Der junge Mann, der sich in ihr Herz geschlichen hatte, war ebenfalls ein Flüchtling, ein Bauernsohn aus Schlesien. Aber Liebe hin, Liebe her, auf der Nase herumtanzen ließ sie sich deswegen noch lange nicht. Als ihr Heinz es wagte, in der ersten Zeit ihrer Bekanntschaft auch einem anderen Mädchen schöne Augen zu machen, ließ sie ihn lange zappeln, bis sie ihm diesen Seitenblick verzieh. Ich sehe sie noch in ihrer Kammer beim Bauern am Fenster stehen und auf die Straße blicken, wo ihr Heinz im strömenden Regen wartet und bettelt: «Nun mach schon auf, sei kein Frosch!» Ich war gerade bei ihr zu Besuch, und er tat mir leid.

«Der braucht Ihnen nich leid zu tun.» Erna zog mit grimmigem Gesicht die Gardine zu. Sie ließ ihn buchstäblich im Regen stehen, und auch die nächsten Wochenenden war sie unerbittlich.

Sie ließ sich viel Zeit mit der Verlobung und schrieb an meine Schwester nach Bayern, am liebsten würde sie auch «dorthin machen». Sie würde auch gern mal was anderes sehen. Ja, wenn der Heinz nicht wäre! «Mit so etwas Verrücktem wie mit Männern sollte man erst gar nicht anfangen. Dann ist es mit der Ruhe dahin.» Und dann wollte sie wissen, wie meine Schwester darüber denke, ob es wirklich soviel besser sei, verheiratet zu sein. «Ich sage immer, was man hat, das weiß man, was man kriegt, das weiß man nicht.» Ja, Erna hatte ihren Kopf für sich und grollte meiner

Schwester lange, weil sie Buschi mitgenommen hatte. Buschi stand in ihrem Herzen an erster Stelle, vor allem, seit er nach der Flucht ganz bei ihr gelebt hatte. Auf dem Bauernhof war es nicht schwierig gewesen, ihn mit durchzufüttern.

Im November '46 bekam ich einen Brief von einer alten Schulfreundin, Eva Janicke aus Ferchesar. Mit ihr hatte ich in Rathenow das Lyzeum besucht, und sie hatte mir im Kriege sehr geholfen, weil sie beim Fernamt kriegsdienstverpflichtet war. Sie vermittelte mir in kürzester Zeit Gespräche, auf die ich normalerweise einen Tag lang hätte warten müssen. Wenn ihr nach dem 20. Juli meine Gespräche mit Corri, deren Vater in das Attentat auf Hitler verwickelt war, zu gefährlich erschienen, räusperte sie sich warnend.

Evas Vater hatte einen Hof besessen, der zehn Hektar größer war, als man einem Bauern zugestand. Er war als erster enteignet worden. Nach der Enteignung mußte die Familie zu Verwandten nach Witzke ziehen, und Eva berichtete jetzt in verschlüsselter Form über den schlechten Wahlausgang der SED. Sie schrieb, in Ferchesar seien bereits mehrere Bauern «verreist», und der Rest würde die Reise wohl auch noch antreten, wenn vielleicht auch ein wenig später.

Meine Schwester hatte sich in Bayern schnell eingelebt. Sie wollte unbedingt, daß wir bei ihr Weihnachten feierten, und so machten wir uns auf die Reise. Die Fahrt nach München und dann weiter nach Landshut war in der üblichen Weise strapaziös. Mein Vater bekam als Kriegsversehrter sofort einen Sitzplatz, aber auch meine Mutter mußte erstaunlicherweise nicht lange im Gang stehen. Ein freundlicher Herr winkte sie in ein halbleeres Abteil. Als meine Mutter sich darüber wunderte, bedeutete man ihr mit gesenkter Stimme, man sei mit einem Sonderauftrag unterwegs. Meine arglose Mutter nahm das Angebot, Platz zu nehmen, dankbar an. Den Verlust ihrer goldenen Armbanduhr und ihrer Brosche bemerkte sie erst, als wir bei meiner Schwester angekommen waren.

Von dem neuen Zuhause meiner Schwester waren wir begeistert. Sie hatte eine eigene, wenn auch winzige Zweizimmerwohnung über der Remise, mußte allerdings die Küche mit einer Flüchtlingsfrau teilen. Das Barockschlößchen, von dem aus man einen weiten Blick über eine hügelige Landschaft hatte, gefiel uns sehr.

Buschi geriet ganz außer sich vor Freude bei unserer Ankunft. Er apportierte alles, was er fand, vom Handfeger bis zum Kartoffelsack, den er knurrend hinter sich herzog. Als wir ihn jedoch auf einen im Drahtzaun hängengebliebenen Hasen hetzten, verweigerte er uns den Gehorsam, obwohl es für ihn ein leichtes gewesen wäre, dem armen Tier den Garaus zu machen. Er biß zwar einmal lustlos zu, ließ aber gleich wieder los, als der Hase zu quäken anfing. Schuldbewußt sah unser Liebling uns an. Vater streichelte ihn. «Du bist eben ein erstklassiger Jagdhund und tust so etwas nicht.» Dem Hasen gelang es übrigens dann doch, sich zu befreien. Am nächsten Tag war er aber schon wieder da. Er schien gemerkt zu haben, daß ihm von Buschi keine Gefahr drohte.

Als Ersatz für den auf diese Weise entgangenen Weihnachtsbraten bekamen wir von den Lochowern eine Gans. Sie roch zwar schon von weitem, weil sie so lange unterwegs gewesen war, aber sie schmeckte, wie wir fanden, noch tadellos.

Es wurde der härteste Winter der Nachkriegszeit. Die Schreckensmeldungen häuften sich. Die Stromversorgung in den Großstädten brach zusammen. Familien erfroren in ihren undichten Nissenhütten, in den Krankenhäusern konnte wegen der Stromsperre nicht operiert werden, Menschen brachen vor Erschöpfung auf der Straße zusammen. In der Dunkelheit wurden Passanten überfallen und ihrer Kleidung beraubt. Und wir, die vom Schicksal Gestreichelten, saßen mal wieder im Warmen, auch wenn es mächtig durch die breiten Ritzen des Fußbodens zog. Aber das Kanonenöfchen war dank des Organisationstalents meines Schwagers gut gefüttert, und meine Eltern waren im Schloß untergebracht, wo die Zentralheizung sogar noch funktionierte. Von den Männern aus der engeren Familie fehlten zwei. Der Bruder meines Schwagers war in russischer Kriegsgefangenschaft, mein Bruder in französischer. Aber von beiden hatten wir inzwischen Nachricht.

Zwischen Weihnachten und Neujahr bekamen wir überraschenderweise einen Brief von Erna aus Witzke. Erna hatte schon seit längerem davon geredet, ihr Heimatdorf zu besuchen. Was ich fertiggebracht hatte, konnte sie schon lange. Aber um diese Jahreszeit, in dieser Kälte! Wie sie schrieb, war sie ohne große Schwierigkeit über die grüne Grenze gekommen. Aber drüben hatten die Russen schon auf sie gewartet. «Wir mußten alle rein in ein Haus. Da haben sie uns in einen großen Saal gesperrt. So was von Kälte! Zum Verrücktwerden! Die ganze Nacht sind wir wie die Zirkuspferde im Kreis herumgetrabt. Am nächsten Tag hat man uns dann in einen Keller gebracht und stundenlang verhört. Dann ging's unter Bewachung zum Bahnhof, und man hat uns allesamt in einen Waggon gesteckt. Wir sahen uns schon in Sibirien. Aber dann fuhr der Zug doch nur bis Gardelegen. Dort wiederholte sich das ganze Theater mit den Verhören. Am nächsten Tag haben sie uns dann kommentarlos entlassen. Als ich endlich in Witzke war, sah ich selbst aus wie so ein Russe. Schlief bis Sonntag mittag zum Essen. Wollte ja eigentlich gleich nach Lochow, aber ich konnte keinen Schritt laufen. Hatte Wasser in beiden Füßen. Fragten mich natürlich nach Herrn Grafen und seiner Familie aus. Und Nikolai hat mir versprochen, ein paar Pantinen zu machen. Ich soll von allen sehr grüßen. Am 28. Dezember geht's wieder retour. So schön es war, mal alle wiederzusehen und zu Hause zu sein, so schnell werde ich bestimmt nicht wieder eine Reise in das sozialistische Paradies antreten. Viele Glück- und Segenswünsche für 1947. Was macht Buschi-Junge?»

Nachdem meine Schwester den Brief vorgelesen hatte, verfielen wir einen Augenblick in Schweigen.

Angesichts von weniger als tausend Kalorien Nahrungszuteilung pro Tag, der zunehmenden Wohnungsnot und emsig betriebener Demontage der Industrie fielen die Prognosen für '47 nicht gerade rosig aus.

«Nach der Statistik bekommt im Augenblick jeder männliche Deutsche alle zwanzig Jahre ein neues Hemd, alle dreißig Jahre neue Unterwäsche und alle hundert Jahre einen neuen Anzug, habe ich irgendwo gelesen», sagte meine Schwester.

«Alle hundert Jahre einen neuen Anzug?» wiederholte meine Mutter. «Das wäre ganz im Sinne eures Vaters. Der trug ja auch immer noch am liebsten den Frack seines Großvaters und fand ihn tadellos in Ordnung.»

«War er ja auch», sagte mein Vater trotzig. «Ich verstehe bis heute nicht, warum du jedesmal Theater gemacht hast, wenn ich ihn anziehen wollte.»

Wir blieben länger als geplant. In diesem harten Winter war jede Reise riskant. Stundenlange Verspätungen waren an der Tagesordnung, und weder in den Abteilen noch auf den Bahnsteigen konnte man sich gegen die bittere Kälte schützen.

Als wir nach Wochen wieder nach Niedersachsen zurückkehrten, zog es mich als erstes zu Erna. Sie empfing mich etwas maulig. «Höchste Zeit, daß sich Komteß mal wieder blicken lassen.»

Aber ich wußte, womit ich sie versöhnen konnte: mit Geschichten von Buschi. «Er entwickelt sich zu einem lukrativen Geschäft.»

«Versteh ick nich.»

Ich erzählte ihr, daß die Hundebesitzer von weither kamen, um ihre Hündinnen von diesem Prachtexemplar von Rüden decken zu lassen. «Und die bezahlen die Gebühr natürlich in Naturalien. Unserem Buschi ist seine Beliebtheit ganz schön zu Kopf gestiegen. Im Schloß legt er sich am liebsten auf die Fliesen vor dem Eßzimmer. Jedesmal muß der Diener beim Servieren mit den schweren Platten über ihn wegsteigen. Ihn wegzuscheuchen, traut er sich nicht.»

Das erfreute Erna. «Ja, unser Buschi, der hat Klasse.»

Ich mußte ihr auch von Weihnachten berichten, von der Wohnung meiner Schwester, von meinem Schwager und wie es meinen Eltern ergangen war. Als ich ihr die Geschichte von Muttis Uhr und Brosche erzählte, hörte sie gar nicht auf zu lachen. «Nee, nee, so was aber auch! Frau Gräfin ist einfach zu harmlos. Könnte direkt aus Witzke stammen. Die haben immer die ausgebuddelten Kartoffeln über Nacht auf dem Feld gelassen, damit sich die Fuhre lohnt. Und dann waren die natürlich geklaut.»

«Jetzt sind Sie dran», sagte ich. «Wie war denn Ihre Rückreise bei dieser Kälte?»

«Fast so schlimm wie die Hinfahrt. Um halb sieben früh, im Stockdunkeln, hat mich mein Bruder Helmut erst mal nach Hohenauen gebracht. Eine Glätte zum Verzweifeln!»

«Hatte denn das Pferd keine Stollen?» fragte ich.

«Das war's ja eben. Dummerweise nicht.» In Hohenauen mußte sie dann erfahren, daß der Zug nach Berlin an diesem Tag nicht fuhr. «Also wir nach Rathenow. Da hatte der Zug zum Glück neunzig Minuten Verspätung, sonst hätten wir es nicht geschafft.»

Wie bei der Kälte vorauszusehen war, hatte der Zug alle Augenblicke auf freier Strecke gehalten. Die Kälte in dem ungeheizten Zug sei unbeschreiblich gewesen. «Komteß machen sich keinen Begriff. In Berlin wollte mich ja meine Freundin abholen. Aber Pustekuchen. Die Fahrkarten waren nach allen Richtungen ausverkauft. Erst am Sonntag um sieben gab es wieder welche für Montag früh. Nette Aussichten, wenn man niemanden in Berlin kennt.»

«Was haben Sie denn in der Zwischenzeit bloß gemacht?» fragte ich.

«Ich bin in den Bunker am Schlesischen Bahnhof rein. Da bin ich mit einem Ingenieur aus Berleburg ins Gespräch gekommen. Und der war so nett und hat mich in ein Hotel mitgenommen.»

«So, so, in ein Hotel. Ist denn das gutgegangen?» fragte ich interessiert.

Sie grinste mich an. «Na ja, es gab nachts natürlich das übliche Gezerre. Aber mit mir doch nich.» Am Sonntag früh hatten sie prompt die Zeit verschlafen, weil die Fenster mit Brettern vernagelt waren. Erst für den Zug abends um zehn bekamen sie Fahrkarten. «Die Zeit bis dahin mußten wir ja irgendwie rumkriegen. Und überall diese Wahnsinnskälte! Höchstens mal 'n rauchender Ofen, an dem man sich wärmen konnte. Zweimal sind wir ins Kino gegangen. So 'n russischer Film, ‹Peter der Erste›, so was von 'nem Mist. Im Zug hat sich dann alles zusammengefunden, was über die Grenze wollte. Gemeinsam sind wir dann losgepilgert. Das Wetter dazu war ja erstklassig. Ein Nebel, man konnte keine zehn Meter weit sehen. Aber ein Weg! So was von Glätte habe ich selten erlebt. Ich bin bestimmt sechsmal hingeflogen. Ein Glück, daß ich Wolle in meinem Rucksack hatte und hinten drauf noch 'n Paket. Sonst wär mir bestimmt meine Schnapsflasche kaputtgegangen. So ungefähr fünf Kilometer hatten wir zu schwitzen, bis wir endlich drüben waren.» Sie sah mich an. «Man muß schon 'n festet Herze haben, einfach is das nich.»

«Wem sagen Sie das», sagte ich.

«Eine Oma von sechzig wär uns beinah weggeblieben. Der Rest der Reise war dann 'n Klacks.» Sie warf mir einen verschmitzten Blick zu. «Die haben mich zu Haus halb verrückt gemacht von wegen Heinz und so. Als ob man unbedingt gleich heiraten müßte. Verrücktes Volk. Na, abwarten. Den Winter über bleib ich sowieso noch hier. Dann muß man weitersehen. Komteß will ja auch nich so schnell heiraten.»

«Sie haben eben mehr Angebote, Erna. Daran wird's liegen.»

«Wissen Se, was ich glaube? Ich glaube, Komteß sind ein stilles Wasser.»

«Schön wär's», sagte ich. Wir lachten.

«Feiern tun Se ja genug. Im Kavaliershaus soll es ja oft hoch hergehen, erzählt man sich im Dorf.»

Das stimmte. Es fanden sich immer genug junge Leute zusammen, um Spaß zu haben. Das kostete nicht viel. Schnaps und etwas zu essen brachten die Gäste mit, ebenso

Grammophonplatten. «Komm, wir machen eine Reise in das Land der Illusion.» Und zum Fasching war ich auf einem Nachbargut eingeladen.

«Das müssen ausgerechnet Sie sagen, wo Sie jedes Wochenende mit Ihrem Heinz auf dem Schwoof sind.»

Die Bäuerin steckte den Kopf zur Küchentür herein. «Zeit zum Melken.»

Erna stand auf. «Mook wi.»

Zu Ernas Geburtstag im Februar waren meine Mutter und ich eingeladen. Die Bäuerin ließ sich nicht lumpen. Sie spendierte reichlich Kuchen und sogar Kaffee. «Nu bin ich schon sechsundzwanzig», seufzte Erna. «Bald kann man mich zum alten Eisen zählen.»

Meine Mutter kam gleich zur Sache. «Sind Sie sich denn jetzt mit Ihrem Heinz einig?»

Erna rutschte verlegen auf ihrem Stuhl herum. «Nur nichts überstürzen. Erst mal in Ruhe alles ranschaffen. Die Hochzeit läuft uns nicht weg. Heinz is ja auf dem Kien und hat schon eine Küche und ein Schlafzimmer in Aussicht.»

Danach kamen wir auf meine Schwester zu sprechen und das Baby, das sie im Frühjahr '47 erwartete. Erna tippte auf einen Jungen. Es wurde ein Mädchen. Das erste Wort, das es sprach, war «nein».

Im März '47 starb Onkel Achim aus Görne. Er war nach dem Krieg Nachtportier in einer Fabrik in Tornesch gewesen und bei den Arbeitern äußerst beliebt, denn mit ihrer Pünktlichkeit nahm er es nicht sehr genau. Ich hatte ihn zuletzt im Herbst '46 besucht. Er steckte wie immer voller Geschichten, und Tante Gertrud, seine Frau, sagte wie immer jedesmal: «Aber Achim.»

«Gott ist mein Zeuge», pflegte er zu sagen oder, wie der

alte Förster Leisegang: «Die Erde soll mich verschlingen, wenn ich lüge.»

«Bitte, bitte, nicht schon wieder die Geschichte mit der Butter», hatte ihn meine Tante beschworen. «Das ist doch nun fast ein Jahr her.»

Es nützte nichts. Er mußte sie mal wieder loswerden. «Also, stell dir vor, Ilse, eure herzensgute Tante nimmt unsere letzte Butter und packt sie ein. Schon sehr mißtrauisch, sage ich: ‹Wohin willst du damit?›

‹Du weißt doch, zu diesen netten Leuten in Blankenese, die dir deinen Anzug geschenkt haben.›» Er zupfte an seiner Jacke und sah mich an. «Ich würde sagen, in diesem Anzug hat wahrscheinlich der Vater des Hausherrn noch die Kaffeesäcke eigenhändig auf den Speicher getragen. Woher kannten wir diesen Herrn überhaupt?»

«Aber Achim. Er war doch ein paarmal bei uns zur Jagd. Erinnerst du dich nicht mehr?»

«Durchaus möglich. Ich muß wirklich nur noch Krethi und Plethi eingeladen haben.»

Meine Tante seufzte. «Aber Achim.»

«Also, eure Tante fährt zu diesem Herrn, läutet an der Haustür einer respektablen Villa und wird sogleich von einem Hausmädchen im schwarzen Kleid mit weißer Schürze in Empfang genommen.

‹Die Herrschaften sind gerade beim Abendbrot. Kann ich was ausrichten?›

Eure Tante erklärt den Grund ihres Besuches, wird in den Salon geführt, eiskalt natürlich, und gebeten, Platz zu nehmen. Dann löscht das Hausmädchen das Licht und verläßt das Zimmer. Und eure Tante sieht durch die halbgeöffnete Schiebetür zu, wie es sich die Familie im Eßzimmer schmecken läßt. Als sie fertig sind, kommt der Hausherr herein, knipst das Licht wieder an und nimmt mit huldvollen Worten das kostbare Geschenk entgegen.»

«Ich geb's auf», sagte meine Tante. «Mit eurem Onkel ist nicht zu reden. Man muß sich doch auch mal revanchieren, wenn einem die Leute so nett helfen. Siehst du das nicht ein?»

Onkel Achim guckte immer noch gekränkt. «Deshalb muß man meine Frau noch lange nicht im Dunkeln sitzen lassen.»

7

Im Juni '47 zog es mich wieder nach Lochow. Diesmal reiste ich sehr bequem: Ich hatte mir eine Fahrkarte für den englischen Militärzug erschwindelt, der von Hannover nach Berlin durchging und von den Russen nicht kontrolliert werden durfte. Wie ich das anstellen mußte, hatte mir ein Journalist verraten. Es gab da einen Passus bei den Engländern: Wer nachweisen konnte, daß ein Elternteil in Berlin verstorben war, durfte einen Antrag stellen. Also ließ ich meine Freundin Corri ein Telegramm mit der traurigen Botschaft an mich schicken. Ich stellte meinen Antrag, und die Militärbehörde in Hannover fand nichts daran zu beanstanden. So konnte ich mir die Sondergenehmigung für den Militärzug abholen. Hinter mir in der Schlange stand ein Mann mittleren Alters. Er lüftete kurz den Hut und flüsterte mir zu: «Derselbe traurige Fall auch bei mir.» Auf der Genehmigung hieß es: «For compassionate reasons.»

Bevor die Reise losging, wurde uns auf dem Bahnsteig von den Engländern erst einmal beigebracht, wie sich zivilisierte Menschen zu benehmen haben. Der Zug fuhr ein, und das Häuflein Deutsche stürmte die Abteile, als ginge es ums Leben, obwohl die Sitzplätze numeriert waren. Prompt ließen uns die Engländer wieder aussteigen und erst mal eine halbe Stunde lang auf dem Bahnsteig herumstehen. Dann eine knappe Handbewegung zu uns Frauen: Ladies first. Die Männer mußten warten, bis wir uns unserer Rucksäcke entledigt und Platz genommen hatten. Etwas kleinlaut betraten sie die Abteile. Auch sonst wurden die «Ladies» bevorzugt. Jede von uns bekam eine Apfelsine, die wir aber großzügig mit den Herren teilten. Einer von ihnen war ganz erschüttert darüber, wie man mit ihm umgesprungen war. In was für einer Zeit lebten wir bloß!

Es war die Zeit, in der Wörter wie organisieren, kompensieren, okay, dawai und zapzerap zur Alltagssprache gehörten und die auf den Behörden am meisten gebrauchten Sätze: «dafür sind wir nicht zuständig», «sind Sie angemeldet», «sind Sie vorgemerkt», «kommen Sie später wieder» waren; in der Erna sang: «Wenn abends die Heide träumt, / erfaßt mich ein Sehnen, / und ich denke unter Tränen, / schön war die Zeit!» und man einen Badeanzug nach einem Atoll benannte, von dem man die Bewohner evakuiert hatte, um dort Atombomben zu testen.

Kurz vor der Zonengrenze postierten sich an den Ausgangstüren des Zuges Wachtposten mit umgehängter Maschinenpistole. Ohne anzuhalten, aber in sehr langsamer Fahrt, passierten wir die Grenze, und wir waren sehr dankbar, die russischen Verbündeten nur durch das geschlossene Fenster zu sehen.

Zu meinem Bedauern war Corri gerade in dieser Zeit nicht in Berlin. Ich hatte mich daher nach einem anderen Quartier umsehen müssen. Zu meiner großen Erleichterung war jedoch der Verkehrsdezernent noch in Amt und Würden und versprach mir, wieder zu helfen.

Die Freude der Lochower über meinen Besuch war wie immer mit Sorge gemischt, denn man war dauernd auf der

Suche nach ehemaligen Gutsbesitzern und Konterrevolutionären. Kolbatschs hatten inzwischen unser Haus bezogen, das ihnen zugewiesen worden war. Nikolai hatte vorher an meinen Vater geschrieben. «Wir wollten aber erst um Erlaubnis fragen, ob wir dort einziehen dürfen. Das liebe Haus sah ganz furchtbar aus. Aber die kleinere Hälfte haben wir schon in Ordnung gebracht.»

Und wirklich: Das Haus wirkte nun nicht mehr ganz so mißmutig. Sie hatten mir mein altes Zimmer zurechtgemacht. Ein merkwürdiges Gefühl. Außer dem Bett war nicht mehr viel vorhanden, aber im Dunkeln wurde es von meiner Phantasie mühelos wieder möbliert. Viele Möbel waren bei den schrägen Wänden sowieso nicht unterzubringen gewesen: ein Sekretär, ein Sofa, ein Stuhl und das Jugendstilbett, in dem ich lag. Mein Radio wurde noch mit Batterie betrieben. Das Unglück war groß, als es seinen Geist aufgab. Mein Bruder machte sich voll Freude darüber her und reparierte es, nur waren merkwürdigerweise hinterher vier Schrauben übrig. Aber es funktionierte, bis auf den Schalter. Man mußte ein Messer hineinhängen, damit sich beim Einschalten die beiden Pole berührten. Das Radio war mir unentbehrlich. «Frag ich mein beklommen Herz», dabei lesen und Katzenzungen essen, was für ein Genuß! Den Vater gern zerstörte. Er fand, ich sollte lieber etwas Nützliches tun, Unkraut jäten zum Beispiel. In kalten Wintern fror das Wasser im Waschkrug. Gnade uns, wenn wir vergaßen, das Waschwasser auszugießen, und es den Mädchen überließen. Im Flur stand der Kleiderschrank, daneben eine Truhe mit der Inschrift: «Nimm nicht mit, was mein ist, und laß nicht da, was dein ist.»

Wir saßen am Frühstückstisch, als es an der Haustür klopfte. In der Küche erschienen drei Männer, darunter ein

Russe. Ich verschluckte mich fast an der wunderbaren Milchsuppe, die ich gerade löffelte. Nikolai blieb die Ruhe selbst. Einer der Deutschen zeigte auf mich. «Wer ist das denn?»

«Eine Kusine meiner Frau.»

Sie nahmen es zur Kenntnis. «Wie lebt es sich denn so im Haus vom Grafen?» wollte einer von ihnen wissen.

«Na ja», sagte Nikolai, «wie soll es sich schon leben.»

«Der olle Graf hätte auch nich wegmachen müssen», sagte der andere, «wer hätte dem schon was getan. Der war doch 'n bißchen malle.»

«Na ja», sagte Nikolai, «das war eben so ein Mensch.» Er begann mit dem Soldaten ein Gespräch auf russisch, der sichtlich erfreut war, seine Muttersprache zu hören. Sie blieben höchstens eine halbe Stunde. Mir kam sie wie eine Ewigkeit vor.

Am nächsten Tag bekamen wir wieder Besuch, diesmal in anderer Besetzung. Es gelang mir gerade noch rechtzeitig, in den Park zu entwischen. Der aufheulende Motor des festgefahrenen Autos hatte mich vorzeitig gewarnt. Ein Lob den märkischen Sandkuhlen! Ich hörte die Stimme meines Vaters: «Wieder einer festgebuttert. Ja, ja, Eile mit Weile.»

Beim dritten Mal hätten sie mich dann doch fast erwischt. Ich konnte im letzten Augenblick in unser Plumpsklo flüchten, da waren sie schon auf dem Flur, und ich hörte eine Männerstimme zu Nikolais Sohn August sagen: «Hast du vielleicht hier irgendwo eine fremde Frau gesehen?»

«Hab ich», sagte August.

Keine Chance mehr. Ergeben setzte ich mich auf die Klobrille. Jeden Augenblick würden sie an der Tür rütteln. Statt dessen klappte die Haustür. Ich schlich mich zum Küchenfenster und sah sie mit August die Dorfstraße entlanggehen. Als sie verschwunden waren, fragte ich Nikolai: «Was hat denn August denen bloß gezeigt?»

«Wahrscheinlich eine alte Flüchtlingsfrau aus Ferchesar, die hier gelegentlich Holz sammelt.»

Dann sahen wir das Auto zurückkommen und am Haus vorbeifahren. Als das Motorengeräusch erstarb, wurde Nikolai unruhig. «Schnell, schnell in den Park! Sie kommen bestimmt noch mal zurück, zu Fuß. Das machen sie immer so.» Und so war es auch. Aber da hatte ich mich bereits zwischen den Tannen im Park versteckt.

Mit seinen beiden Pferden und zwei Plattenkoffern, gefüllt mit Wertsachen, die sie für uns aufgehoben hatten, brachte mich Nikolai nach Ferchesar. Zum Abschied hatten sie sich alle um den Wagen versammelt, Trägenapps mit Luzie und Ilse, Oma Mateke mit dreien ihrer Söhne und deren Frauen und Kindern und Kolbatschs. Jeder gab mir etwas zu essen mit. «Ich komme bestimmt bald wieder», versprach ich, wie beim letzten Mal. Es sollte fünfundvierzig Jahre dauern.

Nikolai ließ die beiden kleinen Stuten traben. «Sind Sie nicht froh, nun wieder was Eigenes zu haben?» fragte ich.

Er schüttelte den Kopf. «Mir gehört's ja nicht. Ich bin nur der Verwalter vom Herrn Grafen.»

In Ferchesar erwartete mich vor der Perle des Westhavellandes ein junger Mann mit einem dreirädrigen Wagen. Das Verkehrsdezernat hatte ihm den Auftrag gegeben, mich abzuholen. «Wurzeln wollen wir ja hier wohl nicht schlagen», sagte er ungeduldig, weil sich einige Ferchesarer eingefunden hatten, um mich zu begrüßen. Auch ich hatte es eilig. Die Angst, von der Straße weg verhaftet zu werden, war zu groß, und außer den alten Bekannten gab es viele fremde Gesichter.

Während wir mit dem klapprigen Gefährt über die Land-straßen hoppelten, schimpfte der junge Mann laut vor sich hin: «Unsereins will sich 'ne Existenz aufbauen, und denn muß ick mit meinem kostbaren Gemüsewagen Adlige durch die Gegend karren. Wat is denn überhaupt in den Koffern drin?» Ich ließ diese Frage unbeantwortet und gab ihm einen Teil meiner geschenkten Butter, was die Stimmung sehr verbesserte. «Wir sind ja schließlich alle Deutsche und müs-sen zusammenhalten gegen die Russen, dieset Kroppzeug. Bin froh, det ick in der amerikanischen Zone lebe. Ach, du meine Fresse, da sind se ja schon wieder, unsere Befreier.» Er deutete auf fünf bewaffnete Russen, die die Fahrzeuge kontrollierten. Sie gaben uns ein Zeichen anzuhalten. «Na, die können mir doch mal», tröstete er sich selbst. «Ick hab 'n astreinen Fahrbefehl. Und wie sieht's bei Ihnen aus? Irgend-was werden Sie ja wohl bei sich haben.»

«Einen gefälschten Ausweis aus Niedersachsen», sagte ich.

«Ach, du kriegst de Motten. Det kann ja heiter werden.»

Die Russen musterten mich stumm, als ich auf die Frage nach Papieren nur die Achseln zuckte. Doch der Fahrer meisterte diese verzwickte Situation mit Bravour. Er legte den Arm um mich und zog mich an sich. «Det Meechen hat in der Uffregung seine Papiere vergessen. Kann doch mal vorkommen. So is det nu mal mit de Liebe.» Er gab mir einen Kuß. «Ein kleiner Ausflug mit det Fräulein Braut ins Grüne wird doch wohl noch gestattet sein.» Obwohl sie sicher nur die Hälfte verstanden, nickten sie lachend. Einer setzte sich neben den Fahrer. Mich schickten sie nach hin-ten. Eskortiert von den beiden anderen, hoppelten wir da-von. Die beiden jungen Russen saßen vergnügt neben mir auf dem Plattenkoffer mit der Grafenkrone, aßen Kirschen aus einer Tüte und spuckten die Kerne haarscharf an meinem Gesicht vorbei. Kurz vor Berlin verabschiedeten sie sich. «Doswidanja!»

«Mann», sagte der Fahrer aufatmend. «Det war ja vielleicht 'n Schreck in de Mittagsstunde. Wie geht's denn meine Braut so?»

«Was Ihre Braut ist», sagte ich, «die könnte Ihnen jetzt direkt einen Kuß geben.»

Er musterte mich kurz. «Zigaretten wär'n ooch nich schlecht.»

«Bedaure», sagte ich.

«Macht ja nischt», sagte er galant. «Nu kommen Se mal wieder an meine grüne Seite. Wo soll ick Ihnen denn absetzen?»

«Bestimmt nicht im russischen Sektor.»

In Berlin mußte ich mir die Genehmigung für die Rückfahrt im Militärzug bei einer englischen Dienststelle holen. Der zuständige englische Korporal brachte erst mal Ordnung in die verknäulte Schlange vor seinem Schreibtisch. Energisch schlug er mit einer Reitpeitsche auf den Tisch. Ein Mann mit einer Baskenmütze stürmte an der Schlange vorbei nach vorn. «Nun seht euch diesen Heini an!» murrte ein Mann. «Kommt sich wohl als ganz was Besonderes vor. Sicher ein Schauspieler oder so.» Kultur lag den Besatzern sehr am Herzen. Aber nicht nur ihnen. Jede Rumpelbude, in der Theater gespielt wurde, hatte Hochkonjunktur, und die Kulturschaffenden hatten es immer eilig. Der Engländer deutete nur stumm mit seiner eleganten Reitpeitsche auf das Ende der Schlange und verharrte so lange in dieser Pose, bis der Zurechtgewiesene gehorchte und sich verlegen dorthin verzog. «Und wer's zum Korporal erst hat gebracht, der steht auf der Leiter zur höchsten Macht.»

Die Rückreise verlief ebenso bequem wie die Hinfahrt. Auf dem Hof des Wasserschlosses lief mir als erstes die Frau unseres Gastgebers über den Weg. Sie war vor ein paar Monaten aus der Schweiz gekommen und mit ihren beiden Söhnen eingezogen. Uns erschien die Tochter von John Knittel wie eine Märchenprinzessin: mit ihrem gepflegten blonden Haar, dem man ansah, daß es nicht wie üblich mit Kernseife oder Waschpulver gewaschen wurde, in ihrem hellblauen Angora-Twinset und den hochhackigen Schuhen. Die unteren Räume waren inzwischen von Flüchtlingen geräumt und von ihr mit viel Geschmack eingerichtet worden. Antiquitäten standen, wenn auch etwas ramponiert, genug im Schloß herum, und die kostbaren Möbel kamen endlich zur Geltung. Die Vasen waren mit Blumen gefüllt und die altmodischen dunklen Vorhänge luftigen Gardinen gewichen. Beneideten wir sie darum? Ich glaube nicht. Wir krochen gern aus unseren ärmlichen Höhlen, um gelegentlich die Atmosphäre dort zu schnuppern. Auch war sie eine gute Pianistin, so daß in das Wasserschloß ein wenig «Kultura» einzog. Ihre Eltern kamen regelmäßig zu Besuch. John Knittel war ein großzügiger, stattlicher Mann, der durch seine unkonventionelle, wenn manchmal auch ein wenig exzentrische Art schnell unsere Herzen gewann. Mit seiner Frau ging es uns nicht anders. Sie hielt ihm viel vom Hals und kümmerte sich auch um Verlagsdinge.

Doch lange hielt ich es nicht bei meinen Eltern aus.

«Eine Unruhe hat das Kind», sagte mein Vater, der sich inzwischen ein Stück Gartenland bei der Gemeinde erkämpft hatte und darin herumwurstelte, kaum daß er von der Arbeit im Wald zurück war.

«Wird ihm denn das nicht zuviel?» fragte ich meine Mutter besorgt.

«Du kennst ihn ja. Wald und Garten, das ist nun mal sein höchstes Vergnügen. Davon wirst du ihn nicht abbringen.» Meine Mutter haßte Gartenarbeit und weigerte sich in Lochow strikt, sich damit zu beschäftigen, so hartnäckig auch Vater ihr zuredete. «Macht es dir denn gar keinen Spaß, wenigstens die Blumen?»

«Nein», sagte meine Mutter fest. «Zumindest nicht, sie zu hacken und zu gießen. In der Vase schon.» Und dabei blieb es dann auch.

Diesmal ging die Reise zu meiner Schwester. Im Mai war ihre Tochter Gabriele geboren, die mußte ich unbedingt besichtigen. Die Fahrt verlief normal, wenn man davon absieht, daß ich die meiste Zeit stehen mußte und mir dauernd jemand seinen Rucksack in den Rücken rammte. Auch mußten wir, wie üblich, in Eichenberg, wo die Grenze zwischen der amerikanischen und englischen Zone verlief, den Zug verlassen, um den Amerikanern sozusagen übergeben zu werden. Nach der üblichen Kontrolle durften wir in die Abteile zurück. Wer einigermaßen Bescheid wußte, verließ den Zug möglichst zuletzt, so daß er in der vorderen Reihe stand und als erster wieder einsteigen konnte. Auf diese Weise wechselten viele Plätze ihre Besitzer. Den Unmut darüber nahm man gelassen hin, wenn man einen Sitzplatz ergattert hatte.

Den Rest des Weges marschierte ich zu Fuß. Diesmal regnete es ausnahmsweise nicht, wie sonst meist auf meinen Fahrten. Die Isar glitzerte in der Sonne, die Lerchen sangen, die Kühe in den Koppeln drehten die Köpfe nach mir. Ein Jeep hüllte mich in eine Staubwolke, und der Fahrer warf mir quasi als Entschuldigung ein Täfelchen Cadbury-Schokolade zu. Der Weg zog sich hin, aber das machte mir nichts aus. Kein Krieg, keine Tiefflieger, kein mulmiges Gefühl in

der Magengegend, ich könnte plötzlich verhaftet werden . . .
Ich fühlte mich rundherum wohl und allen Schwierigkeiten
gewachsen. Ich pfiff den Tiger-Rag vor mich hin.

Auf dem Schloßhof kam mir meine Schwester mit dem
Kinderwagen entgegen, und ich bewunderte meine erste
Nichte. Dann kam Buschi um die Ecke gesaust. Er führte
einen wahren Freudentanz auf. Ich ging in die Knie und
umarmte ihn. Die Mamsell im Schloß hatte ihren großzügi-
gen Tag. Sie servierte mir eine Riesenportion Grießbrei mit
Kirschkompott, und ein Bad nehmen durfte ich auch. Das
Glück war vollkommen.

8

Auf der Rückfahrt nach Niedersachsen nahm ich mir vor, nun endlich mit meinen guten Vorsätzen Ernst zu machen und mir einen Beruf aufzubauen. Ich war inzwischen Mitte Zwanzig. Als erstes wollte ich mein Englisch aufpolieren, das ich nur sehr mangelhaft beherrschte. Housekeeper wurden damals von der Besatzungsmacht sehr gesucht. So ließ ich mich von einem höheren englischen Marineoffizier, Mr. Edmundsen, anheuern. Das Ehepaar war gerade von Hannover nach Kiel übergesiedelt und vorübergehend in einem Hotel untergebracht, da die beschlagnahmte Villa in einem Kieler Vorort erst noch nach ihrem Geschmack hergerichtet werden mußte. Das Gehalt war nicht üppig, aber die Naturalien in Form von Zigaretten, Kaffee und Fett, die mir zusätzlich versprochen wurden, lockten mich. Ein kleiner Vorrat zum Tauschen würde den Eltern und mir von Nutzen sein, und totarbeiten würde ich mich sicherlich nicht. Leider hatte ich mich geirrt. Die Freude darüber, jemanden ordentlich herumkommandieren zu können, leuchtete aus Mrs. Edmundsens blauen Augen, als sie mich im Schlafzimmer empfing, wo sie gerade ihre Nägel lackierte, während ihre Tochter, die vierjährige Jane, den Inhalt einer Puderdose gleichmäßig über die Möbel verteilte und das Baby auf dem Teppich einer spitzen Schere entgegenzappelte. Mrs. Edmundsen war nur ein paar Jahre älter als ich und sehr hübsch. Das einzig Sympathische an ihr war, daß sie jede Zigarette nur anrauchte. So erntete ich reichlich Kippen, sehr zum Verdruß des Zimmermädchens, das bis zu meiner Ankunft dieses Vorrecht genossen hatte.

Meine neue Arbeitgeberin und ich hatten schnell heraus, uns das Leben so unangenehm wie möglich zu machen. So liebte sie es beispielsweise, mitten in der Nacht in meinem Zimmer, das ich mit den Kindern teilte, zu erscheinen und so lange im Schrank herumzukramen, in dem sie ihre Sachen hatte, bis das Baby erwachte und mir die Ohren vollschrie. Ich rächte mich und schickte dem Ehepaar «little Jane», die bereits seit fünf Uhr «tell me a story» quengelte, über den Hotelflur und lauschte voller Genuß Mrs. Edmundsens Flüchen. Dafür jagte sie mich bei Wind und Wetter mit dem Baby auf die Straße. Gefolgt von der heulenden Jane, trabte ich durch Kiel. Der vorsintflutliche Kinderwagen, in dem mühelos Drillinge Platz gefunden hätten, weckte das Interesse der Schwarzmarkthändler.

Kiel war windig. Daß ich eine Ohrenentzündung bekam, rührte meine Chefin wenig. Erst als ich, halb taub, ihre Befehle nicht mehr verstand und ihr mein ständiges «Pardon» auf die Nerven ging, durfte ich zum Ohrenarzt.

Die Nachmittage verbrachte ich meist in dem zukünftigen Heim mit Saubermachen. Die früheren Besitzer lauerten schon an der Gartenpforte, in der stillen Hoffnung, ich würde irgendwann auftauchen und sie hereinlassen, was natürlich streng verboten war. Aber ich hielt mich nicht daran. Es gefiel mir, die Gönnerin zu spielen. Und so schleppten sie unter vielen Dankesworten noch heraus, was nicht allzusehr auffiel.

Gelegentlich besuchte mich eine Kollegin vom Nachbarhaus, wie ich Housekeeper bei einer englischen Familie und sehr viel erfahrener in diesem Beruf. «Haben sie denn nichts zum Trinken dagelassen, keinen Gin oder wenigstens Nescafé?» fragte sie. «Dir keine Zigaretten mitgegeben?» Ich schüttelte den Kopf. «Du hast wirklich die geizigste Person aus dem ganzen Offizierscorps erwischt.» Sie sah mich mitleidig an und erzählte mir, was in der englischen Kolonie geklatscht wurde. Wie disgusting die anderen Offiziersfrauen meine Chefin mit ihrer blonden Entwarnungsfrisur (alles nach oben) und den knappen Röcken fänden und daß sie poor Edmundsen nach Strich und Faden betrüge.

Dann zeigte sie mir, wie man saubermacht. «Hauptsache, der Fußboden ist ordentlich naß, wenn sie dich kontrollieren kommt. Der muß richtig schwimmen. Bloß nicht zu sehr in die Ecken gehen, da gucken sie sowieso nicht hin. Die Fenster müssen immer offen sein. Die Engländer sind nämlich die reinsten Frischluftfanatiker, mußt du wissen.» Nach diesen wohlmeinenden Ratschlägen verließ sie mich, und ich machte mich ans Schrubben.

Während ich Bettgestelle und Türen abseifte und Schränke mit Papier auslegte, eilten meine Gedanken bereits dem üppigen Abendbrot entgegen, das mich dank Mr. Webster erwartete. Ich hatte die Bekanntschaft des englischen Feldwebels am zweiten Tag meines Dienstantritts bei den Edmundsens gemacht. Am ersten Tag hatte ich meine Mahlzeiten noch mit dem übrigen deutschen Personal in der Waschküche einnehmen müssen und wie die anderen zu Mittag eine dünne Kohlsuppe mit viel Kümmel geschlürft. Am nächsten Tag sprach mich auf dem Weg dorthin der Leiter der Küche, ein stattlicher Engländer in der Uniform eines Feldwebels, an. «You are the countess?» fragte er.

Ich bejahte verdutzt. Woher kannte mich der Mensch?

Er führte mich in einen Nebenraum der Küche, in dem Engländer und Displaced Persons ihre Mahlzeit einnahmen. Die englischen Soldaten am Tisch rückten gutmütig beiseite, um mir Platz zu machen. Aber zwei der Displaced Persons gebärdeten sich wie Hühner, auf deren Stange man einen Habicht gesetzt hat. Die beschwichtigenden Worte des Feldwebels, ich sei ein Flüchtling, konnten sie nicht beruhigen. So wurde ein Extratischchen für mich bereitgestellt, selbstverständlich mit einem Tischtuch versehen, und von Mr. Webster persönlich überwacht, servierte mir ein Küchenjunge bereits zum Frühstück Porridge mit Sahne und Ham and Eggs. Ich hatte es mir längst abgewöhnt, mir allzuviel Gedanken über irgend etwas zu machen. Ein Flüchtling nimmt's, wie's kommt. Weder meine Verwunderung über das Verhalten des englischen Feldwebels – woher kannte er meinen Namen? – noch die bösen Blicke vom Nachbartisch raubten mir den Appetit. Erst vom Zimmermädchen erfuhr ich, was es mit ihm auf sich hatte. Im Zivilberuf war er der Butler eines Herzogs und mit seiner Lordschaft vor dem Krieg viel in Deutschland gereist. Vielleicht war er damals mit einem Mitglied meiner Familie zusammengetroffen.

Mein Glück schien nur von kurzer Dauer. Mr. Webster war dienstlich unterwegs, und ich landete wieder in der Waschküche. Meine Landsleute begrüßten mich nicht ohne Schadenfreude. «Na, wieder daheeme?» fragte mich eine Schlesierin. Doch, wie sich herausstellte, war ich nur vorübergehend verbannt. Während des Abendbrotes stieß mich meine Tischnachbarin an. «Da ist dein boyfriend wieder.» Ich blickte von meinem Teller Roter Bete auf und sah Mr. Webster in der Tür stehen. Er gab mir ein Zeichen.

Meine Gier war stärker als mein Stolz. Eilfertig erhob ich mich und kehrte mit ihm in den Raum für das englische Personal zurück. Trotz meines Widerstrebens schob mich der Feldwebel zu dem Tisch, an dem Engländer und ehemalige Zwangsarbeiter bereits Platz genommen hatten. Auf alles gefaßt, blieb ich neben ihm stehen. Aber die Stimmung war umgeschlagen. Einer der Sergeanten sprang sogar auf, um mir den Stuhl zurechtzurücken, und auch die Displaced Persons lächelten mir freundlich zu. Gütig reichten sie mir die vollen Schüsseln. «Mr. Webster hat uns erzählt, daß Sie seinem französischen Schwager zur Flucht verholfen haben», sagte eine Tschechin mit hartem deutschen Akzent. Ich sah Mr. Webster an. Er verzog keine Miene. Mich stach der Hafer. «Ich hoffe, es geht Ihrem Schwager gut», sagte ich in meinem holprigen Englisch. «Excellent.» Mr. Webster goß mir eigenhändig den Tee ein.

Meine Chefin machte dieser Idylle schnell ein Ende. Ich mußte nun ganz in die Villa übersiedeln, um nachts das Umzugsgut zu bewachen. Es gab bereits die ersten Nachtfröste. Die Villa war dementsprechend kalt, die Decken waren knapp. So stellte ich mir mein Bett in der Küche auf den riesigen Küchentisch und ließ die ganze Nacht den Gasherd brennen.

Gelegentlich schaute Mrs. Edmundsen herein, um die Handwerker zu kontrollieren, deutsche Kriegsgefangene, die man zu diesem Zweck aus dem Lager geholt hatte. Sie ging sehr herrisch mit ihnen um, so daß sich die Arbeit auf ein Schneckentempo verlangsamte. Auch mit dem Chauffeur, einem deutschsprechenden, sehr eleganten Polen, kam sie nicht zu Rande. Obgleich er ihr zu ihrem Entzücken chevaleresk die Hand küßte, war er nie da, wenn sie ihn brauchte, aber um Ausreden nicht verlegen. Einmal sollte ich für das Baby eine Milchflasche besorgen. Sie wollte solange in der Villa auf uns warten, damit die Handwerker nicht unbeaufsichtigt blieben. Der Kauf der Milchflasche war in zehn Minuten erledigt. Doch der Chauffeur dachte gar nicht daran, zurückzufahren. Wir machten einen hübschen kleinen Stadtbummel, aßen ein ziemlich wäßriges Eis und waren erst nach zwei Stunden wieder zurück. «Sorry», sagte der Chauffeur in respektvollem Ton zu der unglücklichen Engländerin, die schon wie auf Kohlen stand. «Es war in der ganzen Stadt keine Milchflasche aufzutreiben. Glücklicherweise hab ich dann noch einen Tip bekommen.»

Das Haus wurde immer unwirtlicher. Die Handwerker kamen nicht mehr von der Stelle, und der Umzug rückte in weite Ferne. Da begann Mrs. Edmundsen zu weinen. Sie war mit den Nerven am Ende. Ich tröstete sie. «Lassen Sie mich mal machen. Ich krieg das schon hin.» Und sie verschwand mit dankbarem Blick.

Die Handwerker waren gerade bei der fünften Zigarettenpause, als ich mit einem Karton unter dem Arm bei ihnen erschien und wortlos Zigaretten, Schokolade und Kaffee verteilte. Ich hatte ungefragt einen kühnen Griff in die Vorratskiste getan. Es war wie bei den Heinzelmännchen, in kürzester Zeit erstrahlte die Villa in neuer Pracht. Mrs. Edmundsen war hoch zufrieden. Ihre Drohung, die Kriegsgefangenen ablösen zu lassen, wenn sie weiter so bummelten, hatte in ihren Augen offensichtlich gewirkt. Nachdem sie gegangen war, tippte sich der Pole vielsagend an die Stirn. Die Handwerker waren nun mal eine Sorte für sich, und ich mußte an den wandernden Malergesellen Blumenthal denken. Wenn er nach Lochow kam, wurde er von uns wie ein rohes Ei behandelt, denn sobald ihm irgend etwas nicht paßte, ließ er uns mit dem halbfertigen Zimmer sitzen und verschwand.

Acht Wochen später verließ ich die englische Familie und kehrte, reichlich versorgt mit Handelsware, zu meinen Eltern zurück.

Inzwischen war mein Bruder aus der französischen Kriegsgefangenschaft, wo er im Bergwerk unter Tage hatte arbeiten müssen, entlassen worden. Meine Schwester versuchte, aus einem halben Gespenst wieder so etwas wie einen Menschen zu machen. Es mußte ihr mit Unterstützung der Mamsell im Schloß schnell gelungen sein, denn schon bald verliebte sich mein Bruder heftig in ein junges Mädchen, das er gleich nach seiner Rückkehr aus der Gefangenschaft kennengelernt hatte. Wie meine Schwester schrieb, sei das an sich eine erfreuliche Tatsache. Nur, daß sie sich seitdem die Grammophonplatte «Du kleiner Liebesvogel, du» von früh bis spät anhören müßten, sei etwas quälend.

Ich hatte mich beim Kartoffelstoppeln erkältet, und mein Husten brachte die Zimmernachbarn zur Verzweiflung. Meine Mutter zwang mich schließlich, zum Arzt zu gehen. Das einzige, was er sagte, war: «Ängstliche Mutter.» Einige Zeit später kam ich keine Treppe mehr hinauf und konnte, um überhaupt Luft zu bekommen, nur noch aufrecht im Bett sitzen. Diesmal stellte der Doktor eine leichte Bronchitis fest. Als mir das Wasser fast aus dem Mund lief, brachte man mich nach Hildesheim ins Krankenhaus. Es war ein ehemaliges Lazarett und nicht gerade komfortabel. Sie behielten mich gleich da. «Na ja, es wird nicht ewig dauern», tröstete ich mich. Der Arzt sah mich freundlich an. «Wenn Sie Glück haben, ein halbes Jahr.» Ich hatte keins. Es wurden sechs.

9

Das ehemalige Lazarett besaß den Charme einer Turnhalle
und roch auch so. Mit Lysol ging man früher großzügig um.
Es war sozusagen das Parfüm, mit dem man den Kranken-
hausmief überdeckte und dessen stechender Geruch einem
ständig in die Nase drang. Wie fast alles damals waren auch
die Krankenzimmer in einem desolaten Zustand. Wer nach
der Schwester klingeln wollte, mußte unter seinem Bett
zwei Drähte zusammenführen. Die Funken sprühten, und
die Glocke auf dem Flur schrillte. Einen Klingelkasten mit
Nummern gab es nicht. So rannte die Schwester von Zimmer zu Zimmer, riß die Tür auf und fragte: «Waren Sie's?»,
was zwangsläufig sehr viel Unruhe mit sich brachte. Das
winzige Zimmer, in das man mich steckte, besaß weder
einen Schrank noch Gardinen, und es kostete die Schwester
große Mühe, für mich eine zweite Wolldecke aufzutreiben.
Auch an eine Nachttischlampe war nicht zu denken. Immerhin hatte es ein Waschbecken, fast ein Luxus. Das Krankenhaus war noch überwiegend mit Kriegsversehrten belegt,
und wenn ich zum Punktieren in den Behandlungsraum
ging, rutschten sie auf den an ihren Stümpfen angebrachten
Rollbrettern die Flure entlang und demonstrierten mir, daß
es Schlimmeres gab.

Die Tuberkulose hielt sich nicht lange in meiner Lunge auf. Sie begann sich im Körper auszubreiten. Medikamente gegen diese Krankheit gab es nicht. Aber man bekam eine bessere Verpflegung und hin und wieder sogar einen Bückling, auf den die Nachtschwester besonders scharf war. Meist blieb er übrig, denn mein Appetit war wegen des hohen Fiebers und der Schmerzen sehr gering. Die Schwester erschien dann nachts alle Augenblicke in meinem Zimmer und glättete mir so lange das Kopfkissen, bis ich ihn ihr schenkte. Danach ließ sie mich in Ruhe.

Nicht nur sie wußte diese Sonderration zu schätzen. Zur Mittagszeit fanden sich erstaunlich viele Besucher ein, maßen sich gegenseitig mit scheelen Blicken – «ihr kennt euch?» – und zählten mir jeden Bissen in den Mund. Während ihre Zungen langsam über die Lippen wanderten, beteuerten sie mir immer wieder, wie wichtig es in meinem Zustand sei, ordentlich zu essen. «Diese Bratwurst, da läuft einem ja das Wasser im Mund zusammen! Nun zwing dich mal ein bißchen.» Wenn ich ihnen dann meinen vollen Teller zuschob, zierten sie sich nur kurz. Der Abschied war dann meist eher hastig. «Du brauchst jetzt unbedingt deine Mittagsruhe.» Die Hilfsschwester blickte beim Aufräumen enttäuscht auf die leeren Schüsseln. «Zu schmecken scheint's Ihnen ja wieder», sagte sie säuerlich. Ich selbst war überwältigt von der starken Anteilnahme, die man mir entgegenbrachte. Was mußte ich für ein netter Mensch sein! Nach der Währungsreform allerdings flaute das Interesse ab, und nur ältere, entfernt mit uns verwandte Damen schauten gelegentlich herein und versuchten, mich mit ihren eigenen Leidensgeschichten aufzumuntern.

So blieb mir reichlich Zeit für ein kontemplatives Dasein. Zuerst begann ich, über mein Leben nachzudenken. Es gab kaum etwas darin zu finden, was die Sache wert schien. So nutzte ich die in meiner Familie besonders ausgeprägte Fähigkeit, sich Tagträumen hinzugeben. Das passierte oft genug zu Hause bei Tisch und wurde auch nicht durch die üblichen Aufforderungen «Gib mir bitte mal die Butter», «Nein, nicht diesen Käse, den anderen» unterbrochen. Manchmal war nur einer von uns davon betroffen, manchmal fielen wir gemeinsam in abruptes Schweigen, was Besucher sehr irritierte, besonders, wenn wir ebenso abrupt wieder zu sprechen begannen, und zwar jeder von etwas anderem, so daß die Unterhaltung fast etwas Surrealistisches bekam und der ratlose Gast sich vergeblich mühte, unseren Gedankensprüngen zu folgen. Meist war es erst unser Bernhardiner Möpschen, der das Gespräch in eine gemeinsame Richtung brachte. Er erschien wie immer mit triefenden Lefzen, und die Familie sagte fast einstimmig: «Mein Gott, was sabbert dieser Hund bloß wieder.»

Bis auf meine Mutter, die als junges Mädchen Gedichte deklamieren mußte, um sich das Nuscheln abzugewöhnen, und uns gern Mörikes Feuerreiter zitierte – «Feuerreiter, wie so kühle / reitest du in deinem Grab / husch, da fällt's in Asche ab / Ruhe wohl, ruhe wohl, drunten in der Mühle» – und die ihre Eltern zur Erweiterung ihres geistigen Horizontes vier Wochen nach Paris geschickt hatten, hielt sich unsere Bildung sehr in Grenzen. Aber in der Abgeschiedenheit, in der wir lebten, hatte sich die Phantasie stark entwickelt. Sie tröstete mich jetzt und war mir behilflich, die schönsten Geschichten zu erfinden und sie in meinen Träumen fortzusetzen. Wenn man mich weckte, war ich in der Lage, mich zu waschen, mir die Zähne zu putzen und die Haare zu kämmen, in meinem Lodenmantel – einen Bademantel besaß ich nicht – über den Flur zum Klo zu schlurfen, ein paar flotte Sprüche mit den männlichen Patienten zu wechseln und, kaum wieder in meinem Bett, sofort in den unterbrochenen Traum zurückzukehren.

Bei der Visite sprachen die Ärzte halblaut miteinander, sagten ein paar freundliche Worte und verließen achselzuckend das Zimmer.

Das Frühjahr '48 kam und mit ihm königlicher Besuch. Die Tochter des letzten Kaisers, Viktoria Luise, und ihre Söhne hatten sich angesagt. Die Aufregung war groß. Das letzte Stück Kernseife, der letzte Fetzen eines Scheuerlappens wurden verbraucht, und mein Zimmer füllte sich mit Schwestern, die von mir in aller Eile den Hofknicks lernen wollten. Wie redete man die Herzogin überhaupt an? «Am besten gar nicht», sagte ich mürrisch, weil man mich in meiner Mittagsruhe gestört hatte. Als ich allerdings erfuhr, daß auch ich zu den Auserwählten gehörte, die die Herzogin besuchen würde, ließ ich mich von der allgemeinen Aufregung anstecken und verlangte energisch nach frischer Bettwäsche.

Ihre Königliche Hoheit, in einen buntbedruckten Plisseerock gekleidet, auf dem Kopf einen kleinen Hut aus Stoffblumen, setzte sich ungeniert auf mein Bett und begann ein lebhaftes Gespräch mit mir. Sie fragte mich nach meinem Onkel aus, dem Bruder meiner Mutter, der, wie der Herzog, Zietenhusar in Rathenow gewesen war. Was die Herzogin über ihn zum besten gab, hätte meine Familie sehr erstaunt. Sie beugte sich zu mir herunter. «Ein Teufelskerl und für jeden Spaß zu haben», sagte sie, und ihre Augen glänzten. Allerdings wohl nicht nur in der Erinnerung an vergangene schöne Zeiten, denn der leichte Duft, den ich nun wahrnahm, ließ auf eine gewisse Vorliebe für bestimmte Getränke schließen.

Bald darauf besuchte mich meine Schwester mit meiner zukünftigen Schwägerin, einem hübschen Mädchen in einem flotten geblümten Kleid, mit der wir ernst sprachen, wie früher mit den Neuen im Internat. Hatte sie sich das auch alles gut überlegt? Sie hatte. Wovon wollten sie überhaupt leben? Es gab doch da vieles zu bedenken. Zum Beispiel, daß mein Bruder erst eine Ausbildung haben mußte. Wir redeten mit ihr wie mit einem unmündigen Kind. Dabei war sie Krankenschwester und hatte im Krieg im Lazarett gearbeitet. Daß sie aus einer guten Familie stammte, war ja schon mal eine Beruhigung.

Im April '48 wurde ich als hoffnungsloser Fall entlassen. Nun hatte die Familie ihre Last mit mir. Sie mühte sich redlich, wenn auch mit wachsender Verzweiflung. Vielleicht würde mir ein Klimawechsel guttun. So wurde ich nach Bayern zu meiner Schwester gebracht. Einen Schlafwagen gab es natürlich nicht, aber einen Gepäckwagen, der für Notfälle wie mich mit Betten ausgestattet worden war. Man brauchte dafür eine Sondergenehmigung. Wie das aber nun mal im Leben ist, profitierten davon nur zur Hälfte die Kranken. Die Dame im Bett über mir gestand, daß sie in die Berge zum Skifahren wollte. Ich fand das erstaunlich. Irgendwo unterwegs bremste der Zug so stark, daß sie aus dem Bett fiel und sich das Bein brach. Der Gerechtigkeit war Genüge getan.

Das Barockschlößchen und das kleine Dorf in Bayern hatten sich in den letzten Monaten mehr und mehr mit Vertriebenen gefüllt, die aus den Durchgangslagern zugewiesen worden waren, darunter auch Angehörige meines Schwagers aus Schlesien. Sie waren, bis auf die üblichen Plünderungen, die drangvolle Enge in den Zügen, in die man die Ausgewiesenen gesteckt hatte, und die ständigen

Bedrohungen, denen sie zuvor in den Dörfern ausgesetzt waren, vom Schlimmsten verschont geblieben, wobei ihnen die aufflammende Feindseligkeit zwischen Polen und Russen zugute gekommen war. Wenn es kritisch wurde, hatten ihnen die Polen gegen die Russen geholfen und die Russen wiederum gegen die Polen.

Ich wurde im Wohnzimmer meiner Schwester einquartiert und verbrachte meine Tage und Nächte auf einem ziemlich kurzen Sofa. Natürlich mußte dieses Zimmer von der Familie mitbenutzt werden. So herrschte lebhafter Betrieb, was anstrengend, aber auch wieder unterhaltsam war.

Ähnlich wie im Krankenhaus, begann der Tag für mich früh. Zwischen fünf und sechs Uhr morgens verdichteten sich die Geräusche auf dem langen Flur des Seitenflügels, an dem in jedem Zimmer eine Flüchtlingsfamilie wohnte. Türen klappten, Kinder heulten, und die Männer, soweit überhaupt vorhanden, herrschten ihre Frauen an: «Wo ist mein Frühstücksbrot? Wo ist meine Mütze?» und drohend zu dem zahlreichen Nachwuchs: «Daß ihr mir nicht wieder vergeßt, Holz zu holen.»

Unter mir in der Remise rumorten die Karnickel, deren Ställe sich bis zur Decke stapelten. Buschi, der bei mir schlief, streckte sich, sprang auf die Klinke und verließ das Zimmer.

Noch bevor mir meine Schwester das Frühstück brachte, erschien eines der Flüchtlingskinder, ein Mädchen von vielleicht fünf Jahren. Es zog sich einen Stuhl heran und starrte mich an. Vergeblich versuchte ich, ein Gespräch mit ihm anzuknüpfen. Das Kind reagierte nicht. Es saß nur schweigend da und beobachtete mich mit kaltem Wissensdrang. Nur einmal unterbrach es sein Schweigen. «Wann stirbst du denn nun endlich?» fragte es, und nach einer Weile: «Die Oma lebt auch immer noch.»

Der Oma ging es wie mir. Auch in ihrem Zimmer quirlte das Leben, tobten die Kinder, die das Bett der Kranken gern als Versteck benutzten. Als sie nach Monaten endlich eine Kammer für sich bekam, rief sie oft mit klagender Stimme: «Immer alleene!»

Pünktlich um zwölf stellten sich befreundete oder verwandte Flüchtlinge von außerhalb ein. «Wir wollten nur mal vorbeischauen, wie es euch so geht.» Sie bewunderten pflichtschuldig Gabriele, die ihnen zornig entgegenbrüllte, sogen sehnsüchtig den Duft des auf dem Herde dampfenden Sauerkrauts ein und meinten, ohne sich vom Stuhl zu rühren: «Wir hoffen, wir fallen euch nicht gerade ins Essen.» Dankbar löffelten sie dann die Erbsensuppe, die meine Schwester wohl oder übel mit Wasser strecken mußte.

Am Abend füllte sich der Raum mit Kartenspielern. Zwischendurch erhitzten sich die Gemüter über die politische Lage. Man rätselte, ob es eine Währungsreform geben würde, oder schmiedete Zukunftspläne, wobei auch der größte Schwachsinn, wie zum Beispiel die Zucht von Chinchillas oder Nerzen, die sagenhafte Einnahmen verhieß, ernsthaft diskutiert wurde. An meinen Zustand hatte sich jedermann gewöhnt.

Der kleine Liebesvogel war, zur Erleichterung meines Schwagers, verstummt. Mein Bruder war zu seiner Braut nach Berlin gezogen, wo im Juni geheiratet wurde. Außer einer Kusine konnte niemand von uns an der Hochzeit teilnehmen, weil es Schwierigkeiten gab, rechtzeitig eine Erlaubnis für den Interzonenzug zu bekommen. Wir trösteten uns mit dem Brief der Kusine, die uns von dieser wundervollen Hochzeit vorschwärmte, auf der es reichlich zu essen und zu trinken gab und die Ansprache des Pastors so prachtvoll und zu Herzen gehend war, daß sie gar nicht aufhören konnte zu weinen.

Die Währungsreform machte mich durch das zusätzliche Krankengeld, das ich nun bekam, zum Krösus der Familie. Es traf eben immer die Falschen. Ich wollte mir unbedingt von dem neuen Geld ein Paar Schuhe kaufen, und so brachte mir meine Schwester einige Paar zur Auswahl mit. Ein Paar hellbraune Halbschuhe, deren Sohlen wie Speck aussahen, stachen mir sofort ins Auge. «Die nehm ich», sagte ich und betrachtete sie wohlgefällig, wie sie, viel zu klobig wirkend, an meinen spindeldürren Beinen hingen. «Wann willst du die denn anziehen?» fragte meine Schwester.

«Nur keinen Neid», sagte ich, «ich kann sie dir ja mal borgen.» Und schon war ich, ehe sie auf das großzügige Angebot reagieren konnte, wieder in meinen Fieberrausch weggetaucht.

Mein Zustand verschlechterte sich, und der Arzt stellte eine Bauchfellvereiterung fest. Meine Schwester brachte mich ins Krankenhaus. Ich mußte operiert werden, ausgerechnet an meinem sechsundzwanzigsten Geburtstag. An meinem Zustand änderte sich dadurch nichts, und so wurde ich bald wieder entlassen. Der Hausarzt ließ sich nur noch selten blicken. Schwerkranke Patienten hatte er zu Dutzenden zu versorgen, und bei den anderen war wenigstens noch etwas Hoffnung.

Der Tod hatte sich eingenistet, aber niemand störte sich daran. Die meiste Zeit nahm ich die Familie nur noch als Geräuschkulisse wahr, wenn sie redeten, stritten, lachten, pfeifend ins Zimmer kamen oder einander etwas zuriefen. Wenn der Schmerz abebbte, wichen die Wände des Zimmers, und die Fieberträume versetzten mich mal in fremde Länder, als wären Märchen und Sagen wahr geworden, mal in die Lieblingsecken meiner Kindheit. Ich lief durch die Laake, durchs Luch oder die Schonung, die meinen Namen trug. Wir spielten Verstecke im Dunkeln, Himmel und Erde und Länderverteilen. «Guten Tag, guten Tag, Fräulein Hopsasa, was macht denn Fräulein Tralala. Ich danke schön, ich danke schön, ich werd mich gleich erkundigen gehn», murmelte ich vor mich hin. Die plötzliche Stille im Zimmer brachte mich in die Wirklichkeit zurück. Sie starrten mich an. «Wir haben kein Morphium mehr», sagte mein gutherziger Schwager ganz verstört. Und Buschi leckte mir die Hand.

Jedes Medikament, das Hoffnung versprach, wurde ausprobiert, von Arsen – büschelweise fielen mir die Haare aus – bis zur Schmierseife, und zu guter Letzt stand sogar ein Wunderheiler zur Diskussion. Glücklicherweise wurde er rechtzeitig eingesperrt, und wir sparten viel Geld.

Im Herbst kehrte ich nach Niedersachsen und in die blaue Gruft zurück. Das von Nikolai Kolbatsch gehütete und von mir über die Grenze geschmuggelte Silber schmolz dahin. Morphium und Transport hatten ihren Preis. Diesmal war in einen Waggon ein einziges Bett gestellt worden und ein bequemer Stuhl für eine Rote-Kreuz-Schwester, die mir meine Spritzen geben sollte. Sie war selig. «Endlich komm ich mal wieder nach Hannover. Und das auf eine so bequeme Weise.» Sie schlief die meiste Zeit und hielt nur auf den Bahnhöfen die Reisenden zurück, die unbedingt einsteigen wollten. «Ein ganzer Waggon für eine Person! Fängt das schon wieder an? Es ist doch überall das gleiche mit den Bonzen!» erregten sie sich.

Die Gruft empfing mich mit eisigem Hauch, der sich im

Winter in glitzernden Kristallen an der Wand niederschlug. Meine Mutter und die Nachbarn pflegten mich. Daß ich nicht essen wollte, machte sie grimmig, wo sie sich doch solche Mühe gaben. Einfach undankbar, so ein Kranker!

Ich hatte mir schon ein Jahr davor auf dem Schwarzmarkt ein Gerät gekauft, das noch aus Wehrmachtsbeständen stammte und mit dem man gleichzeitig empfangen und senden konnte. Es war ein riesiger Kasten mit zwei Lautsprechern. Wenn ich nicht schlafen konnte, spielte ich daran herum. Die geheimnisvollen Stimmen, die in verschlüsselter Form Schwarzmarktpreise durch den Äther raunten, waren zwar nach der Währungsreform verstummt, dafür gab es am 12. November '48 in den Westzonen einen eintägigen Generalstreik. Über neun Millionen legten die Arbeit nieder. Eine Sensation für uns. Gleichwohl interessierte mich diese Nachricht weniger als die Sendung «Kleine Feste, frohe Gäste». Auch den Suchdienst des Roten Kreuzes hörte ich mir täglich an. «Gesucht wird . . . das letzte Mal gesehen.»

Mein Fieber war jetzt nicht mehr ganz so hoch, und ich fand wieder Geschmack am Lesen. Ich las alles, was man mir auf die Bettdecke legte. Viel Raunendes noch aus der großdeutschen Zeit, in der die Frauen edel und keusch waren. Viele Bücher kamen vom Krüger-Verlag in Berlin, bei dem John Knittel seine Bücher verlegte und die mir seine Tochter zur Zerstreuung brachte. Zu den deutschen Autoren gesellten sich später Hemingway, Steinbeck, Saroyan und andere, die sich auf den Anmarsch in die deutschen Bücherschränke gemacht hatten.

Zu Weihnachten brachten sie mich vorübergehend in eine Heilstätte in Hannover, damit sich meine Mutter bei meiner Schwester von der Pflege erholen konnte. Es war nicht leicht gewesen, sie dazu zu überreden.

In dieser Zeit war es schwierig, gute Ärzte zu finden. Entweder waren sie noch in Gefangenschaft, zu alt oder politisch belastet. Doch unter den Belasteten gab es sehr Tüchtige, und einem Patienten ist es egal, wieviel Dreck am Stecken ein Chirurg hat. Hauptsache, er versteht etwas von seinem Handwerk. Ein Problem, das nicht nur die Medizin betraf.

Ich bekam ein Einzelzimmer zum Park hinaus, was mir normalerweise sehr behagt hätte. Aber die Atmosphäre des Krankenhauses war so düster, daß ich es mit der Angst bekam. Die lauwarmen Mahlzeiten wurden einem in einer Art Hundenapf hingeknallt und die kalte Verpflegung nicht weniger lieblos. Ein Patient im Nachbarzimmer rief die ganze Nacht: «Schwester, Schwester, machen Sie doch bitte Licht! Ich will nicht im Dunkeln sterben!» Statt ihn zu trösten, herrschte sie ihn an: «Nun nehmen Sie sich mal ein bißchen zusammen!» Das Licht blieb aus.

Ich ließ mich nach einigen Tagen auf eigenes Risiko entlassen, was damals sehr viel schwieriger war als heute. Immerhin bestellten sie gnädig einen Krankenwagen für mich. Ungerührt sah mir die Stationsschwester zu, wie ich mit meinem Handgepäck den Flur entlangkeuchte. Der Fahrer des Krankenwagens war ganz außer sich, als er sah, in was für einem Zustand ich mich befand – «Bei Adolf hätt's so was nicht gegeben», ein beliebter Satz damals –, und als ich schwer atmend neben ihm Platz genommen hatte, bot er mir mitleidig eine Stulle mit Blutwurst an. Ich dankte schaudernd.

Die Wohnung im Kavaliershaus, die ich mir mit anderen Flüchtlingen teilte, war verlassen und mein Zimmer so ausgekühlt, daß die Eisblumen nicht nur am Fenster funkelten. Ich versuchte, den kleinen eisernen Ofen in Gang zu bringen, was mir nur mühsam gelang. Erschöpft ließ ich mich auf einen Stuhl fallen, nicht mehr in der Lage, mich auszuziehen und ins Bett zu kriechen. Im Hause war es totenstill. Ich saß und starrte in die Flammen, die sich langsam durch die Holzscheite fraßen. Zum ersten Mal weinte ich.

Das Frühjahr '49 war vergangen, die Berliner Blockade beendet. Corri schrieb, es sei eine ganz schön happige Zeit gewesen. Auch den Sommer verbrachte ich in der Gruft. Nur gelegentlich, wenn es mir besser ging, schlurfte ich auf die Veranda der Nachbarin, blinzelte ins Sonnenlicht und freute mich an dem Weizenfeld hinter dem Park, über das der Sommerwind strich. Ich sah zu, wie es langsam reifte und abgeerntet wurde, während ringsherum alle über die ersten Wahlen des Deutschen Bundestags redeten, die am 14. August stattfinden sollten, und rätselten, ob Konrad Adenauer wohl das Rennen machen würde. Viele schwankten, ob sie statt der CDU nicht lieber die Partei der Heimatvertriebenen wählen sollten. Die wußten wenigstens, wie einem Flüchtling zumute war, und pochten auf das Recht an der alten Heimat. Dieser Adenauer war zwar ein cleverer Bursche, aber doch sehr katholisch. Und dann auch noch Rheinländer!

Mich interessierten die Briefe von zu Hause mehr. Erna hatte inzwischen ihren Heinz geheiratet und war nach Wassersuppe gezogen, wo sie einen kleinen Hof auf Leibrente erworben hatten. Auch von Eva Janicke erhielt ich einen Brief. Sie durfte als Enteignete nicht einmal mehr bei ihren Verwandten in Witzke bleiben. Auf Anordnung der Behörde mußte die gesamte Familie nach Wittenberge übersiedeln, wo sie eine Wohnung zugewiesen bekam. «Stell Dir vor, als wir da ankamen, war nichts organisiert, kein Dach über dem Kopf, ja, nicht mal ein Bett. Das Ganze dauerte so drei Tage, in denen wir praktisch auf der Straße kampiert haben. Aber dann, wie die Möbel herbekommen! Eine Rennerei! Und immer wieder mußt du dich mit einem Nein begnügen. Zwei Wochen hat es gedauert. Wir schliefen auf der blanken Erde und mußten solange Säcke vor die Fenster hängen. Es war ein schwerer Anfang und ein schweres Eingewöhnen. Doch wenn hinter einem ein ‹Du mußt› steht, dann geht es auch. In Ferchesar auf unserem Hof war ich schon lange nicht mehr. Ach, es ist nun mal so furchtbar schwer. So hat jeder sein Päckchen zu tragen.»

Im Herbst verschlechterte sich mein Befinden zusehends, und ich mußte nach Hildesheim in ein katholisches Krankenhaus. Dort war ich das Hätschelkind der Nonnen, weil ich im Gegensatz zu den anderen Patienten nicht die üblichen drei Wochen, sondern gleich drei Monate blieb. Sie gaben mir ein Einzelzimmer und verwöhnten mich bereits zum Frühstück mit Bohnenkaffee und sogar einem weichen Ei. Die Stationsschwester zweigte beides unbekümmert von dem ihr zur Aufbewahrung gegebenen Vorrat einer Bäuerin ab. Hin und wieder legte sie auch eine ordentliche Scheibe Schinken dazu. Die Bäuerin, fand sie, war sowieso zu dick.

Mein schmales Zimmer mit der hohen Decke wurde bald Zufluchtsort für herumgehetzte, erschöpfte Schwesternschülerinnen. Das Wischtuch in der Hand, saßen sie sprungbereit auf dem Stuhl und machten ein kurzes Nickerchen. Die Ärzte wiederum betrachteten den Raum mehr als eine Art Kasino. Man traf sich zu einem kleinen Plausch, rauchte seine Zigarette, machte die Beine lang und diskutierte über das Für und Wider einer eigenen Praxis, die Schwierigkeit, mit der wohlhabenden Schwiegermutter umzugehen, die leider, leider das Sagen hatte, und wie man endlich zu einer eigenen Wohnung kommen könne.

Die Nonnen erregten sich über die Schwesternschülerinnen, weil sie den Fahrstuhl benutzten, anstatt, wie es sich für so junge Dinger gehörte, die Treppe, und tuschelten auch über die angeblich koketten Blicke, die sie den Ärzten zuwarfen, fanden aber andererseits, daß der liebe Gott den Menschen für die Liebe geschaffen habe, und begannen, sich in dieser Hinsicht Sorgen über mich zu machen. Ließen sich denn bei dieser Patientin überhaupt keine Herren blicken? Mein einziger Verehrer war ein Blutspender, der sich in der Tür geirrt hatte, ein junger, schmächtiger Mann mit brennenden Augen. Er besuchte mich täglich, und wann immer ich aus meinem Fieberschlaf erwachte, saß er neben meinem Bett und starrte mich an. Die frommen Schwestern waren entzückt, mißbilligten aber meinen amerikanischen Armeepullover, den ich im Bett trug. Sie brachten mir ein selbstgehäkeltes hellblaues Bettjäckchen, in dem ich wie ein Kaffeewärmer aussah, und kämmten mir immer wieder die Haare. Mir wurde mein fast stummer Verehrer unheimlich. Was glotzte der Mensch so sinn- und zwecklos? Ab und zu versuchte ich, ein Gespräch in Gang zu bringen, aber es war aus ihm nichts herauszuholen. Ich wußte weder, woher er kam, noch was er tat. Ich muckte auf und ließ ihn wissen, ich würde auch gern mal wieder allein sein. Meine Bitte ließ ihn ungerührt. «Ich störe Sie ja nicht», sagte er, «ich will Sie ja nur ansehen.» Tagtäglich kam er mit den gleichen Blumen, einem kleinen Sträußchen Usambaraveilchen. Ich schenkte sie an die Nonnen weiter, die damit den kleinen Altar am Flurende schmückten.

Schließlich bat ich den Stationsarzt um ein anderes Zimmer. Betrübt befolgten die Nonnen seine Anweisung, den jungen Mann auf keinen Fall über meine Verlegung zu informieren. Kaum war ich umgezogen, hörte ich meinen sonst so friedlichen Freund auf dem Flur randalieren. Der Stationsarzt mußte den verängstigten Nonnen zu Hilfe kommen. Seine Erklärung, man habe mich in ein anderes Krankenhaus verlegt, wollte der Junge nicht glauben. Vielleicht hatten sie mich ja umgebracht. Unter wüsten Verwünschungen verließ er schließlich die Station. Ein Halbverrückter. Das war nun alles, was das Leben mir noch zu bieten hatte. Bedauerlich, aber anscheinend nicht zu ändern.

Große Aufregung gab es bei den Ärzten, als von der Krankenkasse eine Anfrage kam, ob sich der medizinische Aufwand bei mir überhaupt noch lohne. In den Nachkriegsjahren ging man mit Kranken nicht allzu zimperlich um, und in dem Fragebogen für die Wohlfahrt stand: «Sind Sie asozial? Wenn ja, warum?» Die Mitteilung an Tbc-Kranke, wann und wo sie die Kur anzutreten hatten, glich mehr einem Gestellungsbefehl, mit dem Vermerk: «Nichtbefolgung zieht Zwangsmaßnahmen nach sich.»

Aber es ging aufwärts mit mir. Die Röntgenbestrahlung zeigte erfreuliche Wirkung. Ich nahm zehn Pfund zu, die Blutwerte besserten sich, und die Schmerzen wurden erträglich. Ich sah der Zukunft wieder optimistisch entgegen und hörte mir den Schwestern zuliebe geduldig die Andacht an. Bisher hatte ich den Lautsprecher über der Tür, durch den sie aus der Kapelle übertragen wurde, häufig abgestellt, was die Nonnen betrübte. Sie drohten mir dann jedesmal ein wenig mit dem Finger und stellten den Lautsprecher wieder an. Sie gaben sich wirklich viel Mühe, die Guten, und bereiteten mir ein üppiges Weihnachtsfest mit einem Tannenbäumchen, selbstgebackenen Keksen, einem Stück

Seife und zwei Handtüchern, die ich, man sollte es kaum glauben, noch heute benutze. Unter der Weihnachtspost waren auch Briefe aus Lochow und Ferchesar. Ilse und Luzie Trägenapp waren Adventisten geworden, und Frau Behrend, unsere langjährige Postfrau und Patentante meiner Nichte Gabriele, schrieb: «Vergeßt Eure alte Heimat nicht und denkt daran, wie's daheim war, wo die Wiege stand.»

10

Im Januar '50 kehrte ich in meine Gruft zurück, nur ungern, denn ich hatte mich an das Leben im Krankenhaus gewöhnt. Auf der Fahrt durch Hannover war ich beeindruckt von den hellerleuchteten Schaufenstern und den Straßenlampen. Auch sonst hatte sich vieles verändert. Der Aufbau war in vollem Gang.

Der Chefarzt in Hildesheim hatte für mich einen Aufenthalt im Gebirge empfohlen. Die Höhenluft würde meinen Körper kräftigen und die Gesundheit stabilisieren.

Meine Mutter machte eine Spezialklinik im Allgäu ausfindig, und die LVA war bereit, einen Teil der Kosten zu übernehmen. Den Rest mußten die Eltern über einen Kredit finanzieren. Dafür brauchten sie einen Bürgen. Einen Bürgen in dieser Zeit – der war fast so schwer zu finden wie die berühmte Stecknadel im Heuhaufen. Ausgerechnet ein hoher, gerade aus amerikanischer Kriegsgefangenschaft entlassener ehemaliger SS-Führer, der von unserer Lage gehört hatte, bot sich uns als einziger an.

«Was machen wir denn nun?» sagte Vater.

«Wir nehmen's an», sagte Mutter.

Im Frühjahr brachte sie mich in die Allgäu-Klinik, die schon von außen in der Berglandschaft sehr schmuck aussah. Das Krankenzimmer, in das man mich einwies, glich eher einem Salon. Die Schwester zeigte sich beflissen. «Der Herr Chefarzt werden gleich zu Ihnen kommen, Frau Gräfin.»

Meine Mutter ließ sich auf einen Biedermeiersessel fallen. «Mein Gott, die denken, du bist Privatpatientin! Das ist ja furchtbar! Wie sollen wir das bezahlen?» Meine sonst so couragierte Mutter wäre fast in Tränen ausgebrochen.

Es klopfte an der Tür. Der Chefarzt erschien, ein kleiner, wieseliger Mann von unpersönlicher Freundlichkeit. Er begrüßte mich mit gütigem Blick, küßte meiner Mutter die Hand und sagte zu ihr, so, als wäre ich gerade siebzehn: «Wir werden Ihr Töchterchen schon wieder in Ordnung bringen.»

Meine Mutter verfärbte sich. Dieser peinlichen Situation war sie nicht gewachsen. Ich ergriff die Initiative. «Ich bin nur für die dritte Klasse vorgesehen, Herr Doktor», sagte ich, «das muß eine Verwechslung sein.»

Sein Lächeln verschwand. So interessant war Uradel nun auch wieder nicht. «Ich werde mich kümmern.» Er nickte uns kurz zu und hatte das Zimmer bereits verlassen, ehe wir uns von dem Schreck erholen konnten.

Im Handumdrehn lag ich in einem Dreibettzimmer. Auch von dort hatte ich einen herrlichen Blick auf die Berge, und das Zimmer war durchaus komfortabel. Meine beiden Leidensgenossinnen lagen seit Monaten im Gips. Sie hatten wie fast alle Patienten dieser Klinik eine Knochentuberkulose. Sie durften nur auf dem Rücken liegen und konnten nur mit Hilfe eines Spiegels die Mahlzeiten zu sich nehmen. Sie lagen im Schnitt ein halbes Jahr und länger in dem harten, unbequemen Gips und durften sich kaum bewegen. Wenn der Gips entfernt wurde und sie zum ersten Mal auf dem Bettrand saßen, weinten sie vor Schmerzen, wenn das Blut in die Beine schoß.

Ich wurde von ihnen heftig beneidet. «Sie haben es gut, Sie können herumlaufen.» Darüber hatte ich noch gar nicht nachgedacht. Ich schämte mich.

Als der Kredit aufgebraucht war, verließ ich die Klinik.

Meine Schwester holte mich aus der Klinik ab, und ich verbrachte den Sommer '50 in Bayern. Die Frau, mit der sie bisher die Wohnung geteilt hatte, war ausgezogen, so daß Gabrielchen nicht mehr bei den Eltern schlafen mußte. Sie war inzwischen zu einer niedlichen Dreijährigen herangewachsen und sagte, als ihre Mutter sie aufforderte, mich zu begrüßen, ihr vertrautes «Nein!». Buschi dagegen konnte sich vor Freude wieder mal nicht lassen. Er tobte den Flur entlang und nahm mein Handgelenk so fest in seine Schnauze, daß ich Mühe hatte, wieder von ihm loszukommen.

Ich hatte diesmal eine kleine Kammer für mich. Die alte kranke Frau – «Immer alleene!» – war gestorben. Gabrielchen überwand ihre Schüchternheit und zeigte mir die Geburtstagsgeschenke ihrer Patentante Behrend aus Ferchesar: zwei Holzpferdchen und zwei Kühe und, von Vater Behrend ebenfalls geschnitzt, ein Püppchen. Auch im Pferdestall konnte man seine Geschicklichkeit in Form von Holzschaufeln und Schwingen für das Futter bewundern.

Meine Schwester hatte die Briefe von zu Hause für mich aufgehoben, darunter auch einen Brief von Maria Mateke. «Meine liebe und teure Gräfin! Unser aller Wunsch ist es, wenn Ihr uns besuchen möchtet und alles selbst beschauen könntet. Ich fühle mit Ihnen im Unglück. Das Land ist entheiligt von seinen Einwohnern, denn sie übertreten das Gesetz und ändern die Gebote.»

Auch von Agnes, unserer früheren Waldarbeiterin aus Witzke, war ein langer Brief an meine Schwester gekommen. Sie beschwerte sich darüber, was man mit ihrem Päckchen gemacht hatte. «Es kam so zerrissen an, daß kaum noch die Adresse zu lesen war. Kakao, Mehl, Pudding, alles aufgeschnitten und nicht wieder zugeklebt und vieles verschüttet.» Aber noch mehr regte sie sich darüber auf, daß sie aus ihrem Haus ausziehen sollte. «Stellen Sie sich vor, Frau Baronin, das Wohnungsamt war hier. Ich sollte irgendwo in eine Bodenstube. Ich hab gesagt, lebendig kriegt ihr mich nicht raus.» Nach Lochow komme sie nur noch selten. «Otto Trägenapp hat mir gesagt: ‹Holz wird es in diesem Jahr wohl auch nicht geben.› Er kriegt selber bloß zwei Meter angewiesen, weil er sein Soll noch nicht gedeckt hat. Das kann ja noch was werden nächsten Winter! Es wird ja auch alles nicht so angelegt wie beim Herrn Grafen. Ich könnt noch viel schreiben, aber ich glaube, Sie interessieren sich ja wohl nicht für all den Spuk. Bitte, wenn gelesen, gleich verbrennen. Viele freundliche Grüße, hochachtungsvoll, Ihre alte Arbeiterin Agnes Heidepriem.»

Agnes Heidepriem gehörte in Lochow sozusagen zum Inventar. Jeden Tag kam sie über den See gerudert, um im Wald zu arbeiten oder in der Waschküche bei der großen Wäsche zu helfen. Ich kann mich nicht entsinnen, daß sie einmal gefehlt hätte. Sie war für Vater ebenso unentbehrlich wie Nikolai. Wenn sie zum Mittagessen in die Küche kam, taten wir Kinder uns gern vor ihr wichtig. Sie glaubte all das wirre Zeug, das wir nach Kinderart von uns gaben, und staunte: «Nee, nee. Wat allens so gift!» Jahraus, jahrein trug sie ein langes Kleid mit einer langen Warbschürze und im Sommer einen Schutenhut gegen die Sonne. Mit dem Wald war sie genauso verbunden wie Vater und in der Pflege von Bäumen fast so versiert wie ein Förster.

Es ging mir zwar besser, aber die Tuberkulose mit ihren Begleiterscheinungen flackerte immer wieder auf. So kehrte ich im Herbst nach Niedersachsen zurück und kurz darauf in mein Krankenhaus nach Hildesheim, wo man eine neue Therapie mit mir versuchen wollte. Ärzte und Schwestern waren erfreut, mich wiederzusehen, denn auf der Entbindungsstation, auf der ich diesmal lag, spielte sich für sie sonst nur tagtäglich dasselbe ab. Als Begrüßungstrunk brachte mir die Nachtschwester statt des gewohnten langweiligen Tees eisgekühlten Apfelsaft aus eigener Apfelernte des Klosters. Ich trank ihn gierig fast mit einem Zug und fand mich ein paar Minuten später mit einer schweren Nierenkolik neben dem Bett liegend wieder. Der Chefarzt verpaßte mir eine Spritze, nahm es aber nicht tragisch. «Um Ihre Nieren kümmern wir uns erst mal nicht. Da hab ich ganz andere Sorgen.»

Ein neues Medikament war auf den Markt gekommen, und das stellte mich überraschend schnell wieder auf die Beine, so daß ich im Frühjahr '51 entlassen werden konnte.

Mir ging es so gut, daß ich wieder ganz unternehmungslustig wurde. Ich beschloß daher, zu Corri nach Berlin zu fahren, diesmal mit dem Bus über Helmstedt-Marienborn. An der Grenze erlaubte man uns gnädig, sitzen zu bleiben, und der Fahrer verschwand mit den Personalausweisen in der Kontrollbaracke. Aufgeregt kam er wieder zurück. «Wer von euch ist adlig?» Ich meldete mich. «Komm' Se raus, komm' Se raus. Die Vopos wollen Ihnen sehen. Machen Se mir bloß keenen Ärger! Beeilung, Beeilung, die Herrschaften warten nicht gern.»

Mir war ziemlich mulmig, als ich ausstieg und der Baracke zustrebte. Einer der Volkspolizisten, anscheinend ein höherer Dienstgrad, nahm mich am Arm und zog mich beiseite. Dann blieb er stehen und vertiefte sich in meine Papiere. Er sah mich lange an und fragte mich dann: «Kennen Sie das Buch ‹Die Hosen des Herrn von Bredow›?»

Darauf war ich nicht vorbereitet. Ich nickte verstört.

«Sind Sie vielleicht mit dem Herrn verwandt?»

«Durchaus möglich», sagte ich ausweichend.

«Aha.» Er machte eine Handbewegung. «Dann gehen Sie mal wieder zurück zu Ihrem Bus. Gute Fahrt.»

Der Busfahrer nahm mich an der Tür in Empfang. «Wat wollte denn det Staatsorgan von Ihnen?»

«Er hat mich nach einem Buch gefragt», erklärte ich. Der Busfahrer sah mich ungläubig an. «Nach 'm Buch?»

«Ja, nach einem Buch, ‹Die Hosen des Herrn von Bredow›.»

Er blickte mißtrauisch. «Wollen Se mir auf'n Arm nehmen?»

«Aber nicht doch», sagte ich.

Er seufzte. «Det wird doch hier immer verrückter.» Sein Blick schweifte über seine Schäfchen, die stumm und geduckt auf ihren Sitzen saßen. «Hier fehlt doch jemand.»

«Ja», bestätigte man, «'ne alte Frau ist ausgestiegen und nicht wieder zurückgekommen.»

«Mann, mir fällt der Mond auf'n Dutt!» Der Busfahrer geriet außer sich. «Wenn die Zahl nicht stimmt, komm ich in Teufels Küche!» Er stürzte davon. Nach ziemlich langer Zeit kam er mit der alten Frau im Schlepptau wieder. Er hatte sie gerade noch daran hindern können, mit dem falschen Bus davonzufahren.

Er ließ sich von mir überreden, einen Umweg zu machen

und mich direkt vor der Haustür meiner Freundin abzusetzen. Corri hatte jetzt eine kleine Wohnung in Lichterfelde, und ihr Elternhaus, das ihr zusammen mit dem Bruder gehörte, war vermietet worden. Meine Freundin öffnete mir die Haustür.

«Da bin ich», sagte ich.

«Das sehe ich», sagte sie, und dann mußten wir beide lachen.

Corri und ihre Freunde waren rührend um die Rekonvaleszentin bemüht. Dauernd sollte ich irgend etwas essen. «Nu iß doch mal!» Auch spazieren sollte ich gehen. «Frische Luft ist immer gut.»

Tagsüber war ich meist allein, weil sich meine Freundin auf ihr Staatsexamen vorbereiten mußte. Aber am Abend herrschte dafür um so mehr Betrieb. Während ihrer Abwesenheit leistete mir ein siamesischer Kater Gesellschaft, ein außerordentlich dickes Tier, das es liebte, an dem schweren Vorhang, der die beiden Zimmer trennte, zu schaukeln und seine Krallen an den geretteten kostbaren Stühlen zu wetzen. Wir mochten einander, und er zeigte mir seine Kunststücke. Eins davon war, sich bei der Aufforderung «Spiel toter Mann» auf den Rücken zu legen und regungslos liegenzubleiben. Sein Schnurren, eher ein lautes Schnarchen, war nachts ziemlich störend, und auch seine Beute, die er uns brachte und ausgerechnet beim Abendbrot stolz vor die Füße legte, gefiel uns nicht. Angewidert starrten wir auf das tote Karnickel. Meine Freundin schrie, und der Kater kroch beleidigt unters Sofa.

Als nächstes erschreckte uns ein junger Mann, der plötzlich in der Küche stand. Er hieß Rainer Hildebrandt, war Mitbegründer der «Kampfgruppe gegen Unmenschlichkeit» und liebte es, unbemerkt durch das offene Fenster einzusteigen, was Corri jedesmal aufs neue aufregte. Um sie zu beruhigen, las er uns beiden aus der Hand. Meinen Handlinien entnahm er, daß bei mir eine gewisse Kreativität vorhanden wäre. Er tippte auf Handarbeit. Dabei bricht mir heute noch jede Nadel ab, wenn ich versuche, sie durch die Löcher eines Knopfes zu zwängen. Rainer Hildebrandt war ein hilfsbereiter, wenn auch etwas pathetischer Mensch, der nicht das eigene Risiko scheute, wenn es galt, Verfolgten in der Sowjetzone zu helfen.

Corris Freundeskreis war bunt gemischt. Zu ihm gehörte auch Gisela, eine junge Redakteurin, die mächtig in die Politik strebte und sich zu diesem Zweck die CDU ausgesucht hatte, für mich etwas ganz Neues. Bisher war ich nach dem Krieg unter meinen Freunden noch nie dem Mitglied irgendeiner Partei begegnet. Sie ist dann übrigens geblieben, was sie war, und sollte später für mich noch wichtig werden.

Meine Freundin gefiel mir nicht. Ihre Fröhlichkeit wirkte forciert, und nachts geisterte sie oft durch die Wohnung, anstatt zu schlafen. «Was ist los?» fragte ich. «Hast du Liebeskummer?» Nein, den hatte sie nicht. Ich gab mich zufrieden.

Der Ausbruch kam dann ganz unerwartet. In der Küche passierte irgend etwas mit dem Wasserhahn, so daß das Wasser mit Wucht in die Küche spritzte. Ich rannte zum Hausmeister, der den Haupthahn abstellte, und kehrte in die Wohnung zurück. «Er kommt gleich und bringt die Sache in Ordnung», versprach ich. «Wo bist du denn?»

Ich fand sie schluchzend auf ihrem Bett liegen. Eine lange Nacht begann, in der sie sich alles von der Seele redete, die jahrelange Angst um ihren Vater, von dessen Plänen sie wußte, seine Verhaftung, die Ungewißheit, die Bittgänge in die Prinz-Albrecht-Straße, um die Erlaubnis zu bekommen, dem Inhaftierten etwas zu bringen, seine Hinrichtung noch kurz vor Ende des Krieges und den Tod ihres Bruders. Sie setzte sich plötzlich auf und funkelte mich an: «Und dann gebe ich dir unsere wertvollsten Gläser mit, und du läßt sie von den Russen an die Wand knallen!»

«Für deine dußligen Gläser», sagte ich gekränkt auflachend, «habe ich mein Leben riskiert. Ich bin auf der Rückfahrt nach Lochow vor Nauen in einen Angriff geraten. Die halbe Nacht hab ich im Splittergraben gelegen.»

«Recht geschieht dir», sagte sie, und ich war erleichtert, daß sie sich wieder beruhigt hatte.

Wir sahen uns an, fingen an zu kichern und erinnerten uns an die Nächte, die wir nach der Verhaftung ihres Vaters gemeinsam mit einem fransigen, aber wertvollen Angorakater im Luftschutzkeller verbracht hatten. Jedesmal, wenn das Haus von den Einschlägen zu zittern anfing, wendete sich der auf einer Konsole sitzende Kater uns hoheitsvoll zu und sah uns vorwurfsvoll an. Einmal waren zwei Männer von der Gestapo in ihrem Elternhaus erschienen, um die beschlagnahmten Wertgegenstände zu registrieren. Sie waren ein wenig verunsichert, weil Corris Vetter, ein ansehnlicher Mensch in der Uniform eines Panzerregiments mit Ritterkreuz, zufällig anwesend war. Er führte sie höflich durchs Haus und machte sie auf eine Büste des Führers aufmerksam, ein Geschenk des Herrn Reichsmarschalls. Der junge Mann brachte etwas Ablenkung in diese trüben Tage und las uns im Luftschutzkeller seine Kurzgeschichten vor. Ein Ritterkreuzträger und ein Dichter, sozusagen ein zweiter Ernst Jünger. Ich war überwältigt.

Jetzt, nach dem Krieg, bewunderte ich meine Freundin, daß sie trotz allem, was hinter ihr lag, nie eine Bitte abschlug, wenn es galt, Leuten bei der Entnazifizierung zu helfen. Auch dort nicht, wo ein Denkzettel angebracht gewesen wäre. Wie ich überhaupt die Erfahrung machte, daß die Opfer des Regimes sich oft erstaunlich großmütig zeigten. So hatte ich im Krankenhaus eine junge Frau getroffen, die von ihrem eigenen Onkel denunziert worden war und ins KZ mußte. Auch sie hatte auf jede Rache verzichtet.

Von Berlin und seiner vielen «Kultura» bekam ich leider so gut wie nichts zu sehen, denn das Fieber und die Schmerzen waren zurückgekehrt. Nicht mal ins Kino konnte ich. Ich mußte mich mit Corris Schilderungen der jeweiligen Handlung zufriedengeben und konnte nur aus zweiter Hand über den als Frau verkleideten Cary Grant in dem Film «Ich war eine männliche Kriegsbraut» lachen. «Warum gehst du nicht in ‹Quo vadis›? Ustinov als Nero und dann das brennende Rom! Das wär doch mal was.»

«Gebrannt hat's ja nun auch bei uns genug», sagte Corri und rechnete ihre Ausgaben zusammen. «In der nächsten Zeit wird's ein bißchen knapp. Na ja, irgendwie kommen wir schon hin.»

Wenn es mir wieder etwas besser ging, besuchte ich meinen Bruder, der mit seiner Familie ein paar Straßen weiter bei den Schwiegereltern wohnte.

Meine Schwägerin erwartete ihr zweites Kind und mußte während der Schwangerschaft fest liegen. Auch ihnen ging es wirtschaftlich nicht gerade rosig. Mein Bruder war eine Zeitlang arbeitslos gewesen und hatte sich damit über Wasser gehalten, daß er in der Nachbarschaft sämtliche Uhren und Lampen reparierte.

Corri hatte den Plan, mit Gisela, der in die Politik strebenden Redakteurin, drei Wochen nach Langeoog zu fahren. Aber in meinem Zustand wollte sie mich nicht allein lassen. Ich mußte ihr lange zureden, bis sie schließlich doch fuhr. Ich kam tatsächlich auch gut allein zurecht. Nur, die Jalousie in meinem Zimmer hochzuziehen, gelang mir nicht. Doch dieses Problem löste sich bereits nach einem Tag. Es klingelte an der Wohnungstür, und eine Frau in Lockenwicklern stand vor mir. «Wat is denn nu mit Ihrer Jalousie? Klemmt se?» Als ich ihr den Umstand erklärte, sah sie mich mitleidig an. «So is det. Na, wenn weiter nischt is. Wenn Se aufstehn, klopfen Se einfach an die Wand. Dann komm ick rüber und zieh se Ihnen hoch.» Das tat sie auch und noch andere nützliche Dinge dazu, brachte meine Wäsche zur Wäscherei und bezog mir sogar mein Bett.

Nach drei Wochen kehrte meine Freundin gut erholt aus Langeoog zurück, und wir beratschlagten, wie es mit mir weitergehen sollte. Der Arzt, zu dem sie mich schließlich schleppte, konnte uns auch nicht weiterhelfen. Er schlug das übliche vor: einen Klimawechsel oder eine Kur. Eine Kur wollte ich auf keinen Fall. Die vierzehn Tage in der Heilstätte in Hannover hatten mir gereicht. Meine Mutter trieb eine Verwandte auf, die ein Häuschen auf Sylt besaß und sich anbot, mich für ein paar Wochen aufzunehmen. Natürlich nicht umsonst. Sie bestritt schließlich mit Sommergästen ihren Lebensunterhalt.

Meine Freundin kaufte hinter meinem Rücken ein Flugticket nach Hamburg. Ich war sprachlos. «Bist du verrückt? Du hast doch selbst kein Geld!» Aber sie bestand darauf. Es war der erste Flug meines Lebens. Die zweimotorige Propellermaschine brachte meinen Magen in Wallung. Die Stewardeß konnte gar nicht so viele Tüten auftreiben. Der Herr neben mir umsorgte mich wie ein Vater. «Durch die Nase atmen», riet er mir. Und dann brachte er mich auf den

Hamburger Hauptbahnhof und setzte mich in den Zug nach Westerland.

Die Insel empfing mich mit Regen. Der Ziegenstall, den mir die barmherzige Verwandte als Quartier angewiesen hatte, erwies sich als nicht wetterfest. So war das Bettzeug klamm, und auch die Ziegen meckerten unglücklich über ihre feuchte Behausung. Nach zehn Tagen sah meine Wirtin ein, daß das Quartier wohl nicht ganz das richtige für mich sei. So zog ich in das Hauptgebäude um zu den anderen Gästen, die fast alle der «Moralischen Aufrüstung» angehörten. Diese Bewegung war in jenen Jahren sehr in Mode. Als internationaler Tagungsort der Gesellschaft diente ein pompöses Hotel am Genfer See, wo Mädchen aus gutem Hause voller Eifer für die Sache umsonst die Stiefel der Tagungsteilnehmer putzten, Kartoffeln schälten und das Essen servierten. Schließlich wollte man die vier Forderungen der Bewegung – absolute Ehrlichkeit, absolute Reinheit, absolute Selbstlosigkeit, absolute Liebe – überzeugend erfüllen.

Ich teilte mit einer anderen Dame das Zimmer, und das Unglück dieser etwas neurotischen Person bestand darin, daß es ihr anscheinend noch nicht gelungen war, jemanden für die «Moralische Aufrüstung» zu werben. Etwas verdutzt erlebte ich, wieviel Hauen und Stechen es unter den Gästen gab bei ihren Bemühungen, gute Menschen zu sein, und wie schnell in so einem Kreis Hysterie entsteht. Unter ihnen war auch ein ehemaliger Kommunist, der gerade seine Bekehrung zu den wahren Werten in bewegenden Worten geschildert hatte. Aber irgend etwas brachte ihn in Wut, wahrscheinlich das kärgliche Mittagessen, jedenfalls stand er plötzlich auf und sagte, nun sei ihm die endgültige Erleuchtung gekommen, daß er mit diesen Schwachsinnigen hier nichts gemein habe. Er sei doch von der «Moralischen Aufrüstung» sehr, sehr enttäuscht. Aber da hatte er bereits als Hätschelkind der Reichen acht sorgenfreie, kalorienreiche Wochen in der Schweiz hinter sich.

Der Chefarzt der Nordseeklinik auf der Insel, zu dem mich das inzwischen weiter steigende Fieber und die starken Schmerzen trieben, war fraglos ein wirklich guter Mensch. Ich schilderte ihm meine Situation, und er handelte sofort. Er behielt mich gleich da, organisierte die nötige Überweisung ins Krankenhaus und verschaffte mir ein gemütliches Doppelzimmer. Die meisten Patienten auf der Station hatten dieselbe Tuberkulose wie ich, wenn auch nicht so heftig. Es waren Fabrikarbeiterinnen aus dem Rheinland, und in ihren Gesprächen ging es ebensowenig zimperlich zu wie im Waschraum, wo man sich an einer langen Rinne waschen mußte, denn die Klinik war früher ein Lazarett gewesen. Es gab nur einen Hahn für warmes Wasser. Der Kampf darum artete oft in Handgreiflichkeiten aus, wobei sie sich die Handtücher um die Ohren schlugen. Als sie merkten, wie krank ich war, schleppten sie mir sämtliche Mahlzeiten vom Eßsaal ans Bett, obwohl das nicht gern gesehen wurde. Für die Liegekur besorgten sie mir von der Privatstation eine richtige Liege. Sie war viel bequemer als die amerikanischen Feldbetten, die uns zur Verfügung standen. Als einer der männlichen Patienten sie sich aneignete, gab es einen Riesenaufstand. Drei oder vier Frauen bauten sich vor ihm auf und erklärten dem erschrockenen Mann, wohin sie ihn treten würden, wenn er die Liege nicht auf der Stelle wiederbringe.

Sie waren nur wenig älter als ich, aber sie nannten mich «Kind»: «Kind, wie du rumläufst, wirst du nie einen abkriegen.» Sie wuschen mir die Haare, schleppten mich über die

Dünen an den Strand, was mich den letzten Rest meiner Kraft kostete, und kümmerten sich sogar um meine Wäsche. Ihre Lebensgeschichten waren beeindruckend. Die Verheirateten unter ihnen waren durch die Bombenangriffe und die Nachkriegszeit weit über ihre Kräfte beansprucht und erschöpft worden. Sie machten sich Sorgen um die Kinder – «Sie haben sich doch das Stromern so angewöhnt beim Kohlenklauen und Holzsammeln in den Ruinen! Da kriegt man einfach keine Ordnung mehr rein» – und hatten es mit ihren Männern schwer: «Mein Mann, seitdem der in Gefangenschaft war, ist doch mit ihm nichts mehr anzufangen! Der redet dauernd nur von Verrat und so 'n Quatsch, und daß unter Adolf alles sehr viel besser gewesen ist.»

Doch trotz der eher abschreckenden Schilderungen des Familienlebens waren die Unverheirateten nicht davon abzubringen, intensiv nach einem Ehemann zu suchen. «Und wenn ich ihn im Handwagen hinter mir herziehen müßte», seufzte eine. Familie mußte nun mal sein. In der Familie lag das Glück und das Heil. Da konnten die Verheirateten noch soviel unken. Sie hatten eben Pech gehabt.

«Und wie ist es bei dir?» wollten sie wissen.

Ich zuckte die Achseln. Ich fühlte mich zu elend, um darüber nachzudenken.

«Komm, komm», sagten sie, «tu bloß nicht so.» Eine zeigte stolz ihren stattlichen, schaumgummigepolsterten Büstenhalter, wie sie gerade in Mode gekommen waren, und wurde angefeuert: «Nu mal ran an den Feind!»

Von den moralisch Aufgerüsteten meiner Tante ließ sich niemand blicken. Ich vermißte sie nicht.

Nach zwei Monaten entließ man mich. Meine Mitpatienten bestellten mir gemeinsam ein Taxi und gaben mir soviel Obst, Schokolade und Brot als Proviant mit, daß ich acht

Tage davon hätte leben können. «Mach's gut, Kind! Bleib sauber!» riefen sie mir zu. Und ich, inzwischen neunundzwanzig Jahre, versprach es.

11

Bei meinen Eltern warteten bereits zwei Briefe auf mich. Der eine war von der Landesversicherung. Sie drohte mir an, nicht mehr für die Kosten aufzukommen, wenn ich noch einmal ohne ihre vorherige Einwilligung ein Krankenhaus aufsuchte. Der zweite war von meiner Freundin Corri und sehr viel erfreulicher. Sie hatte mit Hilfe von Frau Sauerbruch erreicht, daß mir in einem deutschen Sanatorium in Davos ein halber Freiplatz bewilligt worden war.

Meine Mutter fuhr nach Hannover, um bei der Landesversicherung nachzufragen, ob sie bereit wäre, den in der Bundesrepublik üblichen Satz zu übernehmen. Da auch die Wohlfahrtsverbände des Landkreises gelegentlich Patienten nach Davos überwiesen, sahen wir keine Schwierigkeiten. Doch der Beamte fühlte sich bemüßigt, meine Mutter zu deckeln. «Wenn Sie eine Arbeiterfrau wären, würden Sie nicht solche Ansprüche für Ihre Tochter stellen!»

Also trat ich selbst in Aktion. Trotz meines Fiebers ließ mich der zuständige Sachbearbeiter drei Stunden auf dem Flur schmoren, ehe er mich in sein Büro winkte.

Als Kinder waren wir sehr schüchtern gewesen, waren wir doch, abgesehen von den üblichen Verwandtenbesuchen, kaum aus unserem Dorf herausgekommen. Auf unseren Fahrten ins Internat zögerten wir, ein Zugabteil zu betreten, und standen auf dem Gang herum, bis der Schaffner sich erbarmte und uns ohne viel Federlesens auf einen Sitz schob.

Mit dreizehn hatte mir bei einer dieser Fahrten ein Exhibitionist gegenübergesessen. Anstatt das Abteil zu verlassen, starrte ich angestrengt aus dem Fenster, bis der Mann von sich aus das Abteil wechselte. Doch so ein Seelchen war ich schon längst nicht mehr. Das, was ich von mir gab, hatte dieser Beamte sicher noch nie von einer Arbeiterfrau zu hören bekommen. Endlich schwieg ich erschöpft. Er sah mich völlig entgeistert an und schob mir wortlos den bewilligten Antrag über den Schreibtisch.

Im Januar '52 fuhr ich in die Schweiz, zum ersten Mal in meinem Leben in einem Schlafwagen, und hatte sogar das Dreibettabteil für mich allein. Der französische Schlafwagenschaffner war voller Mitleid mit mir und hatte sich anscheinend vorgenommen, mich glücklich zu machen, indem er mir seine Liebesdienste anbot. In meinem Fall, wie er mir versicherte, umsonst. Ein sehr großzügiges Angebot, normalerweise würde er dafür hoch bezahlt. Ich sah ihn ungläubig an, ich kannte nur den umgekehrten Fall. «Aber ja, Mademoiselle, ich werde es Ihnen gleich beweisen! Ich klopfe an Ihr Abteil, Sie warten zehn Minuten und gehen dann den Gang entlang bis zum Ende des Schlafwagens. Da werden Sie schon sehen. Ein Schlafwagenschaffner verdient nicht viel. Wenn es nun mal die Damen so wollen... Man ist ja gern gefällig. Manche fahren diese Strecke sogar drei- bis viermal im Monat meinetwegen.»

Nach einer halben Stunde klopfte es diskret. Ich wartete ab und schlich dann neugierig den Gang entlang. Sämtliche Abteiltüren waren geschlossen, niemand ließ sich blicken.

Nur die Tür des Schaffnerabteils stand einen Spalt offen. Ein Blick genügte. Er hatte tatsächlich nicht geflunkert. Ich war beeindruckt. «Mon Dieu», dachte ich, der für meine Begriffe ungemein französischen Situation angemessen. Das glaubt mir ja wieder kein Mensch! Den Korb, den ich ihm dann höflich gab, nahm er mit einem liebenswürdigen Lächeln entgegen, servierte mir aber dafür, sozusagen als Ersatz für seine Liebesdienste, am nächsten Morgen kostenlos ein üppiges Frühstück.

Als ich nach anderthalb Jahren mit dem gleichen Zug in die Bundesrepublik zurückkehrte, traf ich ihn wieder. Diesmal war ich nicht allein im Abteil. Er erkannte mich tatsächlich. Nachdem er mich aufs herzlichste begrüßt hatte, zog er mich auf den Gang. «Haben Sie etwas zu verzollen?» fragte er leise.

«Im Prinzip ja», sagte ich. Er nickte verständnisvoll. «Aber man hat uns gesagt, um das Gepäck der Fahrgäste mit dem Davoser Stempel im Paß machen die Zöllner einen großen Bogen. Sie reimen sich zusammen, daß wir aus einer Heilstätte kommen, und haben Angst, sich womöglich anzustecken.»

Der Schaffner sah mich skeptisch an. «Da wäre ich mir nicht so sicher. Aber lassen Sie nur. Ich mach das schon.»

Er sollte recht behalten. Während bei den beiden anderen Damen trotz ihres Davoser Stempels jede Tasche umgedreht wurde, ließ man mich ungeschoren. Als ich meinen schweren Koffer mit den vielen Mitbringseln in Form von Kaffee und andern zollpflichtigen Waren in Hannover über den Bahnsteig schleifte, dachte ich voller Dankbarkeit an meinen französischen Kavalier. Vive la France!

Aber jetzt stand ich erst einmal mit meinem in einer Tauschzentrale erworbenen Pelzmantel aus Kaninchenfell und einem bayrischen Trachtenhut auf dem kleinen Bahnhof in Davos. Das Taxi des Sanatoriums erwartete mich bereits. «In diesem Land können Sie Ihren Koffer auf den Bahnsteig stellen, und wenn Sie nach ein paar Tagen wiederkommen, steht er immer noch da», hatte mir eine Mitreisende erzählt. Ein Märchenland. Für elf Franken pro Tag, alles inklusive, öffnete sich für mich die Tür zum Paradies. Frühstück ans Bett mit Bohnenkaffee, frischen Brötchen, Marmelade, Honig und Käse, nochmals Bohnenkaffee und Kuchen zur Vesper, dazu ein nicht minder üppiges Mittagessen und Abendbrot, geräumige Zimmer mit Blick auf die Berge, freundliche Schwestern – es war überwältigend! Das hinderte mich nicht daran, schon nach drei Wochen, wie die anderen Patienten, reichlich Haare in dieser üppigen Suppe zu finden. Die Gans zum Beispiel, schmeckte sie nicht wirklich ein wenig tranig? Und wann wurde eigentlich hier die Bettwäsche gewechselt? Nie ließ sich ein Arzt sehen, wenn man ihn brauchte. (Er kam zweimal am Tag.) Und daß man selbst die Fieberkurve führen mußte, war ja eigentlich eine Zumutung.

Da kein Patient unter einem Vierteljahr dort blieb, die meisten aber sehr viel länger, richteten sie sich in ihren Ein- oder Zweibettzimmern wohnlich ein, wobei im Laufe der Wochen und Monate die Moden wechselten. Eine Zeitlang war es chic, überall Grünpflanzen zu drapieren. Sie rankten sich an den Wänden entlang und verfingen sich in den Haaren der bettenmachenden Schwestern. Wir überboten uns gegenseitig mit diesem Dschungel-Look und tauschten Ableger aus. Es folgten Kakteen, die jeder haben mußte. Kakteen waren bei den Mahlzeiten im Speisesaal das beliebteste Gesprächsthema. Wir gaben uns gegenseitig Ratschläge, wie man sie zum Blühen bringen könne, was sie zu unserem Kummer nur selten taten. Eine wahre Leidenschaft wurde die Herstellung von Bilderrahmen, wozu statt Glas aussortierte Röntgenfilme herhalten mußten. Sie wurden ins Wasser gelegt, und schon waren Kavernen und Infiltrate gelöscht.

Es gab deutsche Patienten, die vom Krieg in Davos überrascht worden und seitdem nicht in ihrer Heimat gewesen waren. Einige von ihnen hatten ihr Zuhause durch Bomben oder Vertreibung verloren und zitterten vor dem Augenblick, wo man sie wieder nach Deutschland zurückschicken würde. Ein Ehepaar aus dem benachbarten Sanatorium sprang aus Angst vor einer ungewissen Zukunft gemeinsam vom Dach. Aber auch wer noch eine Heimat und Angehörige besaß, fürchtete sich vor den beengten Verhältnissen seiner Familie. Es gab Patienten, die zu Hause gleich wieder erkrankten und zurückgeschickt wurden. Sie weinten vor Glück darüber.

Das Publikum war international und sehr gemischt. Die übliche Abgrenzung zwischen privaten und Kassenpatienten gab es nicht. Wer ein Einzelzimmer haben wollte, zahlte lediglich einen Aufschlag, die ärztliche Betreuung blieb die gleiche. Der Chefarzt war Angestellter des Sanatoriums und nicht mehr. Im übrigen ging es fast so zu wie bei Preußens. Wer gegen die Kurordnung verstieß, flog, egal, wie reich oder prominent er war. Fast gab es deswegen diplomatische Verwicklungen. Der Sohn eines fremden Potentaten, mit dem die Schweizer Regierung in enger wirtschaftlicher Beziehung stand, tat nicht gut und wurde entlassen. Der Arzt blieb unerbittlich, obwohl ihm die Botschaft diskret nahelegte, hier vielleicht einmal eine Ausnahme gelten zu lassen. Dem Direktor eines Werkes in Deutschland ging es nicht anders. Er hatte, beschwingt vom Alkohol, seiner

Nachbarin auf der Liegeterrasse zu stürmisch den Hof gemacht, wobei die Patientin hinterher zu bedauern schien, so lautstark dagegen protestiert zu haben.

Während sich die deutschen Versicherungen wenig um ihre Patienten kümmerten und eher als gottgewollt hinnahmen, was die Ärzte mit ihnen anstellten, wurden Schotten und Engländer von ihren zuständigen Stellen intensiv betreut. Die Schotten hatten sogar einen weiblichen Vertrauensmann, der ihre Interessen gegenüber dem Sanatorium vertrat und bei Schwierigkeiten der Versicherung Meldung machte. Regelmäßig kamen schottische Ärzte, um sich über den Zustand ihrer Patienten zu informieren und die Röntgenbilder zu begutachten. Schotten wie Engländer zeigten weit mehr Zivilcourage als wir Deutschen. Während wir uns vor der Autorität des Chefarztes duckten, ließen sie sich nichts gefallen und waren eher amüsiert, wenn er sie andonnerte.

Nicht anders als in deutschen Krankenhäusern, wurde die wöchentliche Chefvisite zu einem ehrfurchtgebietenden Ritual. Die Vorbereitungen ähnelten denen eines Staatsbesuches. Die Schwestern stopften die Decken so fest, daß wir uns auf unseren Liegen nicht rühren konnten und wie eine Reihe von Brotlaiben dalagen, die auf den Bäcker warteten. Fieberkurven wurden zurechtgerückt, mißbilligende Blicke auf Rätselhefte und Bücher geworfen, die zugegebenermaßen nicht ganz zur hohen Literatur zählten. «So was sieht der Herr Chefarzt hier gar nicht gern!» So übten wir freiwillig Selbstzensur und tauschten unsere Herz-Schmerz-Lektüre und die blutigen Kriminalromane gegen «Götter, Gräber und Gelehrte» oder «Der Kardinal» aus.

Lange vor der Visite herrschte auf den Veranden bereits völliges Schweigen. Nur das Keckern der Eichhörnchen, die, in der Erwartung, mit Nüssen gefüttert zu werden, zwischen den Liegestühlen hin und her flitzten, und das übliche Hüsteln waren zu hören. Dann vernahmen wir das Schwyzerdütsch des Chefarztes, der irgend etwas sagte, was von den Assistenten und Kranken beflissen belacht wurde. Jetzt war er im ersten Stock, jetzt im zweiten und nun bei uns. Die deutsche Ärztin neben mir wurde sichtlich nervös, als er sich vor ihrem Fußende aufbaute, ihre Kurve studierte und sein Gesicht einen gekränkten Ausdruck annahm. «Wieso hat sie noch eine so hohe Blutsenkung?» fragte er über ihren Kopf hinweg den Stationsarzt, und, zu der Ärztin gewandt: «Sie füttern wohl mit den teuren Medikamenten die Eichhörnchen.» Sie stotterte etwas, und er ging, ohne sie weiter zu beachten, zum nächsten Bett. Wie viele Ärzte nahm er es den Patienten persönlich übel, wenn seine sorgsam ausgetüftelte Therapie nicht den erwünschten Erfolg brachte. Auch die nächste Patientin bekam ihr Fett ab. Sie war zwei Tage im Bett geblieben, anstatt ihre Liegekur zu absolvieren. Tuberkulose war hier ein Zustand und keine Krankheit. Der Krankenschwester aus London dagegen konnte er mit seinem Gehabe nicht imponieren. Als er sie schweigend durch seine große Sonnenbrille musterte, fuhr sie ihn an: «Nehmen Sie bitte das Ding ab, wenn Sie mit mir reden!» Er tat es, total perplex. Die kleine Engländerin, die mit mir das Zimmer teilte, behauptete, er habe etwas Dämonisches. Und mit dieser Meinung stand sie nicht allein. Als mir neulich durch einen Zufall ein Bild von ihm und seinem Stab in die Hände fiel, mußte ich lachen, so bieder und gutmütig sah der junge Mann von damals aus.

Einmal im Monat operierte man die leichteren Fälle im Sanatorium. Ein Spezialist kam dafür aus Zürich. Es gab nur eine Lokalanästhesie, so daß die Patienten von der Operation selbst nichts spürten, aber es war doch qualvoll, sechs bis sieben Stunden unbeweglich auf einer Seite liegen zu müssen, das Knacken der Rippen zu hören und das ganze Drum und Dran mitzubekommen. Auch das Röntgen danach war eine Tortur. In diesen Tagen und Nächten zeigte sich das Sanatorium von seiner vorbildlichen Seite. Den Operierten wurde jeder Essenswunsch erfüllt, und der Koch kam persönlich und stellte ihnen nach ihrer Wahl ein Menü zusammen. Sogar der Chefarzt fand unerwartet trostreiche Worte und sah in der Nacht mehrmals nach ihnen. Meiner Engländerin mußten mehrere Rippen entfernt werden. Als sie wieder zu mir zurückkehrte und ich sie deshalb bedauerte, zuckte sie nur die Achseln. «You can't have everything.» Dann fragte sie mich, als sei nichts geschehen, wie immer Vokabeln ab, denn mit ihrer Hilfe versuchte ich, mein immer noch mangelhaftes Englisch aufzubessern, während sie auf meine Sprache weniger Wert legte. Sie war ein selbstsicheres, fröhliches Geschöpf, das über uns Deutsche oft den Kopf schüttelte. Zum Beispiel, daß der Doktortitel bei uns so eine große Rolle spielte und der Beruf des Vaters. Als erstes habe man sie gefragt: «Was ist denn Ihr Vater?»

Besuch bekamen nur die wenigsten. Damals war die Reise für die Angehörigen zu teuer und zu weit. Aber wir hatten uns damit abgefunden und waren ganz in unsere kleine Welt verstrickt. Was außerhalb davon passierte, interessierte uns nur noch am Rande und hörte bereits bei Davos-Dorf auf. Die meist harmlosen Liebesaffären versuchte der Chefarzt mit allen Mitteln zu unterbinden. Nie erlaubte er einem Pärchen den Ausgang nach Davos gemeinsam. Wer für ein, zwei Stunden Urlaub haben wollte, mußte sich einen Tag vorher in ein Buch eintragen, und wenn der

Chefarzt Amouren witterte, strich er einen Namen durch. «Schlimmer als in einem Mädchenpensionat», murrte ein Professor für Kunstgeschichte, der sich einen Kurschatten zugelegt hatte. Und der Oberarzt meinte lachend, nun sei er wirklich urlaubsreif: Er habe sich dabei ertappt, wie er im Garten über eine männliche und eine weibliche Fußspur im Schnee ins Grübeln gekommen sei.

Trotzdem blieben Tragödien nicht aus. Ehefrauen fielen aus allen Wolken, weil sich der Mann plötzlich scheiden lassen wollte. Die Freundin, Schwester oder Haushaltshilfe, die während der Abwesenheit der Ehefrau die Familie versorgte, hatte ihre Betreuung etwas zu weit getrieben.

Viele der Patientinnen verdienten sich etwas Geld, indem sie für Schweizer Firmen Gobelins stickten. Zu ihnen gehörte auch ein Mädchen, das damit dem Freund ein Medizinstudium in der Schweiz ermöglichte. Jedes Wochenende kam er sie besuchen, um sich das Geld abzuholen. Sein Examen bestand er mit Auszeichnung, und eine Stelle als Assistenzarzt hatte er auch bereits in der Tasche. Wir gratulierten ihr. «Nun hat die Schinderei endlich ein Ende. Wann soll's denn losgehen mit der Hochzeit?»

Sie lachte selig. «Nächste Woche wollen wir uns erst mal offiziell verloben. Ich werde ja in einem Monat entlassen. Dann sehen wir weiter.»

Doch der Freund ließ sich nicht mehr blicken. Dafür schrieb er einen langen Brief. Er hatte sich umverliebt, in die Tochter seines zukünftigen Chefs. Und Liebe war nun mal eine Himmelsmacht. Nur ihre Krankheit habe ihn daran gehindert, es ihr eher mitzuteilen. Jetzt sei sie ja Gott sei Dank gesund und würde sicher Verständnis dafür haben. Es war wie in einem Lore-Roman oder in jener Moritat, die meine Mutter gerne sang und die von einem Gardeleutnant und seinem sitzengelassenen Mädchen handelte: «In Stücke wollt' sie sich zerreißen, / ins tiefe Wasser wollt' sie gehn. / Doch, ach, der Fluß war zugefroren, / und keine Öffnung war zu sehn.» Ins Wasser ging die Patientin nicht, aber sie bekam prompt einen Rückfall. Darüber war der Chefarzt so aufgebracht, daß er dem jungen Mann sein neues Glück versalzte und einen aufklärenden Brief an dessen zukünftigen Schwiegervater und Chef schrieb.

Geklagt wurde wenig, auch nicht von denen, die wirklich Grund dazu gehabt hätten. Krankenhauserfahrungen hatten die meisten reichlich, nicht immer positive. Die Ärzte, darüber waren sich alle einig, setzten einen gern unter Druck, wenn sie etwas durchsetzen wollten. Subtil natürlich. Wer eine Operation verweigerte oder ein Medikament, wurde links liegengelassen und bei der Visite kaum beachtet. Erst wenn man sich der väterlichen Autorität des Arztes beugte, war man wieder lieb Kind.

Die Gespräche auf den Liegeterrassen tröpfelten so dahin. Außer dem üblichen Sanatoriumsklatsch, der immer noch am meisten hergab, ging es ums Essen und ums Wetter. Das Panorama der Alpen wurde kaum noch wahrgenommen. Im Herbst und Frühjahr hüllte es sich oft tagelang in Nebel. Schnee lag reichlich und lange. Lawinen belebten die Unterhaltung. «Habt ihr das gehört? Ein ganzes Dorf soll verschüttet sein!»

Politik war zwar kein Thema, aber Reibereien blieben nicht aus. Zwei Schweizerinnen weigerten sich, mit einer Deutschen am Tisch zu sitzen. Der Grund war wohl eher, weil diese ebenfalls ein Auge auf den schönsten Mann des Sanatoriums geworfen hatte. Die Engländerinnen mokierten sich über die Entrüstung der Schweizerinnen. «Habt ihr vielleicht die Bomben auf den Kopf bekommen oder wir?»

Daß in Davos nach der Währungsreform die Schilder an den Geschäften, «Deutsche unerwünscht», sofort verschwanden und im Krieg gewisse Nazigrößen in den Sanatorien willkommene Urlaubsgäste waren, wurde von den Deutschen mit Vorliebe in die Diskussion geworfen. Diese Sticheleien belebten die Langeweile des Kuralltags.

Gelegentlich versuchte man, uns mit künstlerischen Darbietungen aus der geistigen Lethargie zu reißen. Eine altjüngferliche Sängerin trällerte Schuberts «Forelle». Es stimmte uns traurig. In der Adventszeit erfreute uns eine Schulklasse mit Weihnachtsliedern, und ein unbekannter Pianist quälte uns mit Chopin. Zweimal im Monat gab es eine Filmvorführung. Um ja noch einen guten Platz zu ergattern, harrten wir gern bis zum Beginn der Vorstellung eine halbe Stunde auf den harten Stühlen aus. Die Filme waren ziemlich willkürlich ausgesucht worden. Tarzanfilme wechselten mit Western und Lustspielklamotten mit Rührstücken. Gut erinnere ich mich noch an einen herzzerreißenden Film um das Leben und den Tod einer Nonne. Sie starb an Tuberkulose.

Eine große Rolle spielte das Radio. An jedem Bett waren Kopfhörer angebracht. Was gesendet wurde, entschied die Zentrale. Vor allem die Hörspiele hatten es uns angetan. Es gab welche mit endlosen Fortsetzungen, denen wir förmlich entgegenfieberten. Einmal fiel an der spannendsten Stelle der Strom aus, und es gab fast einen Aufstand gegen die Zentrale.

Wenn das ewige Einerlei mit seinen unangenehmen Begleiterscheinungen wie heftiger Übelkeit durch Medikamente, Entzündungen durch Infusionen und anderen Beschwerden uns trotz sonst durchaus vorhandenem Optimismus hin und wieder resignieren ließ, waren es die

«Heimkehrer», die uns klarmachten, in was für einem Paradies wir doch lebten. Die schweren Fälle wurden nämlich im Kantonsspital in Zürich operiert und kehrten anschließend zur Nachkur ins Sanatorium «heim». Die Geschichten, die wir von ihnen zu hören bekamen, erzeugten ein angenehmes Gruseln, obwohl wir ahnten, daß auch hier Dichtung und Wahrheit sich mischten. Angeblich gab es dort im Spital riesige Säle, und durch die Kellerräume huschten Ratten. Auch ging es zu wie in einer preußischen Kaserne. Die wenigen mitgebrachten Habseligkeiten der Patienten mußten in einer Kiste verstaut und unter das Bett geschoben werden. Und während der Visite hatte jeder Patient, soweit er dazu imstande war, im Nachthemd neben dem Bett zu stehen.

Als eine unserer «Heimkehrerinnen» unter dem Sauerstoffzelt aus ihrer Narkose erwachte, glaubte sie einen Augenblick, Platzregen prassele auf ihr Zelt. Aber wie sie später herausfand, war es nur Polizist Wäckerli gewesen, dessen kehliges Schwyzerdütsch aus den Kopfhörern ihrer Bettnachbarin krächzte. Polizist Wäckerli – Held eines Hörspiels mit ebenfalls vielen Fortsetzungen – war im Spital eine Art Kultfigur. Über vieles durfte gemeckert werden, aber nicht über Polizist Wäckerli.

«Und wie war der Chirurg?» wollten wir wissen. Die Patientin verdrehte die Augen. «Einmalig. Nicht nur vom Können her, auch sonst. Direkt zum Schwärmen. Aber die Stationsschwester – ein Satansweib, sage ich euch. Eine Sadistin, die die Frischoperierten gern zappeln ließ, bevor sie ihnen gnädig die schmerzstillende Spritze verabreichte. Meine Bettnachbarin, die es vor Schmerzen nicht aushielt, hat sie angefleht, und diese Hexe hat nur gesagt: ‹Eine Stunde müssen Sie mindestens noch durchhalten. Vorher gibt's keine neue Spritze.› Kurz darauf war der Chirurg erschienen, um nach der Frischoperierten zu sehen. ‹Sie brauchen nicht zu weinen, es sieht alles sehr gut aus›, versuchte er sie zu beruhigen. Die Patientin schluchzte: ‹Aber die Schmerzen – ich halte es nicht aus!› – ‹Ja, warum klingeln Sie dann nicht?› fragte der Professor. ‹Schmerzen muß hier niemand haben.› – ‹Hab ich ja! Die Schwester hat gesagt, vor einer Stunde gibt es nichts. Und ich soll nicht so ein Theater machen.›»

«Wie hat denn der Professor darauf reagiert?» fragten wir neugierig.

«Er ist ganz ruhig geblieben. Er hat die Schwester nur angesehen und in seiner melancholischen Art gesagt: ‹Sechs Stunden haben wir operiert und uns um das Leben dieser jungen Frau bemüht. Und dann halten Sie es nicht einmal für nötig, den Stationsarzt zu informieren und ihm die Entscheidung zu überlassen.›»

Diese und ähnliche Schauergeschichten hörten wir voller Behagen und waren für die nächsten Tage sehr zufriedene, folgsame Patienten.

In Vorträgen und Gesprächen mit den Ärzten versuchte man, uns klarzumachen, wie wichtig auch für einen Kranken eine Aufgabe sei. Vor allem aber sollten wir uns mehr um unseren Nächsten kümmern. In einem Fall taten wir das tatsächlich und ganz aus freien Stücken: Annelie aus Bayern war gerade sechzehn Jahre und stammte von einem Einödhof. Zu ihrer Lungenerkrankung hatte sie noch eine tuberkulöse Meningitis bekommen und mußte jeden zweiten Tag punktiert werden. Dabei wurde Rückenmarksflüssigkeit entzogen und durch Streptomycin ersetzt, zunächst nur ein unangenehmes, aber keineswegs übermäßig schmerzhaftes Verfahren. Doch im Laufe der Wochen hatten die Ärzte wegen der entstandenen Verklebungen immer größere Schwierigkeiten, die richtige Stelle zu finden, und daher wurde das Ganze zu einer furchtbaren Prozedur, vor der die Ärzte genauso zitterten wie die Patientin. So gut es ging, versuchten wir sie vor dieser Tortur abzulenken. Viel Gesprächsstoff fand sich allerdings nicht. Das einzige, was Annelie interessierte, war ihre Ziege Sophie. Bald war uns dieses Tier vertrauter als unsere eigenen Familienangehörigen. Die Ziege besaß fast menschliche Eigenschaften und hatte eines Nachts durch ihr heftiges Meckern sogar den Hof davor bewahrt, abzubrennen. Melken ließ sie sich nur von Annelie, und der Hund des Bauern hatte größten Respekt vor ihr, nachdem sie ihn zweimal mit einem kräftigen Stoß in die Jauche befördert hatte. Darüber lachte Annelie jedesmal wieder herzlich. Sogar die Ärzte hatten es sich angewöhnt, nach dieser Wunderziege zu fragen. Wenn dann die Schritte des Chefarztes auf dem Flur zu hören waren, die sich ihrer Zimmertür näherten, brach auf der Station lautlose Hysterie aus, denn bald darauf begann das furchtbare Schreien, und die Ärzte losten heimlich untereinander, wer sie festhalten sollte. Doch die Quälerei war nicht vergebens gewesen. Nach einem Vierteljahr war die Hirnhautentzündung geheilt, und bis auf eine leichte Schwerhörigkeit blieben keinerlei Symptome zurück. Trotzdem zeigte sich Annelie enttäuscht. Niemand interessierte sich mehr für Sophie.

Der Winter war vergangen, aber eine wesentliche Besserung trat bei mir nicht ein, wenn auch die Schmerzen sich in Grenzen hielten. Man hatte an mir verschiedene Medikamente ausprobiert, die aber keine Wirkung zeigten, außer der, daß mir übel davon wurde und ich jeden Appetit verlor.

Mein Aufenthalt wurde deshalb um ein weiteres halbes Jahr verlängert. Ein Anteil der Kosten wurde nun von der Schweiz übernommen. Das Geld kam von den Zinsen des beschlagnahmten deutschen Privatvermögens. In dieser Zeit ging es mir finanziell sehr gut. Außer den üblichen dreißig Franken Taschengeld pro Monat bekam ich von John Knittel einen Zuschuß von siebzig Franken. Für damalige Zeiten war ich reich.

Eines Tages entdeckte ich auf dem Dach des Sanatoriums eine kleine Liegeterrasse, auf die sich selten jemand zu verirren schien. Seit meinem zwölften Lebensjahr hatte ich, bedingt durch Internate, Kriegsdienst und Krankenhäuser, mein Leben fast ununterbrochen auf engstem Raum mit anderen Menschen zubringen müssen, wobei ich in den Krankenhäusern als besonders störend empfand, daß man bei jedem Umdrehen seinem Bettnachbarn ins Gesicht starrte. Hier oben störte mich niemand, außer den Eichhörnchen, die auf der Terrasse herumturnten und sich erwartungsvoll zu meinen Füßen kauerten, um gefüttert zu werden. Ich konnte in Ruhe lesen, Briefe schreiben und meinen Träumen nachhängen. An schönen Sommertagen schlich ich mich oft schon vor Morgengrauen hinauf, um den Sonnenaufgang zu genießen, und blieb auch manchmal unbemerkt die halbe Nacht dort oben. Zuerst hatte ich die Berge nicht gemocht und sie als erdrückend empfunden. Aber das Gefühl hatte sich inzwischen verloren, und die Natur wirkte hier auf mich beruhigend und gab mir Frieden, wie ich es aus meiner Kindheit und Jugend gewöhnt war.

Hier oben las ich auch die Briefe von zu Hause, die mir meine Schwester schickte.

Erna beklagte sich über die hohen Abgaben. «Das Fleisch-soll werden wohl die wenigsten schaffen. Wir müssen vierzig Zentner Schweine- und zehn Zentner Rindfleisch liefern, und einer hier im Dorf, der dreihundert Morgen hat, muß bald hundert Zentner abgeben und sechstausend Eier! So kann es doch wohl nicht weitergehen! Und immer noch eenen druff aufs Soll.»

Agnes Heidepriem hatte ihr Haus verkauft und war vom Regen in die Traufe geraten. Der neue Hausbesitzer erwies sich als ein schlimmer Finger, der sie, wo er konnte, schikanierte, obwohl oder eben weil sie lebenslanges Wohnrecht hatte. «Er hat meine Hühner totgeschlagen bis auf fünf, und er hat mir jetzt eine alte Pumpe hingestellt, wie sie die Bauern auf der Koppel haben. Die ist ganz verrostet und geht so schwer. Ich rufe nur immer, Herr, erlöse mich von dem Übel! Diese Ungerechtigkeit! Gegen Lügen und Betrügen kommt ja keiner an. Und es sind die großen Herren und tun sich wichtig. Und das Recht ist auf ihrer Seite. Ach, ich könnte noch hunderterlei schreiben.»

Aus Lochow gab es von Luzie einen Bericht: «Denkt Euch, der Gustav Mateke liegt immer noch im Krankenhaus. Er ist wieder operiert worden, hat Gallen- und Magenkrebs.» Und Maria Mateke, seine Mutter, schrieb, daß sie noch immer in der Hoffnung und dem Glauben sei, uns bald wiederzusehen. In den Briefen war viel von Krankheit und Tod zu lesen, aber auch von Verlobungen und Hochzeiten. Doch die vertrauten Stimmen weckten in mir nur noch ein fernes Echo, und auch meine Familie war mir entrückt. Mein Bruder war Vater eines Mädchens geworden, und ein Familientag der Bredows hatte stattgefunden unter dem Motto: «Ein Christenherz auf Rosen geht, wenn's mitten unter Dornen steht.» Die Basen und Vettern gedachten in besonderer Liebe und Treue ihrer Verwandten in der Ostzone, die trotz aller Widrigkeiten dort ausharrten, und ich hörte die Stimme meines verstorbenen Onkels Achim: «Tapferkeit ist lobenswert, aber oft auch dußlig.»

Die Zeit dehnte sich. Ein Ausflug nach Davos-Mitte, um Schaufenster zu begucken, sich etwas Unnützes zu kaufen und sich an einem Campari festzuhalten, war schon ein Ereignis. Auch der Schatzalp, dem durch Thomas Manns «Zauberberg» berühmt gewordenen Sanatorium, stattete ich einen Besuch ab und sah bei der Gelegenheit nach einer Patientin aus Deutschland.

Schließlich kam ein neues Medikament auf den Markt, das an uns getestet werden sollte. Die dafür ausgewählten Patienten wurden über die nicht unerheblichen Nebenwirkungen aufgeklärt. Trotzdem waren sie bereit, dieses Risiko auf sich zu nehmen. Ich selbst war für den Test nicht vorgesehen. Doch ich quengelte so lange, bis sie mir das Mittel schließlich gaben, nicht ohne ausdrücklich zu versichern, daß es für meine Art der Tuberkulose völlig wirkungslos sei.

Ich war die erste, bei der es anschlug, innerhalb einer Woche.

Die Ärzte konnten es kaum glauben und vermuteten so etwas wie einen Placebo-Effekt. Aber nicht nur das Fieber verschwand, auch die Blutsenkung und das Blutbild besserten sich zusehends. Vorsichtshalber behielt man mich noch drei weitere Monate dort, ehe man mich im Mai '53 entließ und ich zu meinen Eltern nach Niedersachsen zurückkehrte.

12

Ich war inzwischen dreißig Jahre alt, mein Haar hatte sich durch das viele Liegen gelichtet, meine Wirbelsäule sich verzogen, und ich war völlig unselbständig geworden. Wenn ich zum Einkaufen ins Dorf ging, brauchte ich eine Ewigkeit, bis ich mich schließlich durchrang, den Krämerladen zu betreten. Ich hing buchstäblich am Rockzipfel meiner armen Mutter, die inzwischen nicht mehr zu den Jüngsten zählte, und war kaum noch imstande, eine Fahrkarte selbst zu lösen. Die Vorstellung, mich wie früher an einen Straßenrand zu stellen und per Anhalter durchs Land zu fahren, ließ mich erschauern. Das mußte ein völlig anderer Mensch gewesen sein damals, der so etwas fertiggebracht hatte! Ich langweilte meine Umgebung mit Krankenhausgeschichten und schrieb eifrig Briefe an die «Zurückgebliebenen» in Davos, während meine Familie ganz davon erfüllt war, wie viele kleinere Bauern mit ihren Familien inzwischen aus Ferchesar und Umgebung in den Westen geflohen waren. Auch das Wunder, daß Lochow nun elektrisches Licht besaß, ließ mich kalt. «Haben wir dir das denn nicht geschrieben?» fragte mein Vater. Ich erinnerte mich vage. Erst der 17. Juni weckte wieder mein Interesse an der alten Heimat.

Allmählich verblaßten die Eindrücke aus Davos, und ich begann mich wieder im Alltag zurechtzufinden.

Dabei ging so manches Nützliche, in der Krankheit Erworbene verloren, zum Beispiel die Fähigkeit, wenn jemand ins Zimmer kam, im voraus zu wissen, was er jetzt sagen würde, und zwar nicht nur dem Sinn nach, sondern Wort für Wort. Auch meine Tagträume lösten sich in Nebel auf.

In die blaue Gruft kehrte ich nicht mehr zurück. Auch ich war jetzt im Schloß untergebracht, da die meisten Flüchtlinge weggezogen waren. Mein Zimmer war klein, aber hatte sehr viel Sonne. Ich war nach wie vor nur bedingt arbeitsfähig, hatte so gut wie nichts gelernt und war ausschließlich damit beschäftigt, für die Behörden Nachweise zu erbringen, Anträge auszufüllen und amtsärztliche Untersuchungen über mich ergehen zu lassen.

«Ihr Antrag auf Gewährung einer einmaligen Beihilfe zu den Kosten für Zahnersatz ist bislang durch das niedersächsische Landessozialamt in Hannover nicht zurückgegeben worden. Es muß geprüft werden, ob die Kosten von der allgemeinen Fürsorge getragen werden können. Zu diesem Zweck ist der Behandlungsplan des niedersächsischen Landessozialamtes in Hannover angefordert worden. Beiliegende Formulare sind auszufüllen und zum unten genannten Stichtag persönlich abzugeben.»

Ganze Mappen füllten sich mit derartiger Korrespondenz. Bald waren meine Eltern und ich nur noch in dieses Behördendeutsch verstrickt, und wir redeten von «dem Geschädigten», vom «Sparerschaden», von «Vertreibungsschäden» und «Ostschäden», von den «Geschädigten an sich», den «Antragsberechtigten». Es kostete viel Zeit und Mühe und Lauferei, bis man mir eine Kriegsschadensrente aus dem Lastenausgleich zubilligte.

Viele Mitschülerinnen aus meinem früheren Internat schienen die gleichen Erfahrungen zu machen. Das ging jedenfalls aus den Rundbriefen hervor, die von einer tatkräftigen Ehemaligen wieder in Umlauf geschickt wurden. Die größten Schwierigkeiten hatten die Auswanderer. «Drei Jahre haben wir nun um das Visum für die USA gekämpft. Dann endlich die Vorladung zum Konsulat. Untersuchung, Fragen, Fingerabdrücke, körperliche und seelische Prüfung, damit sich auch nicht ein schwarzes Schaf einschleiche. Und dann wieder nichts. Aber ans Warten haben wir uns ja alle gewöhnt. Dann, eines Tages, die telegrafische Aufforderung, innerhalb einer Stunde abfahrbereit zu sein. Den Zug haben wir nicht mehr erreicht, wir mußten ein Taxi von Göttingen nach Hannover nehmen.» Diese Rundbriefe boten in Kurzform wirklich alles, was unterhaltend, nützlich und wichtig war, wo man billig übernachten, wo man Ferien machen konnte, was einen im Ausland als Hilfe im Haushalt erwartete, Familienanzeigen, Hilfsangebote in Form von Kleidung, Nahrungsmitteln und Geld, Spendenaufrufe für besonders in Not geratene Mitschülerinnen, vor allem in der Ostzone, Preislisten für Weine, Wäsche und Bürsten, hergestellt von einem kriegsblinden Ehemann, dazu Berichte aus der neuen Heimat: Brasilien, Argentinien, Amerika, Spanien, England oder Frankreich. Manche waren durch ganz Europa getrampt, und alle waren sie im Gegensatz zu mir tüchtig und voller Lebensmut. Und ich, sozusagen weder Fisch noch Vogel und ohne jeden Mumm, war nicht mehr in der Lage, mich zu irgend etwas aufzuraffen, obwohl mich meine Umgebung mit aufmunternden Worten und guten Ratschlägen reichlich versorgte. Mein Gott, es gab doch soviel Möglichkeiten, auch für einen Menschen, der vielleicht nicht mehr unbedingt schwere Säcke schleppen konnte! Man kenne da zum Beispiel eine reizende alte Dame in einer prachtvollen Villa, die warte nur darauf, von einem netten Menschen ein wenig unterhalten zu werden. Zu tun gebe es nichts, Personal sei reichlich vorhanden. Vielleicht mal am Vormittag mit dem Chauffeur einkaufen fahren, sonst nur Bridge und anderer Zeitvertreib. Mir wurde ganz mulmig bei dem Gedanken. «Bin ich Mrs. de Winter Nummer zwei?» sagte ich mürrisch und dachte an die Heldin aus Daphne du Mauriers «Rebecca», die als junges Mädchen bei so einer Person als Gesellschafterin ihr Leben fristen mußte, ehe sie ihren Märchenprinzen fand.

Meine Mutter erregte sich: «Du bist doch noch viel zu elend. Sollen sie dich doch in Ruhe lassen! Der nette Arzt in Hildesheim hat mir damals gleich gesagt: ‹Schützen Sie Ihre Tochter vor den Gesunden!› Wie recht der Mann hatte. Findest du nicht auch, Sigi?»

«Hm, hm», sagte mein Vater. Wir saßen in seinem winzigen Refugium bei der Vesper, und wie immer hörte er nicht zu.

«Nun sag doch auch mal was.» Meine Mutter wurde ungeduldig.

Vater seufzte. «Ihr werdet es schon richtig machen. Ist eigentlich noch Kaffee da? Ich hätte gern noch welchen. Aber nur einen ganz kleinen Schluck.»

«Du und dein kleiner Schluck», sagte meine Mutter. «Jeden Nachmittag dasselbe. Ich gieß dir jetzt die Tasse voll und fertig.» Sie stand auf.

Vater zwinkerte mir zu. «Was bist du heute so gereizt, Urselchen?»

Im ganzen waren meine Eltern recht zufrieden. Vater liebte seine Arbeit im Wald, auch wenn es nicht sein eigener war. Er verdiente jetzt monatlich im Schnitt 250 Mark, abzüglich 26 Mark Lohnsteuer, 2,10 Mark Kirchensteuer und 2,75 Mark Notopfer Berlin. Meine Mutter ärgerte sich, daß er als Schwerbeschädigter einen geringeren Stundenlohn bekam. «Ach, laß doch», sagte Vater unbehaglich.

«Trotzdem», sagte meine Mutter. «Mein Gott, die Leute sind von sonstwoher gekommen, um den Forsteleven zu zeigen, wie vorbildlich dein Wald angelegt war. Arbeiten tust du doch genausoviel wie die anderen.»

«Macht jemand mal das Radio an?» sagte Vater. Der Jemand war in diesem Falle natürlich ich. Vater saß direkt daneben, aber es wäre ihm nie eingefallen, wenn er einmal saß, für irgendeine Handreichung aufzustehen. Dazu hatte ihn meine Mutter viel zu sehr verpimpelt. Nach seinem Tode fanden wir dann einen Briefentwurf an den Forstmeister, in dem er die Sache mit dem Stundenlohn zur Sprache brachte. Aber geschrieben und abgeschickt hat er ihn wohl nie.

Die Wohnverhältnisse waren immer noch beengt. Im Zimmer meiner Mutter wurde gekocht, und hier nahmen wir die Mahlzeiten ein, denn es war das einzige, das über einen Wasserhahn verfügte. «Jeder ist mal oben und mal unten», pflegte Vater zu sagen, wenn meine Mutter sich über irgend etwas beklagte, was sie selten tat. Meine Mutter war ein sehr geselliger Mensch und genoß es sichtlich, nach der Abgeschlossenheit in Lochow so viele Menschen um sich zu haben. Mehrmals im Monat fuhr sie nach Hannover und kam dann ganz beschwingt wieder. «Na, wie war's, Urselchen?» fragte mein Vater, wenn sie zurückkam, hörte dann jedoch, wie immer, überhaupt nicht zu, verlangte aber, daß sie ihm Gesellschaft leistete. «Wo rennst du denn nun schon wieder hin? Sei doch nicht so ungemütlich!»

Das Schloß fing allmählich an, sich herauszuputzen. Es wurde viel renoviert, und auch der Park mit seinen teilweise exotischen Bäumen, die der Urahne von seinen Auslandsreisen mitgebracht hatte, wurde wieder gepflegt. John Knittel kam nun häufig zu Besuch und freundete sich mit meinem Vater an, der ihn beim Kauf eines Reitpferdes beriet. Das Angebot, es selbst zu reiten, lehnte Vater ab, erregte sich aber darüber, daß das Tier zuviel voltigiert wurde. «Stell dir vor, Ursel, immer nur auf der linken Hand!»

«Ja, ja», sagte meine Mutter zerstreut, die von Pferden so gut wie nichts verstand und nun ihrerseits nur mit halbem Ohr hinhörte.

Mein Vater tat einen tiefen Seufzer. «Na, dann gehe ich jetzt mal in den Garten. Soll ich dir Rhabarber mitbringen?»

«Bitte nicht», sagte meine Mutter sehr bestimmt. Jeden Tag kam Vater mit Bergen von Rhabarber, den niemand mehr haben wollte.

Im Dorf hatte sich so manches verändert. Der Aufbau war auch dort spürbar. Die Flüchtlinge begannen bereits, den Einheimischen den Rang abzulaufen, und zeigten sich recht selbstbewußt. Aus ihren Verkaufsbuden und Gemüsekarren waren inzwischen kleine Läden geworden. Bei Geburtstagen und Kaffeekränzchen in ihren Wohnstuben ließen sie sich bei der Bewirtung nicht lumpen. Ihre Kuchenberge konnten sich durchaus mit denen der Alteingesessenen messen – «Langen Sie doch bitte ordentlich zu!» Die Einheimischen betrachteten sich säuerlich das wadenlange blaugraue Kostüm ihrer Gastgeberin mit dem schwarzen Spitzeneinsatz und flüsterten sich hinter vorgehaltener Hand zu: «Ihr werdet sehen: oben hui und unten pfui. Ja, ja, wenn Schiet wat ward.»

Im Frühjahr '54 mußten meine Mandeln entfernt werden. Der Hals-Nasen-Ohren-Arzt schüttelte nur den Kopf. «Wie lange laufen Sie denn schon mit solchen vereiterten Dingern herum?» Es gab die übliche Schwierigkeit mit der Krankenkasse. Sie sah nicht ein, warum ich diesen Eingriff nicht im Kreiskrankenhaus vornehmen ließ, sondern mir dafür eine Klinik in Hannover ausgesucht hatte. Erst nach langem Hin und Her war sie bereit, die Kosten dafür zu übernehmen.

Während der in Lokalanästhesie durchgeführten Operation hakte mein Kiefer dauernd aus. «Typische Degenerationserscheinung», sagte der Arzt unwillig, während er mir den Kiefer wieder zurechtschob. Danach gab er mir den Rat, wenn irgend möglich, an die See zu fahren. «In Ihrem Alter sollte man eine Mandeloperation nicht auf die leichte Schulter nehmen.» In Ihrem Alter . . . – der Satz fuhr mir in die Knochen. Er hatte recht. Von der Natur her gesehen, lagen die besten Jahre bereits hinter mir.

Meine melancholischen Betrachtungen darüber und mein geschwächter Zustand fanden diesmal bei meiner Mutter nicht das gewohnte Echo. Ehe ich ihr von dem Kurvorschlag des Arztes berichten konnte, sagte sie ganz belebt: «Stell dir vor, sie wollen hier einen Film drehen! Die Produktion hat bereits den Drehort besichtigt.»

Es sollte ein Melodrama werden mit Luise Ullrich und Paul Hartmann und anderen Stars, die wir noch vom Krieg her kannten. Luise Ullrich als Frau von Bredow gesellte sich während der Drehpausen gern eifrig strickend zu meiner Mutter. Später, als wir dann den fertigen Film im Kino zu sehen bekamen, bestieg sie im Schneegestöber in Stöckelschuhen einen Schlitten, um von dem Gut zu fliehen. Wir spielten das Gesinde und jubelten der Schloßherrin beim

Erntefest zu. Abends um acht wurde immer noch derselbe Satz geprobt. «Ich trinke auf das Wohl meiner Mutter», und das seit neun Uhr früh.

Der junge Schauspieler maulte. Er war seiner Meinung nach als Sohn des Hauses nicht standesgemäß genug untergebracht und mußte mit einem drittklassigen Hotel vorliebnehmen. In einer Szene wurde ein Hirsch, entgegen jeder waidmännischen Regel, mit Schrot erlegt, und es gab wie immer den üblichen Ärger mit dem Wetter und lange Diskussionen, ob man nicht noch ein Ballett in die Handlung einbauen sollte. Die scherzhafte Bitte meiner Mutter, ihr nach den Dreharbeiten die im Park aufgestellten Grabsteine mit unserem Namen zu überlassen, stieß auf großes Unverständnis. Sie gehörten schließlich zum Fundus, auch wenn der Name «von Bredow» darauf angebracht war. Der Name war es dann auch, der die Gemüter im Familienverband erhitzte. Ein Prozeß wurde angestrengt und ein Vergleich geschlossen.

Reporter fürs Lokale wimmelten überall herum, und dauernd war jemand damit beschäftigt, Luise Ullrich für ein Interview herzurichten. Vater traute sich kaum noch ins Schloß. Meist verzog er sich gleich in seinen Garten. Diese vielen fremden Menschen, einfach gräßlich! Sein Urselchen hatte überhaupt keine Zeit mehr für ihn.

Auch ich fühlte mich vernachlässigt. Was war denn nun eigentlich wichtiger: das Getue um diese Schauspielerin oder meine Gesundheit? Ich spielte den Rat meines Hals-Nasen-Ohren-Arztes etwas hoch. «Unbedingt an die See, hat er gesagt!»

«Warum hast du mir das nicht erzählt?» rief meine Mutter ganz zerknirscht.

«Gott, du warst so beschäftigt», sagte ich und machte

meiner armen Mutter mit sanfter Stimme eine jener enervierenden Szenen, wie sie nur ein Kranker perfekt beherrscht.

Die Wirkung war prompt. «Natürlich kommst du an die See. Das wäre doch gelacht.» Und tatsächlich fand sich ein Weg. Das Rote Kreuz bot mir an, in seinem Erholungsheim auf Wangeroog die Mahlzeiten einzunehmen. Ein Zimmer müsse ich mir selber suchen, da das Heim bis weit in den Herbst hinein restlos ausgebucht sei. Das war doch schon etwas. Ich bekam über die Kurverwaltung ein billiges Zimmer. Vor allem aber schloß ich eine Regenversicherung ab, die gerade eingeführt worden und ein ganz großer Renner war.

Auf Wangeroog regnete es Bindfäden. Regen an der See ist im allgemeinen nicht stimmungsfördernd, aber diesmal war es völlig anders. Auf der Insel herrschte eitel Freude bei Einheimischen und Kurgästen gleichermaßen. Die Regenversicherung hatte zu ihrem Leidwesen Hochkonjunktur, und was durch die Versicherten eingenommen wurde, kam Lokalen und Pensionen zugute. Niemand reiste ab, schon deshalb nicht, weil die Auszahlung vom Aufenthalt abhing. Die kleine Agentur auf der Insel konnte die vielen Abschlüsse kaum bewältigen. Die Formulare gingen ihr aus, es mußte improvisiert werden. Jeden Morgen wiederholte sich das Ritual: Jemand klopfte ans Barometer und rief dann in den Frühstücksraum: «Es fällt!», was einen Jubelschrei hervorrief.

Auch ich verdiente kräftig aus meiner Versicherung, über tausend Mark, ebensoviel, wie meine Kriegsschadensrente für ein ganzes Jahr betrug. Damit konnte ich meine kleine Reserve, die ich mir selbst in den schlechtesten Zeiten immer zurückgelegt hatte, kräftig aufstocken. Meiner Familie erzählte ich vorsichtshalber nichts davon, sonst hätten sie mich womöglich gleich wieder angepumpt.

Zu allem Glück wurde dann doch noch ein Platz in dem Kurheim des DRK frei, in das ich übersiedelte.

Für ein paar Tage besuchte mich meine Schwester mit Gabrielchen. Das Kind hüpfte so lange in die Nordsee, bis es vor Überanstrengung weinte. «Vielleicht legen wir sie besser ein Stündchen hin», sagte ich.

«Meinst du wirklich?» fragte meine Schwester erstaunt. Sie war eine liebevolle, aber sorglose Mutter. Außerdem hielt sie es nie lange an einem Fleck aus. Sie hatte auf dem Weg von Bayern nach Wangeroog noch mindestens fünfzig Bekannte besucht und rannte jeden Tag quer über die ganze Insel. Ihre blühende Gesundheit reizte mich. Wie konnte ein Mensch nur so gesund sein!

Was tat ich nach Wangeroog? Ich weiß es nicht mehr im einzelnen. Auf jeden Fall versuchte ich, ganz neu anzufangen und in Hamburg Fuß zu fassen, und Freunde nahmen mich wechselweise bei sich auf. Obwohl man damals meist sehr beengt wohnte, rückte man eben zusammen. Ich revanchierte mich, indem ich mich als Einhüter betätigte, wenn sie zu ihren bescheidenen Urlaubsreisen aufbrachen, die oft auf einem Zeltplatz endeten. Die Kinder nahmen die frohe Botschaft, mich nun allein am Hals zu haben, stumm und mit gesenkten Mundwinkeln zur Kenntnis.

Während ich mich nach Kräften bemühte, wieder ein selbständiger Mensch zu werden, war in Lochow eine Menge passiert. Sigmund Mateke, der mit drei seiner Onkel in den Westen gegangen war, hatte sich dort an Tuberkulose angesteckt und lag in einer Heilstätte. Ilse Trägenapp hatte im November '55 Arno Mateke geheiratet. Er wäre einen

Tag vor Heiligabend fast zu Tode gekommen. Er war mit seinem Arbeitskollegen auf dem Motorrad in ein schweres Unwetter geraten und unter einem umstürzenden Baum begraben worden. Sein Kollege war sofort tot. Er selbst wurde Stunden später bewußtlos aufgefunden. Drei Wochen lag er im Koma und zog sich im Frühjahr auch noch eine Lungenentzündung zu, deren Folge eine Tuberkulose war. Nun waren wir schon drei Lochower mit derselben Krankheit.

Freunde vermittelten mir für die Saison '56 eine Stellung als Halbtagssekretärin in einem Kinderheim an der Nordsee. Ich hatte so meine Bedenken. «Ich kann noch nicht mal richtig Schreibmaschine, von Stenografie ganz zu schweigen. Und im Rechnen bin ich auch nicht gerade ein Meister.»

Sie blieben beharrlich. «Versuch's doch wenigstens mal. Es wird schon schiefgehen.»

Die Heimleiterin hatte dann auch ihre Last mit mir. Für die Abfassung eines Briefes brauchte ich gut und gern einen Vormittag, und mit meiner Interpunktion und der Orthographie war es auch nicht weit her. Dafür war ich billig. «Wir haben hier auch eine Gräfin», schrieben die Kinder nach Haus. «Sie wohnt bei den Katzen.» Das stimmte. Katzen aller Altersklassen belebten mit mir den Dachboden. Der Seewind, der durch die unverkleideten Dachziegel pfiff, wimmerte mit ihnen um die Wette.

Die Heimleiterin war rundlich, vollbusig und ungeheuer vital, was sich im schmetternden Gesang niederschlug. Auch ihre Unterkunft war recht bescheiden. Von einem eigenen Klo oder Bad konnte natürlich keine Rede sein. Aber die Kindergärtnerinnen waren noch schlechter dran. Neben jedem Schlafsaal befand sich ein winziges Kabuff für sie, damit sie durch ein Fenster die Kinder im Auge behalten konnten. Ausgang gab es wenig, und die Gehälter waren knapp bemessen. Die zukünftigen Lehrerinnen, die hier ihr Praktikum vor dem Schuldienst ableisteten, hatten nichts zu lachen. Sie wurden noch mehr gescheucht als das Personal. Dafür nahmen sie so manches mit, was für den Umgang mit ihren zukünftigen Schülern nützlich war. Sie lernten, daß in einem Raum mit vielen Kindern der Geräuschpegel eine bestimmte Lautstärke nicht überschreiten darf, weil sich sonst die Meute nicht mehr bändigen läßt. Sie lernten, ein Kind nie in der Gruppe anzusprechen, sondern es herauszuholen und es so nah wie möglich vor sich aufzustellen. Und sie lernten eine Menge an Kinderpflege. Aber als erstes lernten sie, daß das Strandleben nicht ihrer eigenen Erholung diente, eine Illusion, der sich manche von ihnen hingaben, allerdings nur für sehr kurze Zeit. Zigarettenrauchend legten sie sich in eine Strandburg. Doch der mächtige Schatten der Heimleiterin fiel plötzlich über sie wie ein Bussard über eine Maus. Sie sprangen augenblicklich hoch, und schon waren sie wieder bei der ihnen anvertrauten Gruppe, bildeten einen Kreis und sangen mit durchdringender Stimme: «Dornröschen war ein schönes Kind, schönes Kind.»

Die Kinder kamen teilweise aus sehr ärmlichen Verhältnissen. Ein Junge wurde ausgelacht, weil seine Schuhe wirklich recht plump waren. Er stammte aus einer kinderreichen Familie, und sein Vater hatte sie ihm selbst angefertigt. Die Heimleiterin drehte den Spieß sofort um. Sie kam in den Schlafsaal und sagte: «Wer ist das Kind, das Maßschuhe trägt, die ihm sein Vater selbst angefertigt hat?» Der Junge zeigte sie ihr verschämt, und sie bewunderte sie ausgiebig und sagte: «So was Fabelhaftes habe ich ja noch nie gesehen.» Daraufhin schrieben einige der Kinder vorwurfsvoll nach Hause, sie wollten auch maßgefertigte Schuhe.

Aber es kamen auch Kinder, die sich in einem geradezu prächtigen Zustand befanden, wohlgenährt und wohlgekleidet. Es waren meist Sprößlinge der Kleinstadtprominenz, und der Grund ihrer Verschickung war immer derselbe: nächtliches Aufschreien. Beim Ausfüllen der Kurbogen zum Abschluß vermerkte deshalb die Heimleiterin gern «Gefälligkeitsverschickung» und meinte, bei den vielen nächtlichen Aufschreien müßten ganze Häuserblocks aus dem Schlaf gerissen worden sein.

13

Inzwischen hatte meine Schwester für meinen Vater eine neue Tätigkeit gefunden. Eine ihrer Internatsfreundinnen besaß einen kleinen Hof am Ammersee, auf dem sie aber nicht lebte. Dort sollten meine Eltern wohnen, und Vater sollte den Wald betreuen. Sie bat mich, den Umzug für die Eltern vorzubereiten, denn sie selbst erwartete wieder ein Baby. So nahm ich im Herbst Abschied von Katzen und Kindern. Die Heimleiterin wirkte eher erleichtert. «Als Gast werden Sie uns stets willkommen sein», sagte sie voller Herzlichkeit und brachte mir mit den Kindern ein Abschiedsständchen, und es schien mir, als ob ihr Sopran besonders jubelnd klang.

Ich fuhr erst einmal zu meiner Schwester, bei der meine Eltern zu Gast waren, um alles mit ihr zu besprechen. Noch war das Wirtschaftswunder den wenigsten Mitreisenden anzusehen und die erste Klasse kaum besetzt. Ein bescheiden gekleideter Vertreter schüttete mir sein Herz aus. Es war ein schweres Geschäft, erst ließen sich die Ladeninhaber stundenlang jedes Muster an Tellern, Tassen und Gläsern zeigen, studierten die Preislisten, und wenn man dann vom Erklären und Anpreisen schon eine ganz trockene Kehle bekommen hatte, winkten sie ab, und man konnte alles mühsam wieder einpacken und wegschleppen. Ich hörte teilnahmsvoll zu. Voller Dankbarkeit sagte er spontan: «Wissen Sie was? Kommen Sie doch mit zu mir nach Haus. Meine Frau wird sich freuen.» Und vor meinen Augen stand gleich ein puppiges Frauchen im Stil der Frauenzeitschrift «Constanze», jedes Löckchen am richtigen Platz. Ob sie mich allerdings begeistert begrüßen würde, war eine andere Frage.

Das Faszinierende einer Bahnfahrt war und ist für mich weniger die Gegend, durch die man fährt; es sind die Geschichten, die einem geboten werden. Man schiebt eine Abteiltür auf, deutet auf einen Sitzplatz und fragt schüchtern: «Ach, verzeihen Sie, ist der vielleicht noch frei?», und wenig später wird einem die nette rundliche Dame am Fenster das gräßliche Schicksal ihrer Schwiegermutter erzählen, die beim Schwimmen im Wannsee unter einen Dampfer geriet. Abgesehen von grausigen Ereignissen dieser Art oder dem etwas weniger entsetzlichen, wenn auch ähnlichen Ende eines Kanarienvogels, der in einer Bowle ertrank, habe ich in der Bahn so manches Interessante erfahren und gelernt, etwa wie man eine französische Fischsuppe zubereitet, wie man Schnupfen bekämpft und welche Zierfische sich für ungeheizte Aquarien eignen.

Meine Schwester holte mich mit meiner Nichte vom Bahnhof ab. Auf dem Weg zum Bus hüpfte Gabriele trällernd vor uns her. «Ich sehe was, was du nich siehst, und das brummt.»

«Ein Teddybär», sagte ich. Sie schüttelte den Kopf.

«Ein Staubsauger.» Sie schüttelte wieder den Kopf.

«Na, dann vielleicht ein Radio», versuchte ich zu raten.

«Mm, mm.» Gabrielchen war begeistert von ihrer begriffsstutzigen Tante.

«Da ist der Bus», sagte meine Schwester schließlich ungeduldig, denn sie hatte Wichtigeres auf dem Herzen. «Laß dich überraschen», sagte sie geheimnisvoll. Und das tat ich dann auch. Diese leichtsinnige Familie hatte sich einen Kühlschrank angeschafft. Ölöfen, Propangas, eine Musiktruhe und nun schon wieder so was Luxuriöses!

Meine Schwester warf mir einen prüfenden Blick zu. «Was hast du eigentlich in dem Kinderheim so verdient?» fragte sie.

Ich trat einen Schritt zurück. «Nicht so viel, wie du denkst», sagte ich. Im neuen Kühlschrank, an dem ich gelandet war, klirrte es.

«Paß doch auf!» sagte Gabriele strafend im Ton ihrer Mutter. In den kurzen Seppelhosen mit den Hosenträgern sah sie richtig keck aus. Sie tobte mit den anderen Flüchtlingskindern den ganzen Tag auf dem Hof herum, benützte zum Entsetzen meines Schwagers das Heugebläse als Rutschbahn und kam mit einer Panzerfaust nach Haus, die sie im Wald gefunden hatte. Sie verehrte ihre Lehrerin, putzte sich ihretwegen fünfmal am Tag unaufgefordert die Zähne, schmückte Marienbilder mit Kerzen und Blumen und wurde überhaupt sehr fromm. Die Familie sah es mit Mißtrauen. Das Kind würde doch nicht etwa katholisch werden? Schließlich stammten unsere Familien von den Hugenotten her, jedenfalls zum Teil. Nur mit Mühe hatte mein Schwager sie dazu bringen können, mit ihm und ihrer Mutter ins Krankenhaus zu fahren, als sich eine Blinddarmentzündung ankündigte. Sie weinte herzzerbrechend und sehr laut vor sich hin. Nur kurz vor der Schule fragte sie ihre Eltern plötzlich mit ganz normaler Stimme: «Muß ich mich ducken?» Ihre größte Angst war, von der Lehrerin im Auto entdeckt zu werden, denn die könnte ja denken, sie wolle die Schule schwänzen.

Meinen Eltern ging es wie Nikolai damals. Sie freuten sich auf ein eigenes Zuhause und darauf, daß sie keine Rücksicht mehr auf Mitbewohner und empfindliche Zimmernachbarn nehmen mußten. Während ich mir Gedanken darüber machte, ob sich meine Mutter in dieser Einöde wohl fühlen würde, sorgte sie selbst sich mehr um meine Zukunft. «Du weißt ja bald überhaupt nicht mehr, wo du hingehörst.»

Das stimmte. Überall waren meine paar Habseligkeiten verstreut, teils bei Freunden in Hamburg, teils im Wasserschloß, teils bei meiner Schwester. Dauernd war ich auf der Suche nach irgend etwas. Aber daran hatte ich mich längst gewöhnt. Nach dem Umzug wollte ich erst einmal wieder nach Hamburg, um mich nach Arbeit umzusehen. Für eine Ganztagstätigkeit war meine Gesundheit allerdings noch nicht stabil genug. Schon der Umzug war nicht ganz das richtige für mich, das Schleppen von Kisten und Möbeln nahm der Körper übel. So landete ich danach erst einmal wieder in Hildesheim im Krankenhaus.

Die Nonnen freuten sich sehr, mußten mir aber mitteilen, daß sie diesmal kein Einzelzimmer für mich hätten, jedenfalls nicht für die erste Woche. Leider sei auch nur ein Bett in einem Sechserzimmer frei, aber, wie sie mir versicherten, mit besonders netten Patienten, eine Frau Bauer vor allen Dingen habe einen sehr guten Einfluß auf die anderen. Ich würde mich bestimmt wohl fühlen.

Frau Bauer lag, wie sie mir als erstes mitteilte, angeblich nur deshalb in der dritten Klasse, um der Langeweile in der ersten zu entfliehen. Sie war Witwe und trauerte immer noch um ihren lieben Mann, der vor fünfzehn Jahren verstorben war. In den anderen Krankenzimmern unterhielt man sich ungeniert über Männer und machte zweideutige Witze. Bei uns gab es so etwas nicht. Unsere Unterhaltung drehte sich um Kochrezepte, und man sprach über Filme wie «Das Erbe von Björndal» und darüber, daß man sich jetzt alles so praktisch über einen Katalog bei Neckermann bestellen konnte. Nach dem Abendbrot knipste Frau Bauer die Deckenbeleuchtung aus, ihr Bettlämpchen an und las vor, Marie von Ebner-Eschenbach und Theodor Storm.

So vergingen die Tage mit festem Programm, bis eine der Patientinnen auf die innere Station verlegt wurde. Ihre Nachfolgerin hieß Magdalena, sah aus wie eine bleistift-dünne Madonna und war die Braut eines Zigeuners. Als José zum ersten Besuch erschien, starrten wir ihn fasziniert an. «Sieht er nicht wie Clark Gable aus?» flüsterte mir meine Bettnachbarin zu. Bereits am nächsten Besuchstag brachte er den halben Stamm mit, etwa zwölf Personen. Da es so viele Stühle nicht gab, setzten sich die Gäste zwanglos auf unsere Betten. Auf meinem hatten eine Großmutter, ein Onkel, zwei Nichten und ein dreijähriger Junge Platz genommen. José packte einen wunderhübschen Stoffblu-menstrauß aus und besprühte seine Braut mit einem Par-füm, dessen intensive Duftschwaden noch lange in unse-rem Zimmer hingen, was Frau Bauer veranlaßte, den Rest des Abends mit einem an die Nase gedrückten Spitzentüch-lein zu verbringen. Doch uns störte das nicht, denn wir zogen nach diesem aufregenden Tag vor, auf Magdalenas Erzählungen über die Stammesbräuche zu lauschen, statt auf Theodor Storm. Und so blieb es auch die nächsten Tage.

Einmal klopfte es abends leise an der Tür. Herein schob sich José mit glitzernden Augen und leicht schwankend. Diesmal verbreitete sich ein Duft, der auf hochprozentigen Alkohol schließen ließ. José warf mit tänzerischer Grazie sein Jackett über einen Stuhl und umarmte Magdalena stürmisch. «Mein Liebling, mein Sonnenschein, komm wieder nach Haus. Was willst du hier unter diesen Fremden?»

«Na, hören Sie mal!» rief Frau Bauer empört.

Mit einem Satz war er bei ihr, zog blitzschnell sein Hemd aus, zeigte der erstarrten Witwe voller Stolz seinen muskulösen, mit Narben verzierten Oberkörper, sah sie unverschämt an und sagte: «Na?»

Frau Bauer rutschte ängstlich unter ihre Bettdecke.

Dann schoß er zu seiner Braut zurück, hob sie aus dem Bett und stellte sie auf den Boden. Als er ihr jedoch aus dem Nachthemd helfen wollte, gab ihm Magdalena eine kräftige Ohrfeige und wankte hinter den Vorhang am Waschtisch. Dann zog sie sich, von José unterstützt, vollständig an und verließ an seinem Arm das Zimmer.

Wir erwachten aus unserer Erstarrung. «Sollten wir nicht klingeln?» sagte ich. Doch dann hörten wir, wie sich auf dem Flur bereits ein hitziges Streitgespräch zwischen den beiden und der Nachtschwester entwickelte, die die Patientin auf keinen Fall weglassen wollte. Vergeblich. Ehe sie den Arzt holen konnte, waren Magdalena und ihr Zigeuner bereits verschwunden.

Das Bett wurde schnell wieder belegt. Magdalenas Nachfolgerin hatte drei kleine Kinder, von denen sie dauernd erzählte, und einen Ehemann, dessen Qualitäten sie uns gar nicht genug anpreisen konnte. Also eine ganz normale Patientin. Unser Leben verlief dementsprechend gesundheitsfördernd langweilig. Der abendliche Pfefferminztee kühlte auf dem Nachttischen aus, während Frau Bauer vorlas. Diesmal Gottfried Keller.

Nach drei Wochen wurde ich entlassen und fuhr kurz vor Weihnachten zu meiner Schwester. Das Baby war inzwischen da, es war ein kräftiger Junge, der Anfang des Jahres 1957 auf den Namen Albrecht getauft wurde. Das erste Wort, das später aus seinem Mund kommen sollte, war «warum». Er wurde ein fröhliches Kind, das nur weinte, wenn Buschi ihn daran hinderte, die Wendeltreppe anzusteuern, indem er ihn jedesmal an seinem Kittel wieder zurückzog. Sein Verbrauch an Schnullern war ungeheuerlich. Er versteckte sie überall, um immer einen in Reserve zu haben. Dummerweise hatte auch Buschi eine Vorliebe für Schnuller und zerkaute sie mit Genuß. Nachttöpfe hielt Albrecht zum Leidwesen seiner Mutter für überflüssig. Aber Gabrielchen stand ihm bei und warf die vollen Windeln einfach aus dem Fenster in die Johannisbeerbüsche, wo sie meine Schwester wieder herausklauben mußte.

«Warum macht das Kind ein so nachdenkliches Gesicht?» fragte eines Tages mein Schwager.

«Er hat den Klöppel von der Weihnachtsklingel verschluckt», erklärte meine Schwester. Sollte man nun den Arzt holen? I bewahre. Es gab ja genug Hausmittel für solche Fälle. Seine Mutter stopfte ihn mit Sauerkraut voll und Kartoffelbrei. Und tatsächlich, es half. Der Klöppel kam wieder zum Vorschein.

Was die Phantasie betraf, folgte der Junge der Familientradition. Auch er besaß eine bemerkenswerte Einbildungskraft. Hatte mein Schwager als Kind im heimatlichen Park bei jedem Unfug auf den Rat dreier Männer gehört – Herrn Pietsch, Herrn Babs und Herrn Knoblauch, die in einer Eiche wohnten und die er stets zur Verteidigung heranzog, wenn er etwas ausgefressen hatte –, so begegnete Albrecht im Wald dem halben Zoo. Einmal, beim Mittagessen, er muß sechs gewesen sein, sagte er mit ruhiger Stimme: «Mama, weißt du, was ich auf der Koppel gesehen habe?»

«Wahrscheinlich ein Krokodil», sagte meine Schwester zerstreut, denn ihr brannte gerade ein Eierkuchen an.

«Kein Krokodil. Einen Luftballon! Größer als das Schloß.»

«Gestern war's ein Elefant», erinnerte ich ihn. Er zuckte die Achseln. Er war es gewohnt, daß man ihm nicht glaubte. Bis die drei Männer aus dem Fesselballon auf den Hof kamen und um Hilfe baten.

14

Nachdem sich meine Eltern in ihrer neuen Umgebung eingelebt hatten, war ich nach Hamburg zurückgekehrt und
dort zu Freunden gezogen, die es sich zur Aufgabe machten,
mich unter Leute zu bringen. Ich mußte also *unbedingt* auf
einen ihrer Adelsbälle. So etwas gab es nun wieder. Der
Adel, der sich hier versammelte, pflegte älter zu sein als
der Wein, und man hielt sich möglichst zu zweit an einer
Flasche fest. Eine Tanzkapelle spielte milde Weisen, Tango
und langsamen Walzer, auch mal einen Slowfox. Die «aus-
gelassene Stimmung» war im allgemeinen um Mitternacht
beendet.

Mein Kleid war geborgt. Es strammte ein wenig über dem
Busen, war aber sonst ganz passabel. Die Schuhe sollte ich
mir von einem «Mädchen» aus einem meiner vielen Internate leihen. Meine Freunde hatten das arrangiert. «Sie hat
dich eingeladen, wohnt draußen in den Elbvororten. Piek-
fein. Der Mann ist stinkreich. Die wird schon was Passendes
für dich haben.»

Nur unter großem Zureden machte ich mich auf den
Weg. Haus, Garten, Einrichtung, alles war wirklich gedie-
gen und teuer. Sie selbst flatterte auf den Perserteppichen
herum. Sie hatte sich in ihren Hausarzt verliebt, was uns

den ganzen Nachmittag über beschäftigte. Auf die Schuhe kam sie nur kurz zu sprechen. «Sie sind da alle oben irgendwo auf dem Schrank. Aber ich hab keine Lust, sie jetzt herunterzuholen.» Nach dieser Mitteilung trollte ich mich.

«Nie, nie, nie wieder schickt ihr mich zu so jemandem», sagte ich.

Meine Freunde entrüsteten sich. «Was ist denn in die Person gefahren? Bei ihren Eltern ging's doch noch so preußisch zu.»

Sparsam wie ich war, kaufte ich mir schweren Herzens selbst ein Paar Pumps. Ich hatte ja immer noch eine stille Reserve dank John Knittel und der Regenversicherung. Die Schuhe kosteten dreißig Mark. So was Teures! Ich kam gar nicht darüber weg. Ich trage sie noch heute. Alle zwei Jahre werden sie wieder modern, und man fragt mich: «Sag mal, wo hast du denn die her? Die sehen ja toll aus!»

Hamburg gefiel mir mehr und mehr. Das viele Grün, das viele Wasser ringsherum, irgendwie wirkte die Stadt immer wie frisch gescheuert. Auch hatte sich mir inzwischen eine lohnende Geldquelle erschlossen, und zwar als Haushaltshilfe und Babysitter bei den Angehörigen der amerikanischen Botschaft. Die Frauen führten ein reges gesellschaftliches Leben, das sich, so kam es mir jedenfalls vor, vor allem um das Ausrichten von Wohltätigkeitsbasaren drehte. Sie waren nett und großzügig und hatten lärmende, robuste Kinder, denen es nichts ausmachte, auch im Winter bei weit offenem Fenster nur unter einer dünnen Decke zu schlafen. Mit den Sachen ihrer Eltern gingen sie sehr unbekümmert um, warfen die goldene Armbanduhr ihrer Mutter an die Wand und benützten Betten und Sofa als Trampolin. Die Eltern schien das nicht zu stören, und so hinderte ich sie auch nicht daran. Auch seelisch schienen sie mir recht abgehärtet. Jedenfalls gab es keine Probleme, wenn die Eltern abends weggingen.

Und dann fand ich endlich auch ein Zimmer, natürlich wiederum durch eine ehemalige Internatlerin. Durchaus bezahlbar, im vierten Stock eines alten Patrizierhauses, mit Blick auf die Alster, wenn auch nur, wie das Badezimmer, mit einem Kohleofen ausgestattet. Doch das war '58 ganz normal. Durch einen Zufall lief mir wieder Gisela über den Weg, jene Redakteurin, die ich bei Corri kennengelernt hatte. Sie war inzwischen beim Hamburger Abendblatt gelandet, und ich belieferte sie mit Tips für eine Spalte, die «Menschlich gesehen» hieß. Bis sie schließlich sagte: «Nun mach's mal selbst.»

Mein erstes Opfer war glücklicherweise ein lebhafter Geist. Es war der Kantor Mauersberger vom Dresdner Kreuzchor, der mit seinen Jungen in der Stadt ein Konzert gab. Er wußte farbig zu erzählen. Daß vor ihm jemand saß, der vom Journalismus überhaupt keine Ahnung hatte, merkte er nicht. Ich brauchte zwei Tage und zwei Nächte, um das Ganze aufs Papier zu bringen. Statt der vorgegebenen achtunddreißig Zeilen schrieb ich dreihundert. Gisela tat einen tiefen Seufzer und brachte das Ganze in Windeseile in eine lesbare, knappe Form.

Die Redaktion zeigte Geduld mit mir, ich durfte weitermachen. Gelegentlich schrieb ich auch Lokalspitzen, die täglich gebracht wurden. Die lange Krankheit und die durch sie aufgezwungene Passivität hatten meine Beobachtungsgabe geschärft. Außerdem trieb ich mich gern in Straßencafés und Warenhäusern herum, beobachtete Kunden, Verkäuferinnen, Kassiererinnen und Propagandistinnen, wie sich die Vorführdamen später vornehm nannten, die blitzschnell aus Tüchern Schals, Krawatten und Kopfbedeckungen zauberten – «Ihr Tuch rutscht immer, Schicki rutscht nimmer» – oder Mittel gegen Flecken anpriesen.

Über die Hausmeistersfrau, die mir beim Kohlenschleppen und beim Aufhängen der Bettwäsche auf dem Dachboden half, machte ich eine wichtige Bekanntschaft. Die Hausmeisterin putzte bei einer bekannten Hamburger Journalistin und legte ihr nahe, mich doch einmal einzuladen und zu beraten. Die Journalistin drängte es nicht gerade, einen ihr völlig unbekannten Menschen zum Tee zu bitten. Aber die Putzfrau war eine Perle und nicht leicht zu ersetzen. So tat sie es schließlich und bot sich sogar an, mir als Lektor ein wenig bei meinen ersten Schritten zur Seite zu stehen, wofür ich sehr dankbar war.

Meine Freundin Corri drängte mich, endlich mal wieder nach Berlin zu kommen, um ihren zweiten Sohn in Augenschein zu nehmen. Sie hatte 1952 geheiratet, und wir hatten uns das letzte Mal bei der Taufe ihres Ältesten gesehen. Weihnachten '60 machte ich mich zu ihr auf die Reise, diesmal mit Hilfe der Mitfahrerzentrale. Der Fahrer, der mich abholte, war von kräftiger Statur, trug einen überdimensionalen Siegelring an der rechten Hand und hatte noch seine Gattin, Lilli-Maus genannt, und seine deutsche Dogge dabei. Ich durfte auf dem Beifahrersitz Platz nehmen. Während er sein erfolgreiches Geschäftsleben vor mir ausbreitete und von den Reisen mit Lilli-Maus schwärmte – «Der Urlaub in Rimini, ein Traum!» –, leckte mir die deutsche Dogge die teure Dauerwelle aus den Haaren. Lilli-Maus war sehr gerührt. «Unsere Senta mag Sie. Sonst ist sie Fremden gegenüber eher reserviert.» Bestätigend legte die Dogge ihren schweren Kopf auf meine rechte Schulter und hechelte mir ins Gesicht. Was blieb mir anderes übrig, als diese süße Last zu ertragen.

An der Grenze wurde ich dann vorübergehend von ihr erlöst. Die DDR-Grenzer begrüßten uns fast erfreut. «Endlich mal 'ne Abwechslung.» Während sie uns kontrollierten, entwischte Senta. Mit wildem Bellen verfolgte sie ein Kaninchen. «Nu gugge mal da», sagte ein Volkspolizist zu seinem Kumpel. «Müss'n wer sie nun umlechen?» Lilli-Maus schrie auf. Aber alles wendete sich zum Guten. Der Hund kam freiwillig wieder zurück. Völlig außer Puste legte er sich demütig dem Grenzpolizisten zu Füßen. Der streichelte ihn vorsichtig: «Gutes Hundchen.»

Endlich durften wir weiterfahren. In der Dunkelheit kamen wir von der vorgeschriebenen Route ab und gerieten auf eine Seitenstraße. Plötzlich waren wir von russischen Panzern eingekeilt. «Mein Gott», entsetzte sich der Fahrer, «nun auch noch Russen! Man ist sich ja seines Lebens nicht mehr sicher in diesem gottverdammten Land.»

Der Schrecken dauerte jedoch nicht lange. Die Panzer bogen ab, und wir fanden schnell zur Hauptstraße zurück.

Von Spandau nach Lichterfelde ist es nicht gerade ein Katzensprung, aber ich hatte mich dummerweise damit einverstanden erklärt, daß man mich in Spandau absetzte. Wie konnte ich ihn nur dazu bringen, mich direkt bei Corri abzuliefern? Ein Blick auf seinen protzigen Wappenring, und ich hatte den richtigen Einfall. Vage in der Dunkelheit in eine Richtung deutend, sagte ich: «Hier ganz in der Nähe lag der Besitz meines Großvaters.»

«Ein Schloß?» fragte mein Fahrer.

Ich nickte.

«Groß?»

«Sehr groß.»

«Alt?»

«Sehr alt.»

«Donnerwetter», sagte der Mann. Bewunderung lag in seiner Stimme. «Was meinst du, Lilli, sollen wir die Dame nicht bis zum Bahnhof Zoo mitnehmen?» Mir fielen noch drei weitere Güter ein, die ich zu Familienbesitzen erklärte, und so lieferte er mich tatsächlich direkt vor Corris Haustür ab. Wir standen kurz vor dem Du und gaben uns Abschiedsküßchen. Auch der Hund leckte mir freundschaftlich die Hände. «Nicht verzagen, Gräfin!» riefen sie mir nach. «Es werden auch wieder für Sie bessere Zeiten kommen!»

Corri erwies sich als besorgte Mutter. Aßen die Kinder auch genug? Sie hatte doch immer einen Wahnsinnsappetit gehabt. Und während der Große mit bockigem Gesicht in seinem Sauerkraut herumstocherte, versuchten wir's bei seinem Bruder mit so traditionsreichen Spielen wie «Heu einfahren» und «Ein Löffel für die Mama, ein Löffel für den Papa, ein Löffel für die liebe Tante...» Der Kleine schob den angepriesenen Löffel voll Kartoffelbrei immer wieder angewidert beiseite. «Verdammt», zischte Corri. Mutter und Sohn starrten sich wütend an.

«Der Insulaner verliert die Ruhe nicht», mahnte ihr Mann, der Corris Temperament kannte.

«Der Insulaner liebt keen Jetue nich», konterte Corri, und darüber mußten wir allesamt lachen.

Die letzten Tage meines Berlin-Besuches verbrachte ich bei meinem Bruder. Er hatte zwei Töchter. Die jüngere von ihnen war ein energisches, tatkräftiges Kind, das auf kräftigen Beinen durch die Wohnung stampfte und seine größere, gutmütige Schwester gelegentlich kräftig biß. «Stell dir vor», sagte mein Bruder, «sie hat noch nach der Flasche verlangt, da konnte sie bereits sprechen. Und das immer mitten in der Nacht. Gnade uns Gott, wenn wir sie ihr nicht schnell genug brachten!»

«Du übertreibst mal wieder», sagte meine Schwägerin.

«Und ihr habt das mitgemacht?» fragte ich erstaunt.

«Was blieb uns anderes übrig, wenn wir nicht wollten, daß die Vermieterin in ihrem Nachtschlaf gestört wurde. Irgendwann ist die Wirtin dann mal verreist, und wir konnten Astel endlich zeigen, wer Herr im Hause ist.»

Zum ersten Mal blieb der Ruf «Bolla haben!» ohne Gehör. Das Kind konnte nicht begreifen, daß sich die Eltern nicht rührten. Es begann zu schreien, bis es so heiser war, daß es kein Wort mehr herausbekam, und vor Erschöpfung einschlief. Von da an herrschte nachts himmlische Ruhe.

«Allerdings», sagte mein Bruder, «ist Astels Mutter jetzt der Ansicht, das Kind könne von diesem ihm so rätselhaften Verhalten seiner Eltern ein Trauma zurückbehalten haben.»

«Ist doch gar nicht wahr», empörte sich meine Schwägerin.

Und ich sagte: «Aber Achim», in Erinnerung an Onkel Achims Vorliebe für Übertreibungen. Dann redeten wir von den Weihnachtsfesten unserer Kindheit, als mein Bruder mit dem Luftgewehr die Kerzen am Weihnachtsbaum ausschoß und eine vergessene Kugel im Lauf das Bild hinter der Tanne durchschlug. Wir erinnerten uns daran, daß unsere Katze so gern Lametta fraß und er seine Schokoladenweihnachtsmänner anleckte, damit ich sie ihm nicht heimlich wegnasche, was ich trotzdem tat. Auch auf den zerbeulten Serviettenring aus dem Fluchtgepäck kamen wir zu sprechen. Er war quasi unser einziges Hochzeitsgeschenk für das Brautpaar gewesen und zierte nun wieder die Serviette meines Bruders. Als Kind hatte er die Unart gehabt, bei Tisch ständig damit zu spielen. Bis Vater die Geduld verlor. Er holte zu einem kräftigen Schlag aus, mein Bruder zog die

Hand weg, und Vater traf voll den Ring. «Verdammter Bengel!» rief Vater und bepustete seine schmerzende Handfläche.

«Der schöne Ring», sagte Mutter bedauernd und strich ihrem sich ängstlich duckenden Herzepimpel kurz über den Kopf.

Als er am Tage meiner Abreise sich in aller Herrgottsfrühe von mir verabschiedete, denn er fuhr jeden Morgen mit dem Rad in seine Firma, sagte er: «Hoffentlich gibt's keinen Schnee.»

«Mach dir keine Sorgen um mich», sagte ich gerührt. Aber in diesem Fall hatte mein sonst recht fürsorglicher Bruder ausschließlich an sich gedacht und an seine Pflicht, das Schneeschippen.

Das Auto der Mitfahrerzentrale war pünktlich. Diesmal waren wir zu fünft, darunter zwei Schauspielerinnen, die in einer Kleinstadt ein Engagement gefunden hatten. Mein Gott, was war man doch heruntergekommen. Wehmütig gedachten sie der Zeit, als sie noch in der Tropfsteinhöhle, wie man das Schiller-Theater in Berlin im Volksmund nannte, mit Heinrich George aufgetreten waren. Nach wenigen Kilometern gab der Wagen seinen Geist auf. Ich fuhr mit der Straßenbahn zu meinem Bruder zurück. Meine Schwägerin öffnete mir die Tür, die abgezogene Bettwäsche unter dem Arm. Ich muß sagen, sie ertrug meinen unerwarteten Anblick mit Fassung. Erst am nächsten Tag klappte es mit der Rückreise nach Hamburg.

15

Eines Tages fragte mich die Mieterin über mir, ob ich nicht zu ihrer Tante ziehen wolle. Sie habe eine kleine Wohnung in der Isestraße in einem ehemaligen Kutscherhaus und sei viel auf Reisen. Das Zimmer war entschieden eine Verbesserung. Es besaß Zentralheizung, und es gab ein Telefon, das ich mitbenutzen durfte. Und billig war es auch.

Habe ich mich damals viel um die politischen Ereignisse gekümmert? Wohl kaum. Den Aufstand in Ungarn verfolgte ich, weil auch dort Tausende von Menschen flohen, um nicht den Sowjets in die Hände zu fallen. Aber im großen und ganzen war ich viel zu sehr damit beschäftigt, mich selbst über Wasser zu halten, um für anderes Interesse aufzubringen. Außerdem hielten mich die in Davos prophezeiten Spätfolgen der Tuberkulose in Atem, und ich lag wieder lange in Hildesheim im Krankenhaus. Dort waren inzwischen die Stationsärzte zu Oberärzten und die Oberärzte zu Chefärzten aufgestiegen. In der energischen Stationsschwester erkannte ich eine der ehemaligen verschüchterten Schwesternschülerinnen, die sich hin und wieder in mein Zimmer gerettet hatten. Die Stationsschwester sah mich ungläubig an. «Das müssen Sie irgendwie verwechseln.»

Während ich mich danach an der Nordsee in dem Kinderheim, in dem ich '56 als Sekretärin gearbeitet hatte, bei den Katzen erholte, erfuhr ich am 13. August '61 vom Mauerbau.

Vorbei war nun für die Lochower der kleine Grenzverkehr über den Ostsektor. Dieser politische Paukenschlag fand auch seinen Nachhall in den Briefen. Sie waren noch vorsichtiger formuliert und enthielten meistens Familiennachrichten. Nur Erna schrieb weiterhin recht unbekümmert. Und Luzie und Sigmund waren glücklich, '60 noch rechtzeitig den Absprung geschafft zu haben. Als ich bei Corri war, hatte ich sie einmal in Zehlendorf besucht. Sigmund arbeitete in einem Krankenhaus der Adventisten, und sie hatten eine hübsche kleine Hausmeisterwohnung in Zehlendorf bekommen. Treppenputzen und Schneefegen machte Luzie nichts aus. «Da bin ich Schlimmeres gewöhnt. Als ich '46 aus der Schule gekommen bin, mußte ich gleich als erstes auf dem Felde hacken gehen. Also, ich habe gedacht, mein Kreuz bricht kaputt. Du liebe Zeit, habe ich gedacht, mein armer Rücken. Da war ich knapp vierzehn. Dagegen ist das doch hier ein Zuckerlecken.»

Und dann erzählte sie, wie sie nach Berlin gekommen waren.

«Das war nämlich so: Als Sigmund aus der Heilstätte im Westen entlassen worden ist, ist er erst mal wieder nach Lochow auf Besuch gekommen. Da haben wir uns dann auch verlobt. Natürlich haben ihm alle sehr zugeredet, doch wieder ganz zu uns zu kommen. Zu Haus ist schließlich zu Haus. Aber als Sigmund dann in den Ostsektor gefahren war, um dort den Antrag zu stellen, haben sie ihn da den ganzen Tag verhört, so daß er ganz durcheinander zu seinem Gärtner, bei dem er gearbeitet hat, zurückgekommen ist. Und der hat gesagt: ‹Und wenn das auseinandergeht mit deinem Mädchen, du bleibst hier! Ich laß dich nicht fahren!› Die im Ostsektor bei dem Amt wußten über alles Bescheid.»

«Aber woher denn?» fragte ich.

«So was mußt du in der DDR nicht fragen», sagte Luzie. «Wegen dem Soll ist er damals abgehauen. Das Soll wurde ja bestimmt, egal, ob wir es überhaupt erfüllen konnten oder nicht. Wir haben überhaupt gar keine Schafe gehabt, aber Wolle mußten wir trotzdem abgeben. Die mußten wir dann eben kaufen. Sogar Tabak und Raps sollten wir anbauen.»

«Ist denn dann Sigmund noch einmal in Lochow gewesen?» wollte ich wissen.

Sie nickte. «Ja, ganz kurz. Als er mir gesagt hat, daß er für immer weggeht, hab ich nur im Keller gesessen und gedacht, die Welt geht unter. Ich bin aus meinem Keller gar nicht mehr herausgekommen. Ich wollt nicht mehr arbeiten, nicht mehr essen, ich wollt nicht mehr leben.»

Aber dann waren eines Nachts die Kühe von der LPG in Trägenapps Rüben gegangen und hatten das ganze Getreide zertrampelt. «Wir haben nur dagesessen und geheult. Da blieb uns gar nichts anderes übrig, als in die LPG zu gehen. Und da hab ich zu Vater gesagt: ‹Wenn du in die LPG gehst, dann gehe ich zu Sigmund.› Ich hab mich mit ihm heimlich im Wald getroffen, an der Hauptstraße.»

Nach und nach hatte die Familie einiges für den Haushalt nach West-Berlin geschafft. Und dann war Luzie von Lochow weggegangen.

«Stell dir vor, die da von der LPG haben unsere Kühe verhungern lassen. So viel Vieh ist da kaputtgegangen. Die Leute, die in den Ställen beschäftigt waren, hatten doch von nichts 'ne Ahnung. Nie geguckt, ob das Futter auch so richtig ist. Immer nur dieses Silozeug. Und deshalb sind ja auch immer mehr kleine Bauern abgehauen. Man hat ja gedacht, nach Stalins Tod würde es besser. Aber Pustekuchen.»

Im Herbst '61 kehrte ich nach Hamburg zurück und nahm meine journalistischen Übungen wieder auf. Sehr leicht tat ich mich damit nicht. Auch hatte ich begonnen, Kurzgeschichten zu schreiben. Meine erste wurde im Hamburger Abendblatt im November abgedruckt. Es war eine Kindheitsgeschichte aus Lochow, die ein erstaunliches Echo fand. Vielleicht verdankte ich den Erfolg ein wenig dem Bau der Mauer. Je unüberwindbarer die Grenze, um so besonnter die verlorene Heimat, in die man nun nicht einmal mehr zu Besuch fahren konnte.

«Jetzt haben Sie es geschafft», gratulierte mir die von der Hausmeisterin vermittelte Journalistin. Und die Familie sagte, nachdem sie die Geschichte gelesen hatte: «Aber Achim.»

Mein Lebensschiff kam in Fahrt, wenn auch sehr, sehr langsam. Meine Kindheit erwies sich als eine Fundgrube, obwohl wir in Lochow wenig erlebt hatten. Aber gerade das Wenige schien den Lesern zu gefallen. Das Glück war, daß in den sechziger Jahren fast jede Tageszeitung Kurzgeschichten brachte, das Hamburger Abendblatt sogar täglich. Eine Agentur vertrieb die Geschichten dann in der ganzen Bundesrepublik. Und so bekam ich auch andere journalistische Aufträge, was meiner Kasse guttat. Ich lernte bald, daß es sich lohnte, sich in dem Privatleben und den Hobbys des jeweiligen Redakteurs auszukennen. Zuhören bringt Freunde, sagt man. In diesem Fall waren es Aufträge. Die fünfziger und sechziger Jahre waren die Zeit der Originale. So wurde behauptet, daß dem inzwischen pensionierten

Feuilletonchef seine Grünpflanzen und seine Bücher im Büro wichtiger waren als sein Zuhause. Die Putzfrauen kreischten erschreckt auf, wenn sie ihn unter einem Wust von Zeitungen schlafend auf dem schmalen Sofa entdeckten. Er kannte sich in der Literatur wie kein anderer aus und half, so manches junge Talent zu entdecken.

Die bunte Schar der Schreiber, die das Blatt füllten, kam aus den unterschiedlichsten Berufen. Kaum einer hatte das Abitur noch eine Universität je von innen gesehen. Dafür hatten ihre Lokalreportagen und Gerichtsberichte etwas Ursprüngliches und waren farbig und plastisch. Die Reporter waren sich nicht zu schade, in der U-Bahn, in der Straßenbahn, im Warenhaus oder im Kleingartenverein, also vor Ort, gründlich zu recherchieren.

Der Springer-Verlag war zwar in der Politik stramm konservativ, bei seinen Angestellten zeichnete er sich eher durch Toleranz und Langmut aus. Für die freien Mitarbeiter gab es Ausfallhonorare und Vorschüsse, die man sich gleich an der Kasse abholen konnte, und, ebenso wie für die Redakteure, überaus üppige Lebensmittelpakete zu Weihnachten. Aber es war wie in Davos mit der Gans («Schmeckt sie nicht ein bißchen tranig?»): Ein paar Jahre darauf rümpfte man bereits die Nase. Könnt's nicht mal was anderes als immer nur Lachsschinken sein?

Mein Freundeskreis begann sich zu erweitern. Neue Liebe, neues Leben, oder war es umgekehrt? Endlich konnte ich mir von meinem Geld auch hin und wieder Karten für Theater, Oper und Konzerte abknapsen. Für diese Art Liebe mußte man allerdings, um an billige Karten zu kommen, Opfer bringen. Als ich einmal im Winter mit einem dicken Mantel, den Klappstuhl unter dem Arm, eine Stunde bevor die Kasse öffnete, die Oper erreicht hatte, stand da bereits ein stämmiger Mann. «Sie müssen sich da in die Liste eintragen.» Nun durfte ich mich sorglos entfernen, konnte mir eine Zeitung kaufen oder einen Schoppen trinken. Niemand würde mir meinen Platz streitig machen. Ratschläge bekam man gratis dazu. «Nehmen Sie um Gottes willen nicht im Rang Loge fünf. Die hängt zu weit über dem Orchester. Und auch die fünfzehnte Reihe im Parkett ist nicht empfehlenswert.»

Ein paar Tage später traf man dann einige Mitglieder dieser Schlange vor der Kasse des Schauspielhauses wieder. Den «Faust» mußte schließlich jeder mal gesehen haben. Für mich war es das erste Mal, trotz Corri und der Ministerloge ihres Vaters. «Gründgens spielt ja leider nicht den Mephisto, aber Ullrich Haupt soll ja auch ganz ordentlich sein. Und dann der Quadflieg! Da kommt man direkt ins Schwärmen.» Am Abend der Aufführung begrüßten sich die Schlangenmitglieder bereits freundschaftlich. Anstehen gehörte nun mal zum Kunstgenuß. Aber Hamburg versorgte seine Bürger in den sechziger Jahren nicht nur reichlich mit erlesener «Kultura» und ließ sie sich auf der Moorweide wie im Londoner Hyde Park in freier Rede versuchen – «Laßt doch mal den Opa aufs Podium, der möchte auch was sagen!» Die Stadt erschreckte '62 auch ihre Bewohner mit der Nachricht über eine verheerende Flutkatastrophe direkt vor der Haustür. Ich konnte mit meinem Radio den Polizeifunk empfangen und erlebte einen recht aufgeregten Helmut Schmidt, der sich über den Stand der Rettungsarbeiten informieren ließ. Seine Fragen wurden dabei häufig von der ruhigen Stimme des Einsatzleiters unterbrochen: «Herr Senator müssen auf die Taste drücken, sonst können wir Sie nicht hören.»

Während die bösen Buben, die Rocker, sich plötzlich in

hilfreiche Samariter verwandelten, Sandsäcke schleppten, Hausrat in Sicherheit brachten und dafür von der Presse sehr gelobt wurden – «unsere tapferen Hamburger Jungens» –, war der «mündige Bürger» ständig mit Pudel, Gattin und Schwiegermutter unterwegs, um das Spektakel mit angenehmem Gruseln zu genießen.

Und dann, mal abgesehen von aufmüpfigen Studenten, den kecken Beatles («die auf den hinteren Plätzen klatschen, die anderen rasseln einfach mit dem Schmuck») und anderen aufregenden Ereignissen, gab es Ende der sechziger Jahre noch Eiffe. In ganz Hamburg, auf Plakaten, Hauswänden, in U-Bahn-Schächten, konnte man seinen Namen und seine Sprüche lesen. «Eiffe, der Bär, war hier.» «Sei keine Pfeiffe, wähl Eiffe.» Als der ehemalige Leutnant der Bundeswehr dann sein mit «freie Eiffe-Republik» beschriftetes Auto in der Wandelhalle des Hauptbahnhofs geparkt hatte, brachte man ihn nach Ochsenzoll.

Während ich mich so langsam emporstrampelte, immer wieder gebremst von Krankenhausaufenthalten, lief bei meiner Schwester nicht alles zum besten. Das Gut war '61 an einen Bauern verkauft und von ihm an meinen Schwager verpachtet worden. Als Flüchtling ohne Vermögen hatte er einen hohen Kredit aufnehmen müssen, und nach Mißernten und fallenden Schweinepreisen begannen die Rückzahlungen zu drücken. So arbeitete meine Schwester zunächst nebenbei auf der Post und verkaufte Wäsche. Und weil beides nicht besonders lukrativ war, kam ihr die Idee, Kinder als Paying Guests aufzunehmen.

Eine Internatsfreundin verschaffte ihr die ersten Gäste aus der französischen Schweiz. Der Reichtum ihrer Eltern zeigte sich vor allem darin, daß die Kinder nur zwei Jeans mitbrachten und auch sonst eher gekleidet waren, als kämen sie aus einem Flüchtlingslager. Sie waren jedoch noch sehr streng erzogen und halfen, wo sie konnten. Meine Schwester bekam schnell eine gute Presse, und so gehörte es bald zum guten Ton, ihr die Kinder zu schicken. Ihre Gäste waren international. Engländer, Franzosen und gelegentlich auch Amerikaner gehörten dazu. Die meisten der Jugendlichen kannten bereits die ganze Welt. Man hatte ihnen schon alles geboten, was es auf der Erde an Interessantem zu sehen gibt, aber nichts war vergleichbar mit dem Glück, bei meiner Schwester in der Scheune schlafen zu dürfen und so viele Tiere um sich zu haben. Einer der Jungen nahm nachts heimlich sogar ein Ferkel mit ins Bett. Ein anderer entwickelte eine wahre Leidenschaft für Gesellschaftsspiele, etwas, was er vorher nicht kannte. Er wurde geradezu süchtig danach und rannte mit lockendem Würfelgeklapper hinter Gabriele und Albrecht her, die sich seufzend fügten, denn, wie meine Schwester sagte, Dienst ist Dienst, und Schnaps ist Schnaps.

Zu der bunten Kinderschar gesellte sich auch eine Nichte von Zarah Leander. Ihr Anblick ließ die Herzen der Männer höher schlagen. Sie hatte die tiefe Stimme ihrer Tante, und der Minirock über ihren kräftigen Oberschenkeln war für damalige Verhältnisse so kurz, daß sich die Gärtnersfrau entsetzt bekreuzigte.

Ein ebenfalls erstaunliches Kind war der Sohn eines Engländers und vielfachen Millionärs. Er sammelte aus dem Abfalleimer alles, was die anderen weggeworfen hatten, kaputtes Spielzeug und sonstiges zerbrochenes Gelumpe oder alte Kleidungsstücke. Mit zwei riesigen gefüllten Plastiktüten brachten ihn meine Schwester und meine Nichte zum Flughafen, wo bereits ein Erster-Klasse-Ticket auf ihn wartete. Vor dem Schalter platzte eine der Tüten, und der

Inhalt an grauenhaftem Krimskrams rollte durch die Halle. Meine Nichte schämte sich halb zu Tode. Nicht so der Junge. Er verlangte selbstbewußt am Kiosk eine neue Plastiktasche und stopfte seelenruhig alles wieder hinein. «Mama!» rief Gabriele entsetzt, «Mama!» Und meine Schwester sagte ruhig: «Halt den Mund.» Die Eltern des Jungen waren wirklich sehr, sehr reich, und sie zahlten prompt.

Seitdem mein Schwager das Gut gepachtet hatte, lebten auch meine Eltern dort. Daß sich der Geist meiner Mutter mehr und mehr zu verwirren begann, was sie mit großem Entsetzen als erste bemerkte, wollten wir nicht zur Kenntnis nehmen. «Ach, Mutti, das passiert uns allen mal, daß wir ein Wort vergessen.» Mehr als vierzig Jahre war mein Vater von ihr umsorgt worden. Ihre Geschwister hatten sie schon als junge Frau gewarnt: «Du verpimpelst den Sigi zu sehr.» Aber sie war nun mal eine passionierte Pflegerin. Eine Grippeepidemie im Dorf beflügelte sie geradezu. Es war ihr Schönstes, von Haus zu Haus zu eilen und die Kranken zu versorgen.

Meine Eltern hatten sich '16 im Lazarett kennengelernt, in dem meine Mutter als Rote-Kreuz-Schwester unter einem berühmten Neurologen arbeitete, der es geschafft hatte, Vaters zerschossenes rechtes Bein zu heilen und die Lähmung zu beseitigen. Er legte ihr meinen Vater besonders ans Herz. «Schwester Ursula, kümmern Sie sich mal um den jungen Mann, und muntern Sie ihn ein bißchen auf. Seine Lethargie macht mir Sorge.»

Mein Vater hatte sich als Leutnant bei einem Sturz vom Pferd einen doppelten Schädelbruch zugezogen und litt seitdem häufig an starken Depressionen. Doch die Bemühungen meiner Mutter, ihn aufzuheitern, hatten offensichtlich Erfolg: Er machte ihr noch im Lazarett einen Heiratsantrag. Ihre Bedenken wegen des großen Altersunterschiedes – meine Mutter war wesentlich älter als er und fürchtete, sich lächerlich zu machen – zerstreute er. Wahrscheinlich waren es ihr fröhlicher Optimismus und vor allem ihre sehr mütterliche Art, die es ihm angetan hatten.

Mit der Mutterliebe nämlich war es in seiner Kindheit und Jugend recht karg bestellt gewesen. Meine Großmutter Bredow war zwar klug, aber ein wenig sonderlich. Um ihre Kinder kümmerte sie sich kaum, und mein Großvater war als Mitglied des preußischen Herrenhauses oft in Berlin, so daß mein Vater seine Kindheit mehr beim Diener als mit den Eltern verbrachte. Mit zehn steckte man ihn ins Kadettencorps, nicht gerade die passende Umgebung für einen introvertierten, schüchternen Jungen.

Noch im selben Jahr heirateten meine Eltern. Zuerst zogen sie in das leerstehende Schloß eines Onkels in Schlesien. Es war zwar herrschaftlich, aber kalt und zugig, und meine Mutter verlor in einer der klaffenden Dielenritzen ihre Lieblingsbrosche, nach der wir jedesmal wieder suchten, wenn wir als Halbwüchsige dort einen Tag zubrachten. Wir wurden alle drei dort geboren. Die Zeiten waren schlecht, das Essen war knapp, besonders die Milch. Trotzdem sagten die Dorfbewohner, wenn meine Mutter meinen Bruder im Kinderwagen spazierenfuhr: «Man sieht's dem jungen Grafen gleich an, der wird bestimmt jeden Tag in Milch gebadet.»

Nach dem Tode meines Großvaters Bredow zogen wir '23 nach Lochow, einem Vorwerk von Görne, das Vater geerbt hatte. Meine Mutter, die in einem turbulenten Haushalt mit vielen Geschwistern, Onkeln und Tanten und viel Personal aufgewachsen war, muß sich zu Anfang in Lochow vorgekommen sein wie Robinson Crusoe auf seiner Insel. Aber sie hatte den festen Willen, sich dort wohl zu fühlen, und das gelang ihr auch.

Vaters Umgang mit uns richtete sich ganz nach seinen Stimmungen. Es gab Tage, an denen wir uns nicht mucksen durften, an anderen wieder ließ er die Zügel lang. So herrschte das ganze Jahr über gewissermaßen Aprilwetter, und das machte uns flexibel.

Meine Mutter erlaubte uns fast alles. Ich kann mich nicht entsinnen, daß sie je irgend etwas verboten hätte. Über die Depressionen meines Vaters, die er auf seine Weise gern kultivierte, ging sie einfach hinweg. Nur wenn er es zu arg trieb, sprang sie plötzlich auf, rief: «Es ist ja nicht zum Aushalten!» und verließ türenknallend den Raum.

«Eure Mutter ist heute wirklich sehr nervös», sagte mein Vater dann entschuldigend zu uns und war auf einen Schlag bester Laune. Wenn er wollte, konnte er sehr witzig und selbstironisch sein. Sein Skizzenbuch aus dem Krieg war sehenswert, und er spielte recht gut Geige. Als jedoch eine der Hauslehrerinnen darüber in Ekstase geriet, rührte er das Instrument nicht mehr an.

Nicht nur die Hauslehrerinnen, auch andere Frauen waren insgeheim der Meinung, dieser Graf mit seinem melancholischen Charme hätte eine andere Partnerin verdient als eine soviel ältere Frau. Und sie fanden auch, daß es ihre Pflicht sei, dafür zu sorgen, daß er sich besser anzog. Wie kann man seinen Mann nur so herumlaufen lassen? Aber in diesem Punkt war bei meinem Vater Hopfen und Malz verloren.

Als meine Mutter wenige Jahre vor ihrem Tod auch den letzten Rest Vernunft verlor, war er sehr viel geduldiger mit ihr als wir. Dabei gab es kaum noch eine Nacht, in der sie ihn durchschlafen ließ. Unruhig geisterte sie durch die Wohnung. Trotzdem weigerte er sich hartnäckig, ihr Beruhigungstabletten zu geben. «Das bekommt ihr nicht.»

Wo immer er eingeladen war, schleppte er meine Mutter mit, egal, ob es paßte oder nicht. Mit großer Selbstverständlichkeit suchte er den besten Platz für sie aus, und wenn meine Mutter irgend etwas Unsinniges von sich gab und niemand hinhörte, sagte er sehr bestimmt: «Einen Moment mal, meine Frau möchte etwas sagen.» Nur wenn er in der Kreisstadt etwas zu erledigen hatte, lieferte er sie solange bei meiner Schwester ab. Meine Mutter stand dann die ganze Zeit am Küchenfenster, von dem aus man den Hof überblicken konnte, und wartete auf Vaters Rückkehr. Sah sie ihn durchs Tor kommen, und er winkte ihr zu, trampelte sie vor Freude wie ein Kind.

Als sie '66 friedlich einschlief, war auch in ihm nicht mehr viel Lebenswille. Erschöpft durch die Pflege und selbst von Krankheiten des Alters geplagt, wurde er von Tag zu Tag schweigsamer. Seine ganze Liebe war jetzt der kleine Garten – stolz zeigte er mir seine Erdbeerbeete: «Du darfst dir eine nehmen, Kind. Da hinten ist eine schöne rote» – oder die Pappelallee, die er sehr zur Freude des Försters und zum völligen Unverständnis des Dorfes – «Der Graf soll ja die Bäume sogar selbst bezahlt haben!» – gepflanzt hatte. Vaters ein und alles waren nun mal Bäume, und es war ihm egal, ob sie ihm gehörten oder nicht. Kurz vor seinem Tod, als er zum Schluß zu phantasieren begann, sagte er einmal zu meiner Schwester: «Ich bin heute in Lochow über den Fährberg gegangen. Die Schonungen sehen wirklich gut aus.»

16

Im selben Jahr bekam ich meine erste eigene Wohnung, und zwar im Parterre des Kutscherhäuschens, wo ich seit geraumer Zeit zur Untermiete wohnte. Meine Wohnung besaß kein Bad, ja nicht einmal eine Diele. Trotzdem war ich selig. Von der Haustür waren es nur zwei, drei Schritte bis zur Wohnungstür, dann stand man schon im Schlafzimmer. Es war winzig, aber mit Blick in die blühenden Gärten, der allerdings des öfteren durch die Wäsche meiner Vermieterin und der Schauspielerin in der Wohnung über mir versperrt wurde. Trotzdem lobten meine Freunde die Wohnung: «Sie hat richtig Stil.» Der Handwerker, der Anfang der siebziger Jahre etwas an der Hauswand reparierte und gebeten hatte, ob er mal mein Klo benützen dürfe, sah das anders. «Wie manche Leute noch so hausen», murmelte er vor sich hin, direkt sprachlos über die Winzigkeit meiner Wohnung und die Möbel vom Sperrmüll. Erst als er sich verabschiedet hatte, bemerkte ich die eine Mark Trinkgeld auf dem Küchentisch.

Kaum war ich umgezogen, erschien meine Nichte Gabriele zur Ausbildung in Hamburg. Sie wollte Fotografin werden. Während meiner Besuche bei meiner Schwester hatte ich ihre vom jeweiligen Zeitgeist beeinflußte Entwicklung verfolgen können. Die Geburtstagsfeiern waren jedesmal ein Reinfall, weil meine Schwester hinter dem, was «in» war, wie man heute sagen würde, hinterherhinkte. Einmal erwies sich die festliche Kaffeetafel als fehl am Platz, denn den Kindern stand mehr der Sinn nach Lagerfeuer und Herumtoben, und sie machten keinen Hehl daraus, daß sie sich langweilten. Meine Schwester versprach zerknirscht ihrer muckschen Tochter, daß es ein zweites Mal nicht so ein Desaster geben würde. Im Jahr darauf war Gabrieles Geburtstag ganz auf rustikal mit Würstchen am Spieß und Spielen im Freien ausgerichtet. Doch diesmal trippelten die von den Eltern gebrachten Freundinnen im Petticoat mit Sonnenschirmchen und Pfennigabsätzen über den Hof und nahmen mit hochgezogenen Augenbrauen an den Holztischen auf der Obstkoppel Platz, während es aus dem Schloßfenster schallte: «Du läßt dich gehn, du bist ganz schrecklich anzusehn, wenn deine Strümpfe Wasser ziehn.» Und nun stand sie vor mir, meine Nichte, mit dem überlangen Nagel am rechten kleinen Finger, ein ständiger Zankapfel zwischen ihr und ihrem Vater. Ihr Rock war noch kürzer als der von Zarah Leanders Nichte. «Mein Gott, Kind», sagte ich, «du wirst dir was mit der Blase holen.»

Ihre Blase interessierte sie nicht. Sie hatte ganz andere Sorgen. Ihr lockiges Haar machte ihr Kummer. Am Wochenende versuchte sie nach der Haarwäsche stundenlang, ihre Naturkrause glattzuziehen, eine mühevolle und meist ergebnislose Prozedur.

Ich hatte sie vorübergehend bei Freunden untergebracht, und wir begaben uns als erstes auf Zimmersuche. Es war eine wahre Odyssee. Die Toleranz der Zimmervermieter stand im direkten Verhältnis zum Mietpreis. Die mit normalen Mieten hatten moralische Ansichten, die noch aus der Generation meiner Mutter stammten: nach zehn Uhr keine Herrenbesuche, am besten überhaupt nicht, keine nasse Wäsche im Badezimmer und bitte das Radio leise. «Aber ich hab doch gar keins», sagte meine Nichte eingeschüchtert.

Ende der sechziger Jahre hatte die Stadt in einem Nobelviertel an der Alster wunderhübsche alte Patrizierhäuser zum Abbruch freigegeben. Bis dahin durften sie an Studenten vermietet werden und natürlich auch an Lehrlinge, die jetzt Azubis hießen. Eine herrliche Zeit für die Kurzberockte begann. Das von ihr vielgepriesene Gemeinschaftsleben hatte allerdings auch seine Schattenseiten. Telefonrechnungen wollten bezahlt sein, und derjenige, auf dessen Namen sie liefen, war meist der Dumme. Auch mit der Küche hatte es seine Schwierigkeiten. So was Rücksichtsloses, Egoistisches, Schlampiges wie die Mitbewohner hatte der Mensch noch nicht erlebt! «Was lachst du, Tante?»

Der Klassenkampf war vorprogrammiert. Während die Studenten oft bis in den Mittag hinein schliefen, mußten die Azubis pünktlich um acht zur Arbeit erscheinen. «Die haben doch überhaupt keine Ahnung von uns Werktätigen, von denen sie dauernd reden.» Aber sie, sagte Gabriele, habe schließlich schon in London Klos gescheuert. Diese sicher nicht sehr angenehme Arbeit erwähnte sie oft und gern. Mein Argument, auch ihre Mutter und ich könnten da ein Wort mitreden, zog nicht. «Nie kannst du mal was anerkennen, immer erziehst du an mir rum.»

Das tat ich. Was für eine verwöhnte Generation! Im Alter meiner Nichte hatte ich im Arbeitsdienst endlose Reihen von Rüben durchhacken und in glühender Hitze Heu aufstaken müssen. Nur in puncto Liebe hatte sich nichts verändert. Da wiederholten sich die Dramen. Er liebt mich nicht, er liebt mich nicht, dieses Lied hatte noch dieselben Strophen. Trotzdem, Neid brach bei mir durch. Die ganze Welt stand den jungen Leuten offen. Wo waren sie schon überall gewesen, eine Freundin von Gabriele sogar in Nepal! Unsereins gönnte sich höchstens einen Urlaub an der See bei den Katzen im Kinderheim. Auch Corri zog es einmal im Jahr ans Meer. Dann besuchte sie mich auf der Fahrt dorthin mit ihrer Familie. Sie lebten seit '62 in Tübingen, wo ihr Mann eine Professur an der Universität hatte. Briefeschreiben war nicht gerade unsere Stärke, und häufiges Telefonieren wie heute war damals noch nicht Sitte. Aber der Freundschaft tat das keinen Abbruch.

Nach anfänglichem Heimweh bekam ich meine Nichte nur noch selten zu sehen. «Keine Zeit, keine Zeit.» Ihre Meisterin sorgte sich um ihre Moral, ich mich mehr um ihre Gesundheit und daß sie es womöglich mit Haschisch versuchte.

Haschisch und andere Drogen waren das Tagesgespräch, ebenso wie Demonstrationen. Im Springer-Verlag wurde gemunkelt, daß es sogar Angestellte gebe, die mit der Plakette «Enteignet Springer» herumliefen. Aus der Ostzone, wie die DDR nach wie vor beharrlich von uns genannt wurde, kamen Briefe mit schadenfrohem Unterton. «Bei euch scheint ja eine Menge los zu sein. So was gibt es bei uns nicht, Gott sei Dank. Da herrscht noch Ordnung, und die Kinder wissen, was sich gehört.» Unsere schienen das vergessen zu haben. Bei jeder Auseinandersetzung mit den Eltern, und wenn es auch nur darum ging, zu verhindern, daß das Studium abgebrochen wurde, bekamen sie von den jungen Leuten das Dritte Reich aufs Butterbrot geschmiert. «Und kommt uns nicht mit dem bißchen Widerstand. Ihr seid doch alle vor denen gekrochen.»

Staunend hörte ich mir das widersprüchliche Gerede der Kinder meiner Freunde an. «Kannst du nicht mal meinen Chef einladen? Der steht auf Adel und würde euch bestimmt gern kennenlernen.»

«Stefan soll nicht bei mir übernachten? Ihr seid doch wirklich sexuell total verklemmt. Nächste Woche will er mich seinen Eltern vorstellen. Er sagt, ich soll aber vorher lieber zum Friseur.»

Die freie Liebe bekam nicht jedem. Nervenzusammenbrüche waren an der Tagesordnung, Psychotherapeuten hatten Hochkonjunktur. Es mußte ja so furchtbar viel aufgearbeitet werden. Wie meine Generation den ganzen Schlamassel verkraftet hatte, danach fragte kein Mensch.

In den Zeitungen stand jetzt viel darüber zu lesen, wozu der Staat verpflichtet war und was dem Bürger zustand. Sogar auf den Behörden wurde man darauf hingewiesen. Der junge Beamte, zu dem ich ging, um meine Kriegsschadensrente ruhen zu lassen, blätterte lange in den Akten. »Sie haben ja nie Wohngeld beantragt. Das hätte Ihnen aber zugestanden. Und denken Sie daran: Zwischendurch sollten Sie die Rente wieder aufleben lassen, sonst erlischt Ihr Anrecht darauf. Waren Sie denn mal zur Kur? Darauf haben Sie doch auch Anspruch.» Kuren kamen sehr in Mode. Sie waren aber eher einem Urlaub vergleichbar, und das Reglement war lange nicht mehr so streng wie zu meiner Zeit.

Meine Nichte hatte sich von einer Anhängerin der CSU vorübergehend in eine sanfte Revolutionärin verwandelt. «Weihnachten Kerzen ins Fenster zum Gedenken an unsere Brüder und Schwestern unter dem Motto ‹Macht das Tor auf›? Das darf nicht dein Ernst sein, Tante.»

In diesen Jahren hing unsere Verbindung nach drüben etwas durch. Jeder war mit sich selbst beschäftigt. Aber ab und zu kam dann doch ein Brief, vor allem von Erna, und ich erfuhr, daß es bei ihnen fürchterliche Unwetter gegeben hatte. «Man sagt ja, Petrus ist auch schon Kommunist. Er haut immer wieder hin.» Sie beschwerte sich, daß Heinz und sie immer noch als Melker arbeiten mußten. «Vierzig Stück Vieh haben wir im Moment. Spaß macht es ja nicht mehr, in der Koppel unter freiem Himmel zu sitzen. Und morgens ist es schon ganz schön dunkel. Na, die Zeit geht auch vorüber. Dann werden sie eingestallt. Den Job werden wir wohl nicht mehr los. Haben sich schon öfter Melker vorgestellt, alle mit einem Haufen Gören und meist besoffen. Der Melkstand ist dicht an der Hohenauer Chaussee, also halbe Höhe Wassersuppe. Da sitzt man da und sieht die Autos vorbeiflitzen. Ganz schön Verkehr Sonnabend/ Sonntag nun mit der Fünftagewoche. Aber in der Landwirtschaft ist ja so was nicht durchführbar.»

Agnes Heidepriem, unsere ehemalige Waldarbeiterin, war achtzig geworden. Sie lag weiterhin in Fehde mit ihrem Hausbesitzer. «Was war ich in Lochow noch munter und froh! Das waren die schönsten Jahre meines Lebens, wenn es auch manchmal schwer war, über den See bei Sturm zu rudern. Aber jetzt sind es meine schwersten geworden. Der Herr Hausbesitzer kann sich in seiner Wut nicht fassen. Bin ich auf dem Hof, dann ruft er, ‹du alte Ziege› oder ‹du spinnst wohl!›. Ich tu dann so, als höre ich es nicht. Achtzig Jahre und noch so was durchzumachen! Vom Holzschuppen hat er das Dach abgerissen. Nur nasses Holz habe ich jetzt. Muß es erst trocknen zum Feuermachen.»

Im Januar '70 erfuhr ich so ganz nebenbei, daß Erna mit einer Leberschwellung drei Wochen im Krankenhaus gewesen war. «Hatte schon Manschetten von wegen Krebs und so. War aber nur eine Fettleber und außerdem Zucker und ein Nabelbruch. Dachte, sie würden mich gleich operieren, weil ich nun einmal drin war. War aber nicht. Muß ja dann nicht so schlimm sein. Ich selbst hab's ja nicht mal gewußt. Muß nun Diät leben, kein Fett, weniger süße Kuchen, kein Alkohol, kein Schweine-, nur Rindfleisch, anderthalb Jahre lang. Hab mich aber schon dran gewöhnt.» Diese Nachricht fuhr mir gewaltig in die Knochen. Erna krank! Ich konnte es mir einfach nicht vorstellen. Ich hatte nie daran gedacht, daß auch Erna älter wurde. Sie mußte die Fünfzig überschritten haben, die ich auch schon ansteuerte. Mit den Landsleuten aus der DDR war es wie mit den Gefallenen. Sie blieben in der Erinnerung ewig jung. Das hatte die Mauer immerhin fertiggebracht.

Dann las ich weiter. «Die Krankheit soll ja völlig ausheilen. Die Zeit vergeht ja so rasend schnell. Bei Heinz und mir sind es nun genau zweiundzwanzig Jahre, daß man ja und amen gesagt hat. Und jetzt tragen sich die Kinder schon mit Heiratsgedanken. Verlobung wird's wohl bald geben. Seit Januar haben wir nun Vater bei uns. Ich glaube, wäre er in Witzke geblieben, er lebte nicht mehr. Nichts Ordentliches mehr am Leibe und dann die Kälte in dem Haus, wenn auch der Ofen heiß zum Platzen war, mit dem offenen Schornstein. Das zog doch von überall her. Die Heizdecke, die wir ihm zum Geburtstag geschenkt haben, war wohl seine einzige Rettung, sonst wäre er schon ‹verklemmt›, wie er sagt. Dann sollte er ins Krankenhaus. Sie holten ihn abends um fünf Uhr ab, um sieben brachten sie ihn wieder. Kein Bett frei. So haben wir ihn dann am nächsten Tag zu uns geholt. Wollte ja mit Gewalt nicht. Eine Stube für sich allein hat er ja nun nicht. Aber es muß eben gehen. Im Sommer kann er dann wieder rübermachen. Seine zehn Hühner und den ‹Hohne› hat mein Bruder in Pflege. ‹Sin Köter het er dot-

scheten loten. Der künne jor nich mir hüren und kieken.›
War etwa fünfzehn Jahre alt. Vater redet immer davon, daß
er noch ‹plumpsen› muß, womit er seine zwei Pumpwerke
meint, die er zu betreuen hat. Es ist nicht immer leicht mit
den Alten.»

Im Mai '70 starb mein Vater. Der kleine Dorffriedhof mit
dem weiten Blick über die Felder, auf dem auch meine
Mutter begraben ist, war ihm ein vertrautes Plätzchen. Daß
später auf seinem Grab eine Wildente brütete, würde ihm
gefallen haben. Im gleichen Jahr, im November, starb in
Lochow auch unser Nachbar, der alte Trägenapp, Luzies
Vater. In der LPG waren die Trägenapps schon längst nicht
mehr. Sie hatten nur noch ein Stückchen Land am Ferchesarer Weg, das sie bewirtschafteten, zwei Kühe, Gänse und
Hühner. Zwei von Ilse Matekes drei Mädchen gingen noch
zur Schule. Die Söhne von Nikolai, August, Wallusch und
Simon, waren verheiratet und hatten selbst Kinder. Maria
Mateke, inzwischen achtundachtzig Jahre, fing an, sehr ver-
wirrt zu werden.

Und dann, im Dezember, ein neuer Schrecken: Ernas
jüngster Sohn, der gerade bei der Nationalen Volksarmee
war, verunglückte tödlich mit seinem Motorrad. Erna be-
schrieb die Beerdigung sehr ausführlich. Die würdigenden
Worte des Kommandeurs am Grab seines Soldaten schienen
ein kleiner Trost gewesen zu sein. «Es war eine große
Trauergemeinde. Soldaten wohl an hundert Mann. Das
Musikcorps Potsdam und die Ehrenformation Kietz rückten
ja gleich wieder mit den Offizieren vom Wehrkreiskom-
mando Rathenow nach dem Zeremoniell ab, aber das Zug-
kollektiv und die Unteroffiziere, seine engsten Freunde und
Genossen, wie man hier sagt, welche ihn zu Grabe trugen,
haben wir noch zum Kaffee eingeladen, was nicht gutwillig

reinging an Kuchen und belegten Broten, ihnen eingepackt. Zuerst war ja da nur der große Schreck, das Unabänderliche, die Aufregung der Beerdigung. Aber jetzt . . . Ach, Komteß, auch wenn man sagt, was Gott tut, das ist wohlgetan, so ist es doch furchtbar schwer. Er war so jung, gesund und stark und immer guter Dinge.»

Anfang der siebziger Jahre gab es für mich berufliche Veränderungen. Feuilletons und Kurzgeschichten waren nicht mehr gefragt. So versuchte ich es wieder mit Interviews. Es waren Busfahrer, Verkäuferinnen, Krankenschwestern und andere Berufstätige, die ich aufsuchte. Viele kamen wie ich von «drüben», und so hatten wir schnell ein gemeinsames Thema. «Mein Mann war ja Geheimnisträger, und da hätten wir das Päckchen aus dem Westen von unserer Tante nicht annehmen dürfen. Danach hatten sie uns auf dem Kieker.» «Was für einen Beruf hatte denn Ihr Mann?» wollte ich wissen. «Schaffner bei der Reichsbahn.»

Ich sah mich im Wohnzimmer der Busfahrerin um. Viele farbige Kissen auf der Couch, ein Aquarium in der Ecke, Schrankwand, Polstergarnitur, was der Mensch eben so braucht. Sie folgte stolz meinen Blicken. «Haben wir nicht 'ne prima Wohnung? Nur der Schichtdienst, der macht einen manchmal ganz schön fertig. Na ja, die gebratenen Tauben fliegen einem eben nicht in den Mund, wie die drüben immer denken. ‹Könnt Ihr uns nicht Nägel schicken und 'ne Zange?› Schicken können wir natürlich, aber ob es ankommt . . .»

Viele meiner Interviewpartner bevölkerten die riesigen Wohnanlagen der Neuen Heimat. Im großen und ganzen waren sie sehr zufrieden. «Sehen Sie nur, diese herrliche Aussicht!» Nur, daß ihre Männer zuwenig Platz für ihre

Hobbys hätten, bemängelten die Frauen und vermißten deshalb ihre Schrebergärten sehr, die den Hochhäusern zum Opfer gefallen waren. «So 'n Mann weiß doch einfach nach Feierabend nichts mit sich anzufangen, und dann hängt er mir in der Kneipe rum. Und für die Kinder gibt's auch viel zu wenige Bolzplätze. Wenn die bei ihrem Getobe vor dem Hochhaus hinfallen, sind ja gleich die Knie hin.»

Die Kriminalbeamtin, die ich danach interviewte, konnte nur zustimmen. Sie redete leider nicht mehr, wie ihr der Schnabel gewachsen war. «Auch für die heranwachsende Jugend muß angemessener Lebensraum geschaffen werden. Das gilt nicht nur für die Wohnungen. Abenteuerspielplätze sind da wichtig.» Die junge Beamtin war von missionarischem Eifer durchdrungen und erklärte mir mal wieder, wer an der steigenden Jugendkriminalität schuld war. Natürlich die Gesellschaft. Sie war rücksichtslos, intolerant, und nur der Erfolg allein zählte. Der, so erklärte sie mir, rechtfertigte jedes Mittel, auch das der Gewalt.

Auch der Sheriff von Billstedt, wie der dortige Revierführer von der Bevölkerung genannt wurde – ein kräftiger, jovialer Mann, der nach Law and Order aussah und Mitglied der CDU war –, erwies sich als sehr fortschrittlich. Er empfand den Protest der Jugend als ein belebendes Element. «Wir sind ja man alle satte Bürger und mehr fürs Beschauliche. Aber es wird immer welche geben, die zwanzig Semester absaufen, und andere, die fleißig sind, ob sie nun den Sauerampfer im Gesicht haben oder nicht.»

Beim Springer-Verlag war es nach dem Anschlag der Terroristen '72 auf das Springer-Haus mit dem freizügigen Treiben vorbei. Ausweise und Laufzettel mußten ausgestellt werden, und die Bürokratie hielt überall Einzug, was für die Türken besonders schmerzlich war, die sich nun nicht mehr mit Oma, Opa, Schwestern, Brüdern und sonstigen Verwandten sorglos an dem verbilligten Mittagstisch in der Kantine niederlassen konnten. Vorbei auch die Zeit, da der Bote ungeniert im Zimmer des abwesenden Chefredakteurs den Hörer abnahm und auf die Frage, wann der Betreffende denn wieder zu sprechen sei, antwortete: «Das kann ich Sie nich sagen.»

Mit den Honoraren der Tageszeitung stand es leider nicht zum besten, und so mußte ich mir gezwungenermaßen etwas Neues ausdenken. Also begann ich, Serien für die bunten Blätter zu schreiben, über gutes Benehmen zum Beispiel oder über die aufregenden Erlebnisse einer Privatdetektivin. Für diese Blätter gab es feste Regeln und gibt es vielleicht noch heute. Mit Tieren lag man immer richtig, ausgenommen Schlangen, Spinnen und Insekten, wenn es nicht gerade die niedliche Biene Maja war. Besonders geeignet waren Pferde und Hunde. In einem der Blätter hatte sogar ein Dackel eine eigene Kolumne. Wie mir in der Redaktion erzählt wurde, stapelten sich in einem Extraraum die Geschenke der Leser für diesen kleinen Liebling, vom selbstgestrickten Mäntelchen bis zu Ohrenschützern. Kindern durfte nichts Grausames passieren, und jemand, der Frauen zu nahe trat, war grundsätzlich ein Sittenstrolch. Gelegentlich verdonnerte man mich, leicht verhuschten Prinzessinnen bei ihren Memoiren zu helfen. Wehmütig dachte ich dann an meine Briefträger, Fernmelder und Müllmänner zurück, die so farbig und plastisch erzählten. Aus der Kindheit dieser zarten Geschöpfe hingegen ließen sich kaum Funken schlagen, ganz zu schweigen von ihrem beruflichen Werdegang. Die Gespräche schleppten sich zäh dahin. Nur der Fotograf zog im Handumdrehen dieses und jenes aus ihnen heraus. Wenn er ins Zimmer geschlendert kam, leuchteten die Augen der Mädchen auf, und sie erzählten ihm die intimsten Dinge, die selbst diesen abgebrühten Menschen in Erstaunen versetzten. «Was denn?» fragte ich.

«Berufsgeheimnis», sagte er und grinste. Er hätte nur mit dem Finger zu schnippen brauchen, und sie wären klaglos auf einen Baum geklettert oder hätten Kopf gestanden. Meist war er mit diesen Opfern per du, nannte sie aber trotzdem «Hoheit». «Mensch, Hoheit, nu beweg dich mal 'n bißchen!» Mit mir hatte der Fotograf Mitleid und tröstete mich. «Sie lernen es schon noch.» Immerhin konnte ich mir bei diesen Honoraren endlich einen Fernseher kaufen. Leider erwies ich mich dann keineswegs als mündige Bürgerin, die den Ausschaltknopf bedienen kann.

Bis jetzt waren, abgesehen von den Sanatoriumsaufenthalten in Davos und im Allgäu, meine Reisen nie weiter als bis nach Bayern gegangen. Aber im Sommer '72 fuhr ich zum ersten Mal nach Frankreich. Eine Redakteurin sollte dort über Dreharbeiten berichten und fragte mich, ob ich mitkommen wolle. Natürlich wollte ich, aber wie sollte ich es bezahlen? Sie meinte, darüber müsse ich mir keine grauen Haare wachsen lassen, das bekomme sie bei der Produktion schon hin. Frankreich! Ich war begeistert.

Sie fuhr einen Porsche. Ein VW-Käfer wäre besser gewesen. Denn in Frankreich gab das kostbare Stück fast seinen Geist auf und konnte mangels Ersatzteilen nur notdürftig repariert werden. Der Monteur gab ihr den dringenden Rat, nicht schneller als fünfzig zu fahren. Auf der Autobahn erregte der in diesem Tempo dahinschleichende Tiger das teils entrüstete, teils hämische Interesse sämtlicher Autofahrer. Sie hupten, zeigten uns einen Vogel oder lachten. Der ganze Tag war der Redakteurin verdorben. Ich dagegen fand das Tempo recht angenehm.

Zwei Tage machten wir in Paris Station. Das Hotel, in dem wir übernachteten, gehörte nicht gerade zur besten Kategorie. Die Tür zu meinem Zimmer war nicht abschließbar. Bei der geringsten Erschütterung ging sie knarrend auf, und das geschah alle Augenblicke. Um die Tür des gegenüberliegenden Zimmers war es nicht besser bestellt. Doch während ich mich nach drei Versuchen, die Tür fester zu schließen, mit meinem Schicksal, bei halboffener Tür zu schlafen, abgefunden hatte, schien es dem männlichen Gast von gegenüber schicklicher zu sein, auf Schlaf zu verzichten und statt dessen alle zehn Minuten an seiner Tür zu hantieren. Auf diese Art und Weise kamen wir beide nicht zur Ruhe.

Als wir früh das Haus verließen, war ein graues, unscheinbares Männchen in einer Leinenschürze dabei, mit einer ausgefransten Teppichbürste den Staub sorgsam auf den Läufern zu verteilen. Als wir am Abend ins Hotel zurückkehrten, hatte es gerade unser Stockwerk erreicht.

In Paris gingen wir zunächst getrennte Wege, und ich verlief mich hoffnungslos. Ein Polizist, den ich schließlich nach der Straße unseres Hotels fragte, rief extra einen Kollegen herbei, nicht etwa, um mir besonders behilflich zu sein, sondern um ihn an meinem Französisch teilhaben zu lassen. Selten habe ich so einen Lacherfolg erzielt wie bei diesen beiden fröhlichen Flics.

Die Dreharbeiten waren in einem riesigen leergeräumten Schloß außerhalb von Paris, das später ein Golfhotel werden sollte, geplant. Dort wollten sich die Herren der Produktion für ein Interview mit uns treffen. Als wir ankamen, war noch niemand zu sehen. Wir wanderten durch das leere

Schloß, bewunderten den herrlichen Park, legten uns auf den gepflegten Rasen vor dem Portal in die Sonne und harrten der Dinge, die da kommen sollten. Erst einmal kam viel Wasser. Die zahllosen kleinen Sprinkler um uns herum, die wir nicht bemerkt hatten, begannen zu sprühen. Wir retteten uns auf die Schloßtreppe, begleitet von dem dröhnenden Lachen des Hausmeisters. Irgendwann erschien dann ein Assistent der Produktion und teilte uns mit, daß das Projekt wahrscheinlich platzen würde. Es gebe Schwierigkeiten mit den Geldgebern. So kehrten wir, immer noch mit Tempo fünfzig, unverrichteter Dinge nach Hamburg zurück.

17

Meine Erlebnisse fanden mal wieder in der Familie nicht das rechte Echo, denn meine Schwester hatte weitaus Interessanteres zu bieten: Sie hatte die Erlaubnis bekommen, mit ihrem Sohn in die DDR zu fahren. Ich verbrachte gerade ein paar Tage bei ihr, als sie ihren langgehegten Plan in die Tat umsetzte. Wir brachten die beiden zur Bahn. Besorgt sah mein Schwager dem abfahrenden Zug nach. «Hoffentlich geht alles gut.»

Nach acht Tagen waren sie wieder zurück. Es war ein schöner Herbsttag, und so saßen wir unter den Obstbäumen und hörten uns ihren Bericht an. «Also, ihr kamt an», sagten wir wie immer.

«Na, erst mal fuhren wir los mit Sigmund und Luzie mit ihrem neuen Audi. An der Grenze hat sich weiter nichts abgespielt.»

«Wie war dir denn so zumute?» wollten wir wissen.

«Ehrlich gesagt, ziemlich mulmig. Die Fahrt durch die Dörfer war deprimierend. Mein Gott, was ist das alles heruntergekommen und grau in grau. In Wustermark waren die Russen dabei, die Straßen zu säubern, ohne Besen, nur mit ein paar spärlichen Zweigen. In Stechow liegt das Schloß kahl in der Gegend, kein Baum, kein Strauch, alles abgeholzt. Mitten durch den ehemaligen Park geht jetzt die Straße. Wißt ihr noch, die Villa von Natusius? Die Leute sagten immer, er wühlt im Garten, und sie jagt den ganzen Tag mit ihrem Auto auf der Straße herum. Die Villa ist auch völlig verfallen. Da ist jetzt der Konsum drin. Es scheint, als wenn der sich immer die größten Bruchbuden aussucht. Die Kleinbahngleise sind abmontiert. Das Schloß von Knoblauchs steht nicht mehr, und der Hof sieht trostlos aus. Was da für Gerümpel rumliegt! Aber sonst war Ferchesar ziemlich unverändert. Kirche und Häuser sind eigentlich noch recht gut erhalten, und die Straße ist auch nicht schlecht. Aber dann der Weg nach Lochow! Ein Sturzacker ist die reinste Asphaltstraße dagegen. Man kommt einfach nicht mehr durch, zu viele Löcher. Wir mußten einen Umweg durch den Wald machen. Kurz vor Lochow hat Sigmund ein paarmal gehupt, und als wir ins Dorf reinfuhren, standen sie schon empfangsbereit auf der Straße.»

Während Ilse Mateke noch das Essen zubereitete, waren Albrecht und meine Schwester zu Kolbatschs in unser Haus gegangen und anschließend zum See. «Ich hab mich gleich wieder zu Haus gefühlt.»

«Wie fandest du es denn in unserer Heimat?» fragte ich meinen Neffen. Er machte ein verlegenes Gesicht. «Na ja.»

«Den darfst du nicht fragen», sagte meine Schwester. «Der wäre am liebsten gleich wieder umgekehrt, so gräßlich fand er alles. Die Hofgebäude sehen wirklich schlimm aus, und auch die Scheune ist ziemlich lädiert. Die Veranda hat Nikolai abgerissen. Aber auf der einen Linde ist noch unser Baumhaus. Der Park ist inzwischen ein richtiger Wald geworden.»

«Wo habt ihr denn geschlafen?»

«Oben in deinem Zimmer.»

«Und immerzu mußten wir essen. So viel habe ich mein ganzes Leben noch nicht essen müssen», sagte Albrecht wenig begeistert.

«Sie haben sich extra stundenlang angestellt, um etwas Gutes für uns zu ergattern», sagte meine Schwester. «Albrecht und ich haben dann einen langen Spaziergang gemacht. Stellt euch vor, auf dem Fährberg gibt es noch die Höhlen, die wir uns als Kinder gebaut haben. Wir sind überall gewesen, hinter dem Lochower See, den Görner Weg entlang, die Schonung, wo wir die Weihnachtsbäume immer schlugen. Erinnerst du dich?»

Ich erinnerte mich nur zu gut. Stundenlang stapften die Käufer herum, um den schönsten zu finden, und wir, die die Tannen verkauften, froren still vor uns hin. Mein Bruder erwies sich dabei als Verkaufskanone. «Schöner Eckboom», sagte er jedesmal, und schon war ein struppiger Baum, der eher einem Besen glich, an den Mann gebracht.

«Jetzt sieht man, wie schön Vater den Wald angelegt hat», fuhr meine Schwester fort. «Jeder Baum mit Überlegung gepflanzt. Ahorne und Eichen sind jetzt richtige große Bäume. Die Gruppe von Blautannen und Buchen zwischen den Kiefern sieht wundervoll aus. Was haben wir als Kinder immer geflucht, wenn wir beim Pflanzen helfen mußten.» Ich nickte.

Am Abend waren sie dann auf den Hochsitz geklettert und hatten die Ruhe genossen. «Diese Stille! Nur die Enten auf dem See waren zu hören. Und als wir im Bett lagen, schrien die Hirsche. Mutti ist fast mal von so einem Tier umgerannt worden, als sie im Dunkeln nach Görne radelte.»

In Görne waren sie natürlich auch gewesen. Der Weg dorthin war schlimmer als der von Ferchesar nach Lochow.

Nach ihren Schilderungen sah es auch hier trostlos aus. Das Dorf düster und unwirtlich, die wundervollen Bäume im Park abgehackt, die Fenster im Schloß mit Brettern vernagelt, das Eßzimmer zum «Kulturraum» umgewandelt und der Saal zu einer Art Kantine für die LPG. Die kostbaren Wandgemälde hatte man einfach mit lila Farbe übermalt. Aber der See war von alter Schönheit. «Es wimmelte nur so von Wasservögeln. Sogar Schwäne gibt es jetzt dort. Ich bin nicht einem einzigen Menschen während unseres Spaziergangs begegnet.»

«Und wie haben die Leute auf dich reagiert?»

«In Görne eher mißtrauisch. Oder, sagen wir mal besser, vorsichtig. Aber als sie herausbekamen, wer wir waren, war das Eis gebrochen, und es war ihnen anzumerken, daß Vater und Onkel Achim nicht gerade die typischen Klassenfeinde gewesen sind.»

Auch in Rathenow sah es trostlos aus. «Immerhin», sagte Albrecht, «eine Milchbar.» Dort war er mit anderen Jugendlichen ins Gespräch gekommen, und die nahmen kein Blatt vor den Mund, als man zum Thema Polen kam. Jetzt, wo die Grenze zu Polen offen war, kämen diese Polacken mit der Taxe bis Rathenow und kauften ihnen den schäbigen Rest auch noch weg. Brudervolk hin, Brudervolk her, sollten sie doch sehen, wo sie blieben. Und daß die Besucher aus dem Westen wegen der Devisen in Polen viel besser behandelt würden, ärgerte sie auch.

Die Lochower waren dagegen ganz zufrieden, Nikolai vor allem. Als strenggläubiger Adventist zog er seine Kraft nach wie vor aus seinem Glauben. Bei den Kindern war es wohl schon anders.

«Trägenapps haben mir erzählt», sagte meine Schwester, «er sei ganz verrückt vor Freude gewesen, als '58 Christine geboren wurde. Endlich ein Mädchen! Während Tante Olgas Schwangerschaft hat er nicht zugelassen, daß sie arbeitet. Er hat ihr alles abgenommen.»

Auch in Ferchesar hatten sie viele Leute besucht. «Leider war die Zeit einfach zu kurz, und überall mußte ich einen Schnaps trinken. Ich konnte kaum mehr radfahren.» In der «Perle des Westhavellandes» hatten sie noch dieselben Gardinen an den Fenstern, und nichts war gestrichen oder sonst renoviert. «Die Frau vom Gastwirt Seeger wollte mich erst gar nicht reinlassen. Sie dachte wohl, ich wär die Verflossene von ihrem Mann.»

Ich fragte nach Erna, und meine Schwester lachte. «Als erstes hat sie nach Buschi gefragt, wie das die letzte Zeit mit ihm noch gewesen ist, ehe wir ihn einschläfern lassen mußten.» Sie machte sich Sorgen um ihren Vater, wollte ihn gern ganz zu sich nehmen. Aber er konnte sich nicht von seinem Haus trennen. Und dann wollte Heinz, ihr Mann, daß sie die Post übernehmen sollte, um allmählich von der LPG wegzukommen. Melken wollte sie trotzdem noch, aber nur noch eine Schicht. Dabei war sie nicht mehr die Gesündeste.

Zu Agnes Heidepriems Grab in Witzke war meine Schwester nicht mehr gekommen. «Zu dicker Nebel. Unmöglich, über den See zu rudern.»

«Was hat sie mit diesem Hauswirt durchmachen müssen!» sagte ich und erinnerte mich an ihren letzten Brief, in dem sie uns schrieb: «Ich bin hier wohl schon in die Hölle geraten. Heute nachmittag hat er mir wieder meine schönen Äpfel, die ich geschenkt bekommen habe, aus dem Keller geworfen, so daß sie seine Hühner zerhackt haben. Er hat solche Wut auf mich, weil ich nicht sterbe. Es ruft eine Stimme in mir: ‹Mensch, Agnes, sei stark! So kannst du nicht weiter!› Aber meine Tränen kullern nur so, es läßt sich nicht ändern.»

«Erna hat erzählt», sagte meine Schwester, «daß alles, was wir ihr geschickt haben, unbenützt im Schrank lag. Sie hat einfach alles aufgehoben, jedes Stück Schnur von den Paketen. Man fragt sich, für wen.»

Von Agnes, unserer Waldarbeiterin, kamen wir wieder zum Thema Wald, wie die Russen die Bäume in halber Höhe absägten, weil das bequemer war, und wie wir die Rüsselkäfer einsammeln mußten, die sich so eklig an den Fingern festkrallten. Und daß meine Schwester schon als Kind, wenn sie durch den Wald ging, Vaters Blick nach oben angenommen hatte, um zu sehen, welcher Baum wegmußte.

Mein Schwager fing an zu gähnen. «Es wundert mich», sagte er schließlich, «es wundert mich sehr.»

«Was denn?» fragte meine Schwester irritiert.

«Du hast heute noch gar nicht von Peterchen gesprochen», sagte mein Schwager sanft. Und es funktionierte wie in alten Zeiten. Prompt schnappte meine Schwester ein. So ist es nun mal in der Familie. Irgend jemand streut immer etwas Pfeffer auf den Kuchen.

Peterchen war ein Pferd gewesen, ein Riesenroß im wahrsten Sinne des Wortes. Denn es rannte alles um, trat einem grundsätzlich auf den Fuß und kniff den Bernhardiner. Kurz vor Kriegsende wurde er noch eingezogen. Meiner Schwester brach es fast das Herz, als sie erfuhr, daß man die gemusterten Pferde irgendwo hatte verhungern lassen. Mein Schwager behauptete, zu Anfang ihrer Ehe habe sie nur von diesem Peter gesprochen, und er habe zunächst ganz jemand anderes dahinter vermutet.

«Stimmt doch überhaupt nicht», sagte meine Schwester aufgebracht.

Ich sprang ihr bei und sagte zu meinem Schwager: «Aber Achim.»

Von nun an reiste sie jedes Jahr in die DDR, zuerst mit dem Zug, später mit dem Auto. Vollbeladen fuhr sie los, vollbeladen kehrte sie zurück. Sie fuhr überall in unserer Gegend herum und besuchte alle, die sie kannte. Um sich an- und abzumelden, fuhr Arno sie mit seinem Trabi nach Rathenow. Die Gastgeber mußten Hausbücher führen, von wann bis wann man bei ihnen gewesen war. Mal war's Nikolai, mal waren's Trägenapps, von denen sie eine offizielle Einladung bekam. Das Hausbuch mußte der Gemeinde vorgelegt werden. Zu Anfang achtete man streng darauf, daß die Vorschriften eingehalten wurden. In Witzke war ein ehemaliger Bauer, der aus dem Westen zu Besuch war, nur einmal heimlich im Nachbarort über seine Felder gegangen. Sofort erschien die Polizei, und er mußte noch am gleichen Tag die DDR verlassen.

Ernas Nichte wollte Friseuse werden. Aber die Meisterin hatte gesagt, sie müsse eine ordentliche Schere mitbringen, sonst werde daraus nichts. Also schickte meine Schwester eine Schere. Aber Ernas Bruder Helmut Görn war Bürgermeister, und das Päckchen aus dem Westen verursachte großen Wirbel. Die Schere wurde konfisziert und Helmut Görn zur Ordnung gerufen. «Helmut, du und deine Westkontakte!» Aber die Familie hatte noch nie unter mangelnder Zivilcourage gelitten. Er sagte, was er dachte. Und erstaunlicherweise ist ihm auch nie etwas passiert.

Bald fühlte sich meine Schwester wieder fast so heimisch in Lochow wie in Kindheitstagen. Sie kannte sich im Dorfklatsch aus und wußte genau Bescheid, wer wann wen geheiratet hatte, wann eine Jugendweihe bevorstand oder eine Scheidung und wo sich Nachwuchs ankündigte.

Wie in unserer Kindheit waren es auch dieselben Dinge, die man bei einem Besuch zuerst in Augenschein nehmen mußte: der Garten und das Geflügel.

Das Spielzeug, das sie für die Kinder mithatte, erweckte auch das Interesse der Grenzpolizei. Die Grenzbeamtin war ganz hingerissen von einem Go-Kart. «So was Schönes hätte ich gern für meinen Sohn», sagte sie zu meiner Schwester, als sie das Auto gründlich gefilzt hatte. «Können Sie mir nicht auch mal so was mitbringen?» Ein anderer interessierte sich sehr für den Adel und meinte, darüber würde er gern mal was Vernünftiges lesen.

Genau wie bei mir, als ich '46 noch einmal zu Hause gewesen war, zeigte man sich in Ferchesar wie in Lochow besorgt, meine Schwester könnte zu leichtsinnig sein. Unser ehemaliges Jagdpächterhaus gehörte nun dem Rat des Kreises, und die Funktionäre verbrachten dort ihren Sommerurlaub. Eine der Ehefrauen langweilte sich in Lochow halb zu Tode, hing den ganzen Tag über dem Gartenzaun und wartete auf jemanden, mit dem sie reden konnte. Meine Schwester wurde gleich gewarnt. «Sei vorsichtig, Tante Josel, die sind bestimmt von der Stasi.» Aber meine Schwester konnte einem Gespräch nicht ausweichen. Sie wurde sogar ins Haus gebeten. «Sie war wirklich sehr nett», erinnerte sich meine Schwester, «und ganz begeistert vom Klassenfeind.»

18

In den siebziger Jahren zog ich zweimal um. Ich mußte Abschied von dem kleinen Kutscherhäuschen und meiner idyllischen Wohnung nehmen. Das Grundstück war verkauft worden. Die Kletterrose, das Amselnest über dem Küchenfenster, das Apfelbäumchen im Hintergarten, der Rotdorn – sie alle fielen dem Bagger zum Opfer. Auch das Haus wurde abgerissen. Ich vermißte es sehr. Noch mehr vermißte ich meinen Stadtteil, in dem ich inzwischen heimisch geworden war. In Niendorf, wo ich eine Wohnung gefunden hatte, hielt's mich nicht lange, ich zog wieder nach Eppendorf zurück.

In diesen Jahren war auch wieder das Krankenhaus dran, doch im Vergleich zu früher verlief alles durchaus erträglich.

Einmal waren es zur Abwechslung die Nieren. Ich kam auf eine Station, wo zwischen deutschen und türkischen Putzfrauen gerade eine heftige Fehde im Gang war, weil angeblich die Türken von der Verwaltung bevorzugt wurden. Jeden Morgen mußten meine Bettnachbarin und ich uns die Klagen der Deutschen anhören, die sich darüber erregten, daß die Türken nicht nur die angenehmste Arbeit, sondern auch das Sagen hatten. Die Verwaltung ließ sich jedoch nicht beirren. Die Türken hatten sich seit langem bewährt, sie waren nie krank oder blieben einfach weg, was man von den deutschen Putzfrauen leider nicht behaupten konnte.

Die Operation verlief ohne Komplikationen. Das Zweibettzimmer war groß und luftig, die Stationsschwester hatte alles im Griff. Sie war sehr hinterher, daß ihre Patienten bei den Untersuchungen nicht stundenlang warten mußten und daß sie warm eingepackt waren, wenn sie nach den Operationen zwischen den Pavillons über das Krankenhausgelände gekarrt wurden. Die Ärzte zeigten viel Verständnis für meine Situation als Freiberufler und beeilten sich mit den Voruntersuchungen. Nur daß der Zeitungsverkäufer immer gerade dann im Zimmer erschien, wenn eine von uns am Waschbecken stand, gefiel mir nicht, was ich ihm deutlich zu machen versuchte.

«Da müssen Sie sich überhaupt nichts bei denken», sagte er. «Ich hab sogar schon die Frau von unserem Bürgermeister halbnackt gesehen.»

Auch daß ich einen Tag nach der Operation gedünstete Nieren serviert bekam, berührte mich etwas eigenartig, meine Mitpatientin ebenfalls. Sie stammte aus Ostpreußen und war mit ihrer Mutter und vier Geschwistern nach dem Krieg in Holstein gelandet. Aus Platzmangel wies man ihnen bei einem Bauern den Schweinestall als Unterkunft an. «Meine Mutter ist gleich zum Bürgermeister gegangen und hat gesagt: ‹Hier muß ein Mißverständnis vorliegen. Ich bin eine Mutter mit fünf Kindern und nicht eine Sau mit fünf Ferkeln.›» Darüber lachten wir Tränen, was meiner Narbe nicht bekam.

Der junge Ehemann der Mitpatientin war rührend um seine Frau besorgt, und ich wurde gleich in die Pflege mit eingeschlossen. Obst, Schokolade und Kuchen schleppte er für uns heran und brachte auch meine Wäsche gewaschen und gebügelt zurück.

Nach drei Wochen wurde ich entlassen. Als ich den Stationsarzt fragte, ob ich jetzt gleich wieder radeln könnte, sah er mich völlig entgeistert an und meinte trocken: «Sie können es ja mal versuchen.»

Kaum war ich aus dem Gröbsten heraus, gab es bei meiner Schwester neue Aufregungen. Die letzten zwei Jahre waren schwer für sie gewesen. Mein Schwager war '76 nach langer Leidenszeit gestorben, die Pachtung mußte abgewickelt werden, und weil das Gut zum zweiten Mal verkauft wurde, mußte sie umziehen.

Auch die Lochower und Erna blieben von Krankheiten und Tod nicht verschont. Ernas Mann starb '78. Er war schon lange krank gewesen, aber dann kam das Ende doch unerwartet. Und in Lochow galt es, von Frau Trägenapp, Luzies Mutter, Abschied zu nehmen. Es gab eine große Beerdigung, wie Erna schrieb, und es waren alle mal wieder zusammen, Matekes, Kolbatschs und die Trägenappsche Verwandtschaft. Als ich mich mit Luzie nach der Wende in Lochow traf, war sie immer noch nicht darüber hinweg, daß sie in der Todesstunde ihrer Mutter nicht in Lochow sein konnte. «Diese gottverfluchte Grenze! Wir haben sie ja jedes Jahr nach Berlin zu uns geholt, und jedesmal hat man Abschied genommen, und jedesmal hat man sich gesagt, nächstes Jahr wird sie nicht mehr dabeisein, so krank wie sie war. Und als es dann zu Ende ging, bin ich am Freitag losgefahren, um bei ihr zu sein. Und am Sonntag nach Staken wieder hin mit meinen beiden Mädchen, weil ich wieder ein neues Visum brauchte. Einer von der Familie hat mich hingefahren, durch die Kontrolle rein und durch die

Kontrolle wieder raus. Für ein längeres Visum hätte ich mindestens vierzehn Tage gebraucht, und wer weiß, ob ich die Genehmigung überhaupt bekommen hätte. Jedesmal, wenn wir losgefahren sind, habe ich gedacht, hoffentlich kommst du noch rechtzeitig zurück. Sie war ja schon so schwach. Die letzten Tage wollte sie immer irgend etwas von ihrem Nachttisch haben. ‹Heute abend kommt der rote Stecken, dann seid ihr alle da. Ihr wißt doch, was ich meine!› Und als ich dann wieder nach Staken mußte, hat sie so geweint und gesagt: ‹Du hast ja versprochen, daß du bei mir bist.› Und dann ist sie gestorben ohne mich. Ich hätt's mir denken können. Ich hätt's mir denken können, als sie das erste Mal nicht mehr den Wecker aufgezogen hat. Den mußte sie immer aufziehen, so schwach sie war.»

Ich hatte von einer Frauenzeitschrift den Auftrag bekommen, Frauen in ihren Berufen zu zeigen. Leider erwartete man in der Redaktion oft, daß Gärtnerinnen wie Elfen aussahen und weibliche Tankwarte wie engelsgleiche Geschöpfe. Doch der Chefredakteur des neu gegründeten Blattes hatte die Anweisung gegeben, daß abgelieferte Manuskripte sofort bezahlt werden müßten, und das entschädigte für vieles. Es gab trotzdem oft Verzögerungen, bis man schließlich sein Geld auf dem Konto hatte. Und wer war schuld? Ausnahmsweise mal nicht die Gesellschaft, sondern der Computer. Sehnsüchtig dachte ich manchmal an die Zeit zurück, als man im Springer-Verlag zu dem Leiter der Honorarabteilung ging, seine finanziellen Sorgen vortrug und wie dieser dann seiner Sekretärin im Nebenzimmer zurief: «Machen Sie mal 'ne Anweisung für die Kasse fertig!» Wo man anschließend sofort das Geld ausgezahlt bekam. Ein Computer konnte so was nun mal nicht. Er sei sowieso leicht überanstrengt und schalte sich dann einfach ab, wie mir erklärt wurde. Dafür müsse ein freier Mitarbeiter doch nun wirklich Verständnis haben.

Die journalistische Tätigkeit auch auf anderen Gebieten langweilte mich allmählich. So versuchte ich es mit einem Buch. Der Titel stand von Anfang an fest: «Kartoffeln mit Stippe.» Die Rundreise des Manuskripts durch die Verlage begann, zunächst ohne Erfolg. Erst bei einem Schweizer Verlag klappte es. Im Februar '79 wollte man das Buch auf den Markt bringen. Der Winter '78/79 hatte es in sich, auch in der DDR. Erna schrieb, daß in der ganzen Umgebung für längere Zeit der Strom ausgefallen war und das bei neunzehn Grad minus. «Kerzen und Batterien gab's weder hier noch in Rhinow oder Rathenow. Zum Glück ist mir nichts kaputtgefroren. Aber 'ne Menge Kälber, Ferkel und Küken sind draufgegangen in den Betrieben und Kartoffeln natürlich auch.»

Kaum war mein Buch fertig, versank Schleswig-Holstein im Schnee. Ganze Dörfer waren abgeschnitten, so daß mein Buch nicht ausgeliefert werden konnte. «Mal wieder typisch für dich», meinte die Familie. Und sie erinnerten mich an die vielen kleinen Mißgeschicke, die stets passierten, wenn ich meine Hand im Spiel hatte. Das legendäre Peterchen legte sich, während ich zur Bahn gebracht wurde, einfach auf die Deichsel, so daß sie zerbrach. Das hatte er vorher noch nie getan. Und dann die Geschichte mit Corris Koffer. Auch daß während des Krieges in meiner Gegenwart die Gepäckabfertigung in die Luft ging, habe sie überhaupt nicht gewundert. Ich wanderte von Buchhandlung zu Buchhandlung in der Hoffnung, mein Buch zu entdecken. Meine Freunde taten das gleiche. Nur selten gab es Erfolgsmeldungen. Die «Kartoffeln» waren eben auf Sandboden gewachsen. Dann mußte ich sehr schnell ins Krankenhaus und verlor mein Kind ein wenig aus den Augen. Doch ich konnte beruhigt sein: Es machte mir keine Schande. Plötzlich stand es in jedem Schaufenster und krabbelte langsam die Leiter auf der Bestsellerliste im «Spiegel» empor bis an die Spitze. Ich war ganz weg von mir selbst. So ein Talent! Wer hätte das gedacht. Die Journalisten gaben sich die Klinke in die Hand. Die Kritik verwöhnte mich. Ich blinzelte ins Rampenlicht und wußte nicht recht, wie ich mit dieser neuen Situation umgehen sollte. Mal war ich überfreundlich, mal wieder pampig. Leserbriefe kamen nun stapelweise, in denen mir immer wieder versichert wurde, was für ein wunderbarer Mensch ich doch sei. Bald glaubte ich es selbst. Auch Liebesbriefe waren darunter. Ein Leser behauptete sogar, ich hätte ihn vor dem Selbstmord gerettet. Bald kam ich mir vor wie das Wildkaninchen, das wir als Kinder gefangen hatten und so lange streichelten, bis es seinen Geist aufgab. Auch Lochow blieb von meinem Erfolg nicht verschont. Zu Nikolais großem Mißfallen stand dauernd jemand vor der Tür und fragte ihn nach uns. Ich bekam viele Fotos geschickt. Die Haustür mit dem geschnitzten Wappen war das beliebteste Motiv.

Die «Kartoffeln» halfen mir auch finanziell auf die Beine, und so konnte ich es mit einem neuen Buch versuchen. Es hieß «Deine Keile kriegste doch» und wurde ebenfalls ein Bestseller. Nun ging die Kritik nicht mehr so zuvorkommend mit mir um. Den Lesern war es egal.

Noch stand ich als Berufsautor auf wackligen Beinen. Doch ich hatte Glück. Meine Leser blieben mir auch bei den nächsten fünf Büchern treu. Meine Freunde freuten sich über meinen Erfolg, zeigten sich aber auch etwas skeptisch. «Verdienst du jetzt wenigstens ordentlich? Hauen sie dich auch nicht übers Ohr? Na, die Steuer wird dir nicht viel lassen.» Der Presserummel flaute Gott sei Dank schnell ab, und ich brauchte Fragen nach dem Grund meines Schreibens und was ich damit erreichen wollte, nicht mehr zu beantworten. Ich bezwecke nichts, ich habe keine Botschaft, ich schreibe einfach, weil's mir Spaß macht. Schreiben ist eine wunderbare Droge, und man wird dafür, daß man ihr verfallen ist, auch noch bewundert. Was nicht sagen will, daß man nicht auch nach Anerkennung süchtig ist. Das größte Kompliment war für mich, daß meine Bücher regelmäßig aus den Päckchen geklaut wurden, ehe sie ihre Empfänger in der DDR erreichten.

Meine Generation war nun im Rentenalter und ging stramm auf die Siebzig zu. In einem Brief erinnerte Erna sich an die schönen Tage bei ihrer Schwester am Bodensee vor fünf Jahren. «Lang, lang ist's her. Aber ich werd mich wohl nicht noch einmal auf den Weg machen. Mit den Beinen wird's nicht besser und dem Zucker. Habe nun auch Durchblutungsstörungen. Das eine Auge ist fast hin. Man fragt sich manchmal, wo ist die Zeit, wo sind die Jahre geblieben. Man wird immer hutzliger, und der Kopf voller Lücken ist durchlässiger geworden. Damals haben wir manchmal gegrient, wenn Frau Gräfin Birnen meinte und Äpfel sagte, aber jetzt bin ich selbst soweit, wenn ich zum Enkel sage (im April wird er vier): ‹Kuck mal, dort oben auf dem Baum sitzt 'n Hecht, der klopft›, und er: ‹Wie kommt denn der da ruff?› Aber, Komteß, noch leben wir.»

Mein Bruder war inzwischen gestorben. Er hatte schon lange nicht mehr in Berlin gelebt und war in Neumünster zum zweiten Mal verheiratet gewesen. Vor seinem Tode im Februar '88 war er noch zweimal zu Hause. Er wohnte bei

Elli Trägenapp, unserem ehemaligen Mädchen, in Stechow, und Gerhard Karge, unser alter Spielkamerad aus Lochow, selbst sehr krank, fuhr ihn auf rührende Weise überall mit Pferd und Wagen herum. Meine Schwester hatte inzwischen zwei Enkelkinder, Juliane und Konstantin. Meine Nichte hatte geheiratet und war in Hamburg geblieben.

Die «Kartoffeln» wurden immer wieder zu neuen Gerichten verarbeitet, diesmal zu einem Film. Die Dreharbeiten begannen im Spätsommer '89 in der Mark Brandenburg. Einige Szenen wurden auch in Lochow gedreht. Die Produktion lud mich zu den Dreharbeiten ein, aber ich hatte eine merkwürdige Sperre und konnte mich nicht dazu entschließen. Lochow genoß das ganze Drum und Dran. Endlich mal was los! Eine wichtige Figur aus dem Buch, eine Ziege, sah Mutterfreuden entgegen und kam durch die Aufregungen zu früh in die Wehen. Und unser Möpschen hatte sich in einen weiblichen Jagdhund verwandelt. Ganze Busse voll mit Neugierigen schaukelten durchs Dorf. Politische Ereignisse gerieten dabei in den Hintergrund. Der Gedanke an eine Wiedervereinigung kam selbst da noch niemandem, mir schon gar nicht.

Sind wirklich bereits fünf Jahre seit dem Fall der Mauer vergangen? Und was ist mir davon in Erinnerung geblieben? Am eindrücklichsten wohl die friedlichen Demonstrationen, der erhabene Schauer bei dem Ruf «Wir sind das Volk!», den wir damals, '48, ebenso spürten, als Ernst Reuter, der Bürgermeister von Berlin, während der Blockade seinen Appell an die Weltöffentlichkeit richtete: «Schaut auf diese Stadt!» Und unvergessen sind natürlich auch die Flüchtlinge im Garten der Prager Botschaft. Bei ihrem Anblick entrückte meine Generation wieder in jene Zeiten, in denen man im Keller zitternd auf die Bomben wartete, den letzten Bohnenkaffee, die letzte Schmalzstulle miteinander teilte und sich gegenseitig tröstend in die Arme nahm.

Und dann der Rummel, als die Grenzen offen waren! Hamburg verwandelte sich in einen riesigen Jahrmarkt. In den Geschäften wurden freiwillig Überstunden gemacht, überall gab's was umsonst, vor allem Süßigkeiten, was den Kleinkindern nicht immer bekam. Damals waren unsere Brüder und Schwestern gerngesehene Gäste, die man mit begeisterter Herzlichkeit unter die Fittiche nahm und liebevoll bevormundete. Sie waren fern davon, sich aufzuregen oder Kritik zu üben. Sie fanden alles «Wahnsinn» und steckten befriedigt ihr Begrüßungsgeld ein. Luzie wurde ausgerechnet während der Vorbereitungen zur Hochzeit ihrer Tochter vom Fall der Mauer überrascht. «Und da kamen se nu alle angemacht aus Stechow, aus Ferchesar und Onkel Kolla natürlich, und holten sich in Berlin ihr Begrüßungsgeld ab. Es nahm kein Ende. Also, ich sage Dir... Zum Schluß bin ich richtig zusammengeklappt. Die konnten mich gar nicht verstehen. Aber wir mußten doch um sechse wieder raus. Sigmund mußte pünktlich zum Dienst. Und dann die Hochzeit, es war einfach zuviel.»

Auch Erna war einmal in Berlin gewesen, aber, wie sie schrieb, nie wieder. Dauernd wäre sie angerempelt worden. «Oma paß doch uff! Haste keene Oogen im Kopp!»

Silvester '89 war ein rauschendes Fest. Überall wurde der Fall der Mauer gefeiert. Danach herrschte leichte Katerstimmung zwischen den Brüdern und Schwestern. Eine gewisse Gereiztheit machte sich bemerkbar. «Vier Wochen soll ich auf den neuen Fernseher warten? Wo gibt's denn so was!» Der Verkäufer zuckte die Achseln. «Wir haben einen Engpaß. Geht alles nach drüben.» Man gönnte es ihnen ja von Herzen, aber das ging doch irgendwie zu weit. Besonders kritisch wurden die Ossis von ihren eigenen Landsleuten unter die Lupe genommen, die selbst noch Leib und Leben riskieren mußten, um in die Bundesrepublik zu kommen. «Uns ist auch nichts geschenkt worden! Und jetzt soll das Sozialamt die Sozialhilfeempfänger von drüben sogar nach Mallorca schicken auf Staatskosten! Und dann diese Preise drüben! Hundert Mark für eine Übernachtung und das Klo noch auf dem Hof. Die können wohl den Hals nicht voll genug kriegen.»

19

Im Mai '90 fahre ich zum ersten Mal wieder in meine Heimat, nur für zwei Tage, mehr Zeit bleibt nicht. Ich muß mich nach einer Kollegin richten, die mich freundlicherweise mitnimmt. Es ist schon ein eigenartiges Gefühl, an den leerstehenden Grenzhäuschen vorbeizufahren. Die Dörfer haben sich in den letzten vierzig Jahren kaum verändert. Angepflockte Kühe liegen friedlich wiederkäuend auf den Grünstreifen. Auch die Sommerwege gibt es noch. Wir fahren über Rhinow, den Ort, in dem ich meinen Arbeitsdienst ableisten mußte. «An die Arbeit!» und dann die Antwort im Chor: «Froh heran!» So mickrig habe ich diesen Marktflecken, wie man solche kleinen Orte früher bei uns nannte, gar nicht in Erinnerung. Dann Rathenow. Auch hier die Straßen fast menschenleer. Stechow, Ferchesar, Lochow. Fast verfahren wir uns. Weit und breit keine Menschenseele. Ich habe mich schon immer schlecht orientieren können, aber daß ich mich nicht einmal hier mehr zurechtfinde und wir fast am Trintsee landen, ist wirklich eine Blamage. Am Ortseingang steht noch das alte Ortsschild. Langsam fahren wir durchs Dorf und kehren dann wieder um. «Mein Gott, ist das hier häßlich», sagt meine Kollegin. An manchen Stellen sieht das Dorf wirklich wie eine Vogelscheuche aus. Verrottete Baracken, ein zusammenstürzender Kuhstall der LPG, ein halbverbrannter Wohnwagen, überall Gerümpel, dann schließlich unser Grundstück. Die Scheune wie eine alte Frau krumm und schief, das Haus grau in grau. Nur Nikolai hat sich nicht verändert. Er trägt eine Pudelmütze und begrüßt mich kopfschüttelnd. «Mein Gott, die eine so dick, die andere so dünn», womit er meine Schwester und mich meint. Die Veranda gibt es nicht mehr, die Rüster davor ist abgeholzt. Sie war ein Lieblingsbaum der Stare. Im Frühjahr das Spektakel, wenn sie ankamen, im Herbst, wenn sie wieder gen Süden zogen. Jeden Abend versammelten sie sich, flogen auf, als hätten sie ein Signal bekommen, und kreisten, eine dichte graue Wolke, über dem Witzker See. Auch die Blumenrabatte und der Flieder sind verschwunden. Alles ist ein riesiger, ziemlich verwilderter Gemüsegarten geworden. Jetzt, wo seine Olga tot ist, hat Nikolai auch daran die Lust verloren. Sie ist '89 gestorben. Im Dezember '88 haben die beiden noch goldene Hochzeit gefeiert.

«Darf ich mir ein paar Mohrrüben ziehen?» frage ich. Er sieht mich mit nachsichtigem Lächeln an. «Was fragst du? Es gehört doch alles dir.»

Zu kurz der Besuch. Ich bereue es noch heute. Auch bei den Nachbarn kann ich mich nicht lange aufhalten. Sie haben gegenüber von ihrem Haus ein Treibhaus errichtet und wollen es mit Gemüse versuchen.

«Du hast es aber eilig», sagt Ilse Trägenapp, jetzt Mateke, enttäuscht. Aber was soll ich machen, das Programm ist zu voll. Ich muß doch noch nach Wassersuppe zu Erna, die wartet sicher schon.

In Wassersuppe ist gleichfalls kein Mensch auf der Straße. Ich blicke mich ratlos um. Mein Gott, wo wohnt sie denn bloß? Eine junge Frau kommt aus ihrem Garten. «Na, wo soll se schon wohnen? Da, wo der Briefkasten hängt.» Richtig! Erna war ja bei der Post und damit Geheimnisträgerin. Zu DDR-Zeiten durfte meine Schwester das Auto nicht vor ihrem Haus parken. Sie stellte es auf einem Nebenweg ab und ging zu Fuß. Dann kuckte Erna erst die Straße rauf und runter und gab ihr ein Zeichen. Erst wenn die Luft rein war, durfte sie auf den Hof fahren.

Fallen wir uns in die Arme? Tun wir nicht. Wir sind ja Märker, und unsere Sprödigkeit macht uns beiden zu schaffen. Etwas verlegen sehen wir uns an. «Na ja», sagt Erna, «schön, daß Sie sich mal sehen lassen. Nu kommen Se mal rin.» Sie holt eine Flasche Birnenschnaps.

«Aber Erna», sage ich, «Ihr Zucker, Ihre Leber!»

Sie macht eine wegwerfende Handbewegung. «Det bißchen Zucker. Man muß die Leber überlisten.»

Schnell sind wir wieder bei unseren Erinnerungen und natürlich auch bei Buschi, unserem allseits so beliebten Hund. Buschi, der einem Bauern die Würste vom Rad klaute und meiner Schwester stolz apportierte. Viel zu schnell kommt der Aufbruch. Tadelnd sieht Erna mich an. «Na, det war ja man 'n kurzes Glück.»

«Aber ich komme doch wieder», sage ich. Und dann werden es doch wieder zwei Jahre.

Am nächsten Tag fahre ich noch einmal kurz nach Lochow. Schnell ein Rundgang bis zum Witzker See. Er wird immer flacher. Bald kann man nach Witzke hinüberwaten. Das Wasser gluckert vertraut gegen die angetäuten Boote. Richtige Wiedersehensfreude stellt sich noch nicht ein. Es ist wie beim Zahnarzt, wenn man einen Zahn gezogen bekommt. Die Betäubung wird erst allmählich weichen.

Eine neue Heimat habe ich nie gefunden, und die alte?

Noch wirkt sie merkwürdig abweisend. Ein Besuch in Görne verstärkt diesen Eindruck. Das Dorf ist mir ganz fremd geworden. Fast finde ich das Schloß nicht, so verändert sieht es aus. Es wirkt unwirtlich und verlottert in dem abgeholzten Park. Meine Schwester hat recht, nur der See hat seine Schönheit behalten. Kindheitserinnerungen werden wieder wach. Ostereiersuchen im Park mit den Vettern, die meine Tante beim Ostereierverstecken mit dem Fernglas beobachteten. Ruck, zuck füllten sie dann ihre Körbchen, und meine Schwester und ich zogen eine weinerliche Flappe. An Regentagen durchstöberten wir das Schloß vom Boden bis zum Keller, ganz in uns zusammengekrochen vor Kälte. Denn geheizt wurden höchstens zwei, drei Räume.

Ehe wir zum Auto zurückkehren, werfen wir noch einen Blick auf das Schloß. Vor dem Eingang lungern ein paar Gestalten herum, die Bierflasche in der Hand. Meine Kollegin ist ganz erschüttert, daß man diesen schönen Bau so verwahrlosen läßt.

«Tja», sage ich, «Eigentum verpflichtet. Hatte wohl der Arbeiter- und Bauernstaat vergessen. Fahren wir nach Hause.»

«Meinen Sie damit Lochow oder Hamburg?» Im Augenblick ist es weder das eine noch das andere, und ich denke an die mahnenden Worte unserer Postzustellerin, Frau Behrend: «Vergeßt die Heimat nicht, wo eure Wiege stand.» Als Kinder sind wir vor Heimweh fast eingegangen, wenn wir ins Internat zurückmußten. Rathenow lag zwar nur vierzehn Kilometer von uns entfernt, und wir hätten dort gut die Oberschule besuchen können. Aber es war natürlich unmöglich, den armen Pferden so etwas zuzumuten, womöglich noch im Winter. Da war Vater strikt dagegen.

Die ersten Wochen im Internat waren für mich ein Alptraum. Benommen saß ich während des Unterrichts zwischen den anderen und folgte den Gedankengängen der Lehrerin nur mühsam. Das Heimweh fraß mich auf, und vielen ging es ähnlich wie mir. Aber über seinen Seelenzustand sprach man nicht. Heimweh gehörte nun mal dazu wie Muskelkater und chronische Erkältung im Herbst. Mit den Jahren änderte sich das. Ich begann die Meinung der reichen Verwandtschaft in Schlesien zu teilen, daß Lochow eine rechte Kuhpleeke sei, ein Ort, in dem einfach nichts los war und wo man, wenn man aus dem Internat nach Hause kam, sein Rad am Bahnhof vorfand, anstatt, wie es sich doch gehört hätte, mit den Pferden abgeholt zu werden. Da ging es bei den Freunden anders zu. Bei denen salutierte noch der Kutscher mit der Bogenpeitsche, und es war auch sonst recht herrschaftlich. Und so war ich in den großen Ferien nur noch selten zu Haus.

Erst nach der Flucht merkte ich richtig, was Lochow mir wirklich bedeutet hatte. Aber Heimat ist eben nicht nur ein Ort, sondern auch viel Gewohntes und Vertrautes. Nach mehr als vierzig Jahren braucht es seine Zeit, bis sie hinter den Veränderungen wieder fühlbar und sichtbar wird, wozu Nikolai das meiste beigetragen hat. Sein beharrliches «wann kommt ihr denn nun endlich» geht mir während der Heimfahrt dauernd durch den Kopf. Er scheint wirklich fest entschlossen zu sein, uns das, was er als Siedler erhalten hat, zurückzugeben, Haus, Hof und Garten. Nein, den Garten nicht oder nur zur Hälfte. Der ist damals während der Bodenreform jemand anderem zugeteilt worden.

Als ich wieder zu Hause bin, halte ich telefonisch Rat mit meiner Schwester. Meint er es wirklich ernst? Sie beschließt, der Sache auf den Grund zu gehen. Vielleicht war es auch nur so dahingesagt, und irgendwie ist es peinlich, ihn danach zu fragen. Nikolai zeigt sich höchst verwundert. «Es gehört euch doch.» Sind die Kinder der gleichen Ansicht? Sie sind es. Nikolai hat ihnen nie erlaubt, sich auf dem Grundstück etwas auszubauen.

Im Frühjahr '91 wird das Grundstück an uns übertragen. Meine Schwester hat einen Notar aufgesucht. Der weiß nicht, wo ihm der Kopf steht. «Die Leute rennen mir hier die Bude ein.»

Immer wieder gibt es eine neue Hürde zu nehmen. «Nikolai, es nützt nichts, wir müssen noch einmal zum Grundbuchamt.»

«Da waren wir doch erst gestern!»

«Aber da müssen wir noch mal hin.»

Wieder in die gute Hose, wieder in das neue Auto seines Neffen Arno Mateke. Nikolai seufzt. «Sind wir schon gestern gefahren wie durch brennenden Wald.» Er grinst. «Und was die Ilse ist, Arnos Frau, die hat hinten geschrien: ‹Biste verrückt?›»

In Rathenow bleibt er vor dem Gerichtsgebäude stehen. «Hier war ich schon mal im Gefängnis.»

Wir kennen die Geschichte. Die anderen Siedler wollten ihm unsere alte Drillmaschine wegnehmen. Da hat er die von ihm neu eingebauten Teile wieder ausgebaut. Daraufhin wurde er wegen Sabotage eingesperrt. Noch heute ist er stolz darauf, daß es seine geliebte Olga war, die ihn wieder herausgeholt hatte. «Die ist gleich zu dem Kommandanten gegangen. Der ist gekommen und hat gebrüllt: ‹Wer spricht hier russisch?› – ‹Ich›, hab ich gesagt. ‹Und warum haben sie dich eingesperrt?› – ‹Weil sie mir meine Drillmaschine wegnehmen wollten und ich die neuen Teile wieder ausgebaut habe.› – ‹Hast du gut gemacht›, hat er auf russisch gesagt und sich halbtot gelacht. ‹Nimm deine Siebensachen, und dann ab mit dir.›»

Auf den Behörden treffen wir manche verständnisvolle, wenn auch noch etwas ängstliche Seele. «Sie sind aus Lochow? Ach nee. Da haben wir immer Brombeeren gesammelt. Und meine Oma hat sich ihren Weihnachtsbaum da geholt. Und was meine Tante ist, die war irgendwo bei den Bredows Mamsell. Das kriegen wir schon hin.»

Erleichtert kehrt Nikolai nach Lochow zurück. Diesmal fährt mein Neffe Albrecht, der meine Schwester begleitet hat. Er versucht es mal wieder mit einer Abkürzung und verfährt sich prompt. «Wird Zeit, daß du deine Heimat besser kennenlernst», sagt Nikolai mißbilligend, und zu meiner Schwester: «Nun ist alles amtlich, nun könnt ihr mich rausschmeißen.»

«Ja», sagt meine Schwester, «das werden wir tun. Du kommst in den Pferdestall, Nikolai. So sind wir Junker nun mal.»

Er lacht. Fragt zum x-ten Mal: «Wann zieht ihr denn nun endlich ein? Ist doch nicht viel zu tun, ein bißchen Farbe und was es sonst noch so braucht.»

Aber es braucht entschieden mehr. Das Dach muß vollständig erneuert werden, und auch sonst wirkt das Haus sehr mitgenommen. Es ist unmöglich, mit Renovierungen anzufangen, ohne ihn auszuquartieren. Und das können wir ihm nicht antun. Nikolai ist ein kranker Mann. Er hat ein schwaches Herz und Rheuma und was sonst so das Alter nach schwerer Arbeit mit sich bringt.

Seine Kinder und die Lochower kümmern sich um ihn. Aber seine Olga kann ihm keiner ersetzen. Er hat jetzt eine Leidenschaft fürs Fernsehen entwickelt. Der Fernseher läuft den ganzen Tag bis spät in die Nacht. Als mein Neffe, der in seinem Urlaub schon im Haus herumwerkelt, nach einem bestimmten Handwerker fragt, sagt Nikolai: «Ich kann dir alles sagen, mein Junge, wie viele Kinder die Königin von England hat, was für ein Mann der Gorbatschow ist und wer in der Nationalmannschaft spielt. Aber was hier ringsherum passiert, davon weiß ich nichts.»

Inzwischen ringen wir mit der Treuhand. Wir müssen die Hälfte des Grund und Bodens unter dem Haus, die einem anderen Siedler gehörte, noch von ihr kaufen. Ebenso ein Stück Gartenland. Die Preisvorstellungen der Treuhand nähern sich in meinen Augen den Grundstückspreisen in der Hamburger Innenstadt. («Aber Achim», würde jetzt die Familie sagen.) Auf jeden Fall sind sie viel zu hoch.

Ein Vertreter der Treuhand will sich erst einmal persönlich davon überzeugen, daß wir den alten Mann nicht etwa unter Druck gesetzt haben. Nikolais Augen unter seiner Pudelmütze beginnen zu funkeln. «Es gehört mir nun mal nicht.»

»Aber der Staat hat es Ihnen doch gegeben.»

«Wie kann mir der Staat etwas geben, was ihm nicht gehört.»

«Und Sie wollen einfach darauf verzichten? Es ist sicher schon jetzt eine Menge Geld wert.»

«Geld. Was brauche ich Geld? Ich bin ein alter Mann.» Nikolai empört sich bei meiner Schwester. «Ist doch alles Kinderkram, was ihr da macht.» Und der fromme Adventist, der es sonst streng mit den Gesetzen seiner Religion hält, fügt grollend hinzu: «Dann müßt ihr eben diesen Menschen bestechen. Ach, macht doch, was ihr wollt!»

Zweimal muß Nikolai in diesen Monaten ins Krankenhaus. Beim letzten Mal nach der Entlassung ist er zu schwach, um nach Lochow zurückzukehren. So bringt ihn seine Schwiegertochter, die in einem Altenheim arbeitet, dort unter. 1992 stirbt Nikolai. Die Kinder meiner Schwester fahren zur Beerdigung. Es ist ein unfreundlicher, kalter Wintertag und der Ferchesarer Friedhof eine windige Ecke, über den ein eisiger Ostwind fegt. Der Prediger bedankt sich, daß Nikolai in unserem Haus wohnen durfte. Albrecht und Gabriele sind sprachlos, meine Schwester und ich ebenfalls.

Während wir mit unserem Grundstück beschäftigt sind, muß Erna für vier Wochen ins Krankenhaus. Sie leidet an Durchblutungsstörungen an den Füßen. In ihrem Brief beschwert sie sich, daß sie zuviel Insulin gespritzt bekommen hat. «Obwohl ich Bescheid gesagt habe. ‹Ach, komm' se man!› Und drin war die Spritze. Nachher haben sie sich bald die Hacken abgerannt, und dann ist ihnen noch die Infusion danebengelaufen. Hat mir wirklich gereicht. Und jetzt hab ich auch noch die Gürtelrose gekriegt. Na, was soll's. Das bißchen Juckerei ist auszuhalten.» Erna macht uns wirklich Sorgen.

Als ich im Sommer '92 siebzig werde, klingt ihr Geburtstagsbrief recht gedämpft. Sie beklagt sich, daß sie keinen Telefonanschluß bekommt, obwohl sie fast achtzehn Jahre die Post gemacht hat. «In den Zeitungen steht immer, daß alles klappt. Aber die Wirklichkeit sieht anders aus. Wir sind ja Kummer gewöhnt. Früher ging meine Rente nach Berlin aufs Postgirokonto. Jetzt muß ich immer nach Hohenauen und mir von dort das Geld holen. Die meisten Dörfer haben keine Post mehr. Aber viel schlimmer ist, daß man jedes Jahr krepeliger wird. Ich kann nur noch schlecht laufen. Auf fester Straße geht's. Aber unten am See entlang im Gras hab ich zu tun, daß ich nicht hinfalle. Das Knie ist steif. Genauso geht's mit den Augen. Bin auf dem rechten schon viermal mit Laserstrahl behandelt. Sehe bald gar nichts mehr. Wie schnell ist man doch ein altes Weib geworden. Bin immer so gern Rad gefahren. Zeit hat man nun ja. Und die Rente – man könnte kleine Reisen machen, Tagesfahrten mit dem Bus und so. Sind vierzehn Jahre her, daß Heinz gestorben ist. So schnell vergeht die Zeit. Nun haben wir keinen mehr vor uns, nun sind wir dran. Am besten ist wohl einäschern. Das wird noch das billigste sein. Und dann bei Heinz mit drauf. Da ist schon ein Grab weniger zu pflegen. Hier sind's sechs und in Witzke drei. Da hat man zu tun.» An unsere Gräber und die Last, die andere damit haben, denken wir vorläufig noch nicht, am wenigsten meine Schwester. Sie steckt voller Pläne und läßt sich von der Bürokratie nicht unterkriegen. Das Stückchen «Park» möchte sie unbedingt noch kaufen. «Es gehört doch einfach dazu!»

Erna erfreut sich in einem ihrer letzten Briefe an einer neuen Ölheizung. «Ist doch eine feine Sache. Kein Dreck, kein Staub. Sonst war immer was los, wenn der Schornsteinfeger kam, Ruß bis auf den Boden, schwarze Hände, faßte man ans Treppengeländer.»

Im September '93 muß sie wieder ins Krankenhaus, diesmal mit Blaulicht. «Hatte Magenbluten. Wollten versuchen, es ohne Operation wegzukriegen. Und auch, daß ich Wasser im Leib habe, gefällt ihnen nicht. Na, laß sie machen.» Ernas Briefe klingen immer alarmierender. Sie hat nun auch Wasser im unteren Lungenflügel. «Dachte ja, ich würde dieses Wochenende schon nach Haus kommen. Aber mit mir ist es wie mit einer alten Jacke: Wenn man erst beim Stopfen ist, findet man immer wieder schlechte Stellen.»

Ernas Stationsarzt ist der Sohn von Elli Trägenapp, unserem früheren Hausmädchen. Ich rufe ihn an. Aus dem, was er sagt oder besser: nicht sagt, höre ich heraus, daß ich mich beeilen muß. Gabriele fährt mich nach Rathenow. Es ist noch dasselbe Krankenhaus wie in meiner Kindheit und Jugend. Aber so verwinkelt hatte ich es nicht mehr in Erinnerung. Es ist wohl in der Zwischenzeit umgebaut worden. Ratlos irre ich herum. Schließlich weist mir eine freundliche Schwester den Weg. Erna liegt in einem altmodischen Zweibettzimmer mit hoher Decke und großem Fenster. Sie starrt mich völlig überrascht an. «Ich werd' verrückt. Die Komteß!» strahlt sie. Sie ist sehr dünn geworden, aber scheint mir sonst noch recht gut beieinander. Ganz aufgekratzt kommen wir ins Erzählen. Gleich sind wir wieder bei unserer gemeinsamen Zeit. «Wie geht's denn Ihrer Freundin?» will Erna wissen.

«Sie ist vor sechs Jahren gestorben», sage ich. Daß ich sie vor ihrem Tode nicht noch mal besucht habe, legt sich wieder schwer auf meine Seele. Vielleicht war ich gerade selbst krank gewesen, vielleicht konnte ich aus beruflichen Gründen nicht. Ausreden lassen sich leicht finden. Ein Autor ist ein selbstsüchtiges Wesen. Das Buch, das gerade entsteht, ist ihm wichtiger als die Freunde. Er verdient die Zuneigung nicht, die man ihm entgegenbringt.

Erna erinnert mich auch daran, daß ich selbst schon einmal in diesem Krankenhaus gelegen habe.

«Wann denn?» frage ich erstaunt.

«Sie waren gerade im Arbeitsdienst.»

Jetzt fällt es mir wieder ein. Ich hatte mir eine Angina geholt. Wie immer war meine Mutter gleich zur Stelle, was mir peinlich war. «Wie kommst du denn hier rein? Es ist doch noch gar keine Besuchszeit.»

«Das laß nur meine Sorge sein.» Stirnrunzelnd entfernte

sie mit raschem Griff ein pickliges Kind, das man mir zur Obhut aufs Bett gesetzt hatte. «Zieh dich an, ich nehm dich mit.»

Der Professor war inzwischen in den Saal, in dem ich lag, gekommen. Er küßte meiner Mutter die Hand. «Aber, liebe Gräfin», sagte er beschwörend, «ich kann Ihnen Ihre Tochter nicht mitgeben. Ihr Herzmuskel ist nicht in Ordnung. Sie braucht viel Ruhe.»

«Eben», sagte meine Mutter. «Da ist sie zu Hause am besten aufgehoben.» Und ehe ich mich's versah, saß ich in einer Taxe, recht mickrig, aber hochzufrieden.

Die Lagerführerin sah das eigenmächtige Handeln meiner Mutter etwas anders. «Sie werden noch mal ein Disziplinarverfahren kriegen», sagte sie mahnend, als ich mich wieder im Lager befand.

«Ach Erna», sage ich lachend, «was Sie noch alles so wissen!»

Erna kommt richtig in Fahrt. Wie sie sich mit Möpschen bei eisiger Kälte im Wald verirrt hat und sie ihn dann fast nach Hause tragen mußte, weil er sich in dem verharschten Schnee die Pfoten wundgelaufen hatte. Wie scharf wir im Herbst hinter den Champignons her gewesen sind und uns zu unserem Ärger oft die Ausflügler zuvorkamen. Und schon habe ich wieder den Geruch von Kartoffelfeuern in der Nase und das melancholische Geräusch der Kreissäge im Ohr, das aus Witzke zu hören war.

Die Patientin im Nachbarbett fängt an zu wimmern, vielleicht vor Schmerzen, vielleicht aber auch vor Erschöpfung und gepeinigt von unserem lauten Reden. Denn mit dem Gehör steht es bei Erna nicht mehr zum besten. Zweimal kommt die Schwester herein und sieht nach der Schwerkranken. «Soll ich nicht lieber gehen?» flüstere ich ihr zu.

«Nee, nee, bleiben Sie man noch», sagt die Schwester. «Sie wohnen ja auch nicht gerade um die Ecke.»

Aber die Patientin wird immer unruhiger. Es ist ihr anzumerken, wie sehr sie unsere Unterhaltung anstrengt. So verabschiede ich mich früher als geplant. Erna blickt enttäuscht. «Sie wollen schon gehen? Warum denn?»

Ich mache eine hilflose Geste und deute auf die Kranke. «Ich komm ja wieder», tröste ich sie, «bestimmt.»

Erna wirkt nur halb beruhigt. «Aber erst dann, wenn ich wieder zu Hause bin.»

Ich nicke. «Na klar. Dann trinken wir wieder einen. Man muß die Leber überlisten, sagen Sie doch immer.» Erna lacht.

An der Tür drehe ich mich noch einmal um. Erna sitzt im Bett und sieht mich an. Ihr Blick verrät, was wir jetzt beide wissen: Wir werden uns nicht wiedersehen.

Bedrückt kehre ich zu Gabriele zurück, die im Auto auf mich wartet. «Da bist du ja schon wieder. Ich habe mich auf viel länger eingerichtet.»

«Ich auch», sage ich.

Wir verlassen das Krankenhausgelände. Auf den Straßen ist es stockdunkel, die Straßenbeleuchtung läßt noch zu wünschen übrig. Die Straßenschilder können wir nicht lesen. Früher ja, da hatten wir noch Katzenaugen. Wenn Erna und ich aus dem Kino kamen und durch den Wald radelten, fanden wir ohne Schwierigkeiten den Weg.

Novemberzeit, Lesezeit. Auch Erna war eine Schmökertante und holte sich aus Vaters Bücherschrank, was sie interessierte. Bis tief in die Nacht brannten die Kerzen auf unseren Nachttischen. Sie belegte einen Englischfernkurs und versuchte sich auf einer von Vaters Geigen. Einmal im Kriege, als sie Unkraut jätete, wurde sie von einem unbekannten Mann angesprochen. Wie es ihr denn bei uns gefalle, und was der Graf denn so treibe. Ein Radio gebe es doch sicher in diesem Haus. Vielleicht höre man da auch manchmal einen ausländischen Sender? Könne einem ja leicht passieren, daß man in so eine Station reingeriet. Erna harkte weiter. «Passieren kann viel.»

«Wo ist denn der Graf jetzt?» wollte der Mann wissen.

«Dort, wo Sie eigentlich auch hingehören», sagte Erna, «an der Front.» Der Mann verzog sich.

Meine Mutter war außer sich, als sie ihr davon berichtete. «Erna, ich sage es Ihnen jetzt zum letzten Mal: Stellen Sie das Radio abends leise! ‹Hier ist London, hier ist London› hört man ja bis auf die Straße.»

Zum Abendbrot sind wir bei Nikolais Kindern, Simon und Bärbel Kolbatsch, eingeladen. Sie haben sich ihr Haus mit viel Fleiß gemütlich gemacht, sogar einen Parkettfußboden gelegt. Anschließend fahren wir in die kleine Pension der Familie Berckholtz zurück. Werner Berckholtz, damals noch ein Kind, erinnert sich, daß im Krieg sämtliche Hunde der Gemeinde zur Musterung mußten. Auch Möpschen. Um ihre Schußfestigkeit zu prüfen, feuerte man eine Salve ab. Danach war Möpschen verschwunden.

«Noch nie», sagt Werner Berckholtz, «habe ich einen so großen Hund so schnell rennen sehen.»

Am nächsten Morgen fahren wir nach Lochow und machen eine «Schloßbesichtigung». Immerhin, das Haus hat nun endlich ein neues Dach, und des Himmels Wolken schauen nicht mehr hoch hinein, wie sie es leider zu lange taten. Die Nachbarn sind emsige Heinzelmännchen. Sie haben die Öfen geheizt, damit die Wände trocknen, Schutt und Müll entfernt, das Haus gelüftet und bewacht.

«Was wollen Sie denn hier?» fragte Arno streng eine Frau, die mit Mann und Kind unser Grundstück betrat.

«Wir wollten so gern mal sehen, wo Möpschen immer seinen Napf stehen hatte», sagte die Frau entschuldigend.

Wann wird das Haus fertig sein? Ich glaube, das kann noch lange dauern. Mit großem Geld können wir nicht ranklotzen, es muß immer wieder neu verdient werden. Geduld muß der Mensch haben, eine Tugend, die ich nicht besitze. Ich stöhne auf bei dem Gedanken, was noch auf uns zukommt. Und dann erst die Stallgebäude! Durch die unter Denkmalschutz stehende Scheune mit den Lehmwänden pfeift der Wind, und ich habe den Eindruck, das Scheunentor wird nur noch von unseren vielen, vielen Luftgewehrkugeln, die in dem Holz stecken, zusammengehalten.

Als wir das Haus verlassen, scheint es uns sehnsüchtig nachzublicken, als wollte es sagen: Laßt mich nicht zu lange hier im Regen stehen. Das kleine Haus. Ich bekomme direkt zärtliche Gefühle. Wie habe ich mich jedesmal gefreut, wenn ich mit Vater am Witzker See auf Enten anstand und mir die Beine in den Leib fror und das Petroleumlicht durch die Fenster tröstlich zu uns herüberblinzelte. Gott sei Dank, bald, bald würde ich am warmen Kachelofen sitzen. Ich winke ihm verstohlen zu, während wir zum Auto gehen. Diesmal wagen wir den Weg durchs Luch zur Hauptstraße. Es ist vom Abendrot, das durch den Nebel dringt, in rosa Dunst gehüllt. Vertraute Gerüche nach Schilf, Wasser und Moor dringen in meine Nase. Wildgänse ziehen in endlosen Scharen mit lauten Rufen über unsere Köpfe hinweg. So viele gab es in meiner Jugend nicht. Eine Schafherde schwimmt im Bodennebel. Dazwischen stolzieren Kraniche. Langsam schaukeln wir den Plattenweg entlang. Ist doch schön hier, scheint das Land mir zuzuflüstern. Die

Heimat mit ihrem spröden Charme hat unmerklich wieder von mir Besitz ergriffen.

«Hoffentlich erwische ich nicht den falschen Weg», sagt Gabriele nervös.

Wie oft sind wir im Winter im Kreis gefahren, obwohl die Pferde die Strecke fast im Schlaf kannten. Bei Eis und Schnee gab es plötzlich einen Ruck. Wir waren irgendwo vom Weg abgekommen. «Spring runter», sagte mein Vater zu meiner Schwester, «und kuck mal nach, wo wir eigentlich sind.»

Meine Schwester tat es gehorsam und versank sogleich in einer Schneewehe. Nur noch die Bommel von ihrer Pudelmütze war in dem diffusen Mondlicht zu sehen.

«O Gott!» rief meine Mutter und starrte angestrengt in die Dunkelheit. «Wo steckst du denn?»

Es dauerte eine Weile, bis sich meine Schwester, über und über mit Schnee bedeckt, wieder herausgewühlt hatte. Vater meinte, sie solle sich erst mal ordentlich schütteln, ehe sie wieder auf den Wagen stieg.

«Also, Lochow im November – einfach trostlos», sagt Gabriele, «wie habt ihr das bloß früher ausgehalten? Wenn ich da an Bayern denke...»

Ich reagiere gekränkt. «Du mit deinem Bayern und dieser sterilen Bilderbuchlandschaft. Dein Großvater hätte gesagt: ‹Labbriges Land›.»

«Na, so was», sagt Gabriele nachsichtig und hupt, um ein Schaf vom Plattenweg zu vertreiben. «Immerhin hat er fast zwanzig Jahre bei uns gelebt und, soviel ich weiß, recht gern. Jedenfalls hat er oft zu uns gesagt: ‹Was müßt ihr dauernd reisen? Hier ist es doch viel schöner.›»

Ich lache: «In der Not frißt der Teufel Fliegen. Gegen Lochow durftest du trotzdem nichts sagen. Da war er hochempfindlich. Als die Eltern '23 hierhergezogen sind, war sein Glück vollkommen.»

«Seins vielleicht», sagt meine Nichte, «aber bestimmt nicht Großmutters. Die war doch so wie Mama. Am liebsten unterwegs und unter Menschen.»

«Ich meine, sie hat sich mit dem ‹einfachen Landleben› ganz gut abgefunden. Ihre Generation und meine waren eben noch bescheidener und nicht dauernd auf der Suche nach sich selbst. Was nicht war, das war nicht. Basta. Kein Grund, ein ganzes Leben irgendwelchen unerfüllt gebliebenen Träumen nachzutrauern.»

«Ihr hattet eben nicht so viele Bedürfnisse.» Meine Nichte sieht mich nachsichtig an, als wäre das eher ein Manko.

«Und ihr redet sie euch ein.»

Meine Nichte grinst. «Soviel ich gehört habe, fuhr Großmutter dauernd nach Schlesien.»

«Dauernd? Einmal im Jahr.»

Ich muß an meinen Vater denken und das Theater, das er jedesmal deswegen machte. «Sechs Wochen willst du wegbleiben? Ist das nicht ein bißchen lange?»

«Sechs Wochen ist überhaupt nichts. Da komme ich gerade so rum», verteidigte sich meine Mutter. «Ich habe schließlich sechs Geschwister.»

«Gott sei's geklagt», seufzte mein Vater, obwohl sein Verhältnis zu Schwägern und Schwägerinnen besonders gut war. Aber er hatte nun mal seine Familie gern um sich versammelt und schleppte uns am liebsten überall mit, sehr zum Kummer der jeweiligen Gastgeber, was Vater wenig störte. In diesen Dingen war er dickfellig.

Einmal waren meine Eltern bei einem Regimentskameraden von Vater zur Jagd eingeladen worden. Auch ich mußte mit, obwohl ich bereits stark erkältet war. Schon in der Kleinbahn glühte ich wie der Kanonenofen in der Mitte des Abteils der dritten Klasse. Meine Mutter wollte in Rathenow wieder mit mir umkehren. Vater redete es ihr aus. «Endlich hat sie mal rote Backen. Du wirst sehen, morgen ist sie wieder mopsfidel.»

Von mopsfidel konnte keine Rede sein. Ich bekam eine Lungenentzündung. Mein Gehuste störte die anderen Gäste, und überhaupt gab es bei den Gastgebern meinetwegen viel Aufregung und Gerenne.

Ich muß unwillkürlich lachen, als ich mich daran erinnere.

«Warum lachst du?» fragt Gabriele. Und ich erzähle es ihr. «Nach diesem Desaster wurde dann dein Großvater doch etwas einsichtiger und ließ uns zumindest zu Haus, wenn sich eine Krankheit ankündigte.»

Sobald meine Mutter abgereist war, wurde Vater sanft und umgänglich. Das Personal umtanzte ihn beglückt. Er bekam all seine Lieblingsspeisen. «Was soll's denn heute sein, Herr Graf?» fragte ihn die Mamsell ungeniert durch die Klotür hindurch. Normalerweise hätte er seinem Unmut, daß man ihn an diesem Orte störte, lautstark Luft gemacht. Aber so murmelte er nur unwirsch vor sich hin: «Hat man denn nirgendwo seine Ruhe?», um ihr dann mitzuteilen: «Kartoffelpuffer wären nicht schlecht.»

Nach jeder Reise tat meine Mutter, als hätte sie Mühe, sich im Haushalt zurechtzufinden. «Wann eßt ihr denn hier so?» fragte sie meinen Vater, der gerade der Haustür zustrebte.

Das brachte ihn in Harnisch. «Um halb eins natürlich. Das müßtest du als Hausfrau ja wohl am besten wissen.»

«War ja nur eine Frage», sagte Mutter sanft. «In der

Küche wird gerade das Essen aufgetan, und du scheinst weggehen zu wollen.»

Vater murmelte etwas und setzte sich wieder. Seine Angewohnheit, jedesmal kurz vor den Mahlzeiten das Haus zu verlassen, machte sie rasend. «Schön, daß du wieder da bist», sagte Vater besänftigend.

Das fand ich auch. Ich war ein Mamakind und hatte schon Heimweh nach ihr, wenn die Eltern nur für eine Nacht wegblieben.

Inzwischen haben wir die Hauptstraße erreicht. Es ist längst dunkel geworden.

Im Dezember '93 stirbt Erna. Es waren eben doch zu viele Löcher zu stopfen. Wie hat sie gesagt: «Wenn's sein muß, dann kein langes Zappeln.»

> Ach, wie nichtig, ach, wie flüchtig
>   sind der Menschen Tage.
> Wie ein Strom beginnt zu rinnen
>   und mit Laufen nicht hält innen,
> so fährt unsre Zeit von hinnen.

20

Im Juni '94 treffe ich mich mit meiner Schwester in Lochow. Während ich die kleine Pension Berckholtz in Ferchesar vorziehe, hat meine Schwester bereits unser Haus in Besitz genommen. Sie hat immer dort übernachtet, schon zu Nikolais Zeiten und auch im November, obwohl im oberen Stockwerk noch die Fenster fehlten und es überall wie die berühmte Hechtsuppe zog.

Aber allmählich mausert sich das Haus. Die elektrischen Leitungen sind neu gelegt, es gibt schon ein Badezimmer, eine Küche und ein Eßzimmer.

«Wieso Eßzimmer?» frage ich verblüfft. «Hätte das nicht noch Zeit gehabt?»

Nein, meine Nichte will es so. Nikolais altes Zimmer ist eben nun das Eßzimmer. Aber sein Sofa steht noch drin, auf dem meine Schwester jetzt schläft. Gabrieles Malerspuren ziehen sich durchs ganze Haus. Wie in Bernstein sind Hunderte von Mücken, die sich in Schwärmen auf den Pinsel setzten und so mit eingestrichen wurden, in der frischen Farbe eingeschlossen, was ein bizarres Muster ergibt. Vom Malen ist meine Nichte ganz besessen. Kaum eine Pause gönnt sie sich, wenn sie am Wochenende von Hamburg kommt und loslegt. «Nicht mal am See ist sie gewesen», sagt Luzie kopfschüttelnd. Die Familie behauptet, was für andere Frauen die Auslagen eines Juweliergeschäfts bedeuten, seien für sie die Schaufenster der Farben- und Lackhandlungen.

Anfänglich waren Gabriele und Albrecht unserer ewigen Gespräche über Lochow bald überdrüssig geworden. «Mein Gott, Mama, nur noch Lochow! Können wir nicht mal von was anderem reden?» Inzwischen hat sie der Enthusiasmus ihrer Mutter angesteckt. Nun müssen auch die Freunde ran. Gabriele schleppt sie aus Hamburg herbei. Es ist ein bißchen wie die Geschichte, in der Tom Sawyer den Gartenzaun streichen muß und seine Freunde dahin bringt, daß sie ihn schließlich händeringend bitten, auch mal den Pinsel in die Farbe tauchen zu dürfen. Es kommt eben nur darauf an, wie man eine Sache verkauft, als Fron oder als Vergnügen. Und Gabriele hat das ganz gut raus.

Zwischen viel Schutt und Gerümpel stolpern wir durchs Haus und versuchen, genau zu rekonstruieren, wo alles stand. «Also, hier war der Salon, wie Mutti das nannte. Wo stand denn das Sofa?» Die Möbel aus diesem Raum haben uns die Nachbarn wieder zurückgegeben. Sie sind immer noch tadellos in Schuß, müssen nur neu bezogen werden. Ich entdecke in der Ecke Vaters Lieblingsbild, zwei Bauern, die sich beim Pflügen begegnen. Er hatte es bei einem Trödler aufgestöbert. «Das werden wir auch wieder im Flur aufhängen», sagt meine Schwester.

Am Nachmittag stuckern wir durchs Luch nach Görne. Die Eigentumsverhältnisse des Schlosses sind nach wie vor ungeklärt. Da wird wohl kräftig gemauschelt. Wir sehen uns ein wenig in dem leeren Schloß um. Während ich fassungslos die scheußliche lila Farbe betrachte, mit der die schönen Wandgemälde im Kaminzimmer verunstaltet sind, ist meine Schwester weitergegangen. Aufgeregt kommt sie zurück. «Stell dir vor, ich bin das erste Mal in meinem Leben in Großvaters Zimmer gewesen!»

Ich sehe sie verständnislos an.

«Ja, weißt du denn nicht mehr? Als Großvater gestorben war, hat Großmutter es abgeschlossen. Niemand durfte das Zimmer mehr betreten. Als Kinder haben wir überall herumgestöbert und nach dem Schlüssel gesucht, aber ihn nie gefunden. An Möbeln ist natürlich nichts mehr vorhanden.»

Später laufen wir am Ufer des Sees entlang und sprechen über unseren Onkel Achim. «Weißt du noch», sagt meine Schwester, «in den dreißiger Jahren ist in der Nacht mal eingebrochen worden. Große Beute haben die Diebe nicht gemacht, und Onkel Achim hat gesagt: ‹Die Herren suchen im Dunkeln, was ich schon im Hellen nicht finde.›» Onkel Achim war nicht gerade das, was man einen stattlichen Mann nennt, aber er war witzig, schlagfertig und hatte eine scharfe Zunge. Von einem der vielen Bredows, die er nicht leiden konnte, behauptete er, als die Bredows aus des Teufels Sack purzelten, seien alle auf die Füße gefallen, nur der Vorfahre des besagten Vetters auf den Kopf. Dieser bedauerliche Vorfall habe sich leider auch auf die Nachkommen ausgewirkt.

Wie die meisten im Dorf hielt sich Onkel Achim im Krieg nur bedingt an die strengen Vorschriften und gab zum Beispiel längst nicht alle Hühner an. Der kontrollierende Wachtmeister sah etwas ratlos auf das Hühnergewimmel zu seinen Füßen im Hof. «Das sollen fünfzehn Hühner sein, Herr Graf? Das ist doch mindestens das Doppelte.»

«Fünfzehn Hühner exakt», sagte mein Onkel, «die übrigen, die Sie sehen, habe ich verstoßen.»

Im Krieg war das Schloß vorübergehend von der amerikanischen Botschaft belegt worden. Der Botschafter sollte später zu großem Ansehen gelangen. Es war Mr. George Kennan, ein etwas kränklicher, zarter Mann, der meine Tante nach dem Krieg mit Care-Paketen versorgte. Mein Onkel erklärte dem interessierten Amerikaner die Ahnengalerie, natürlich auf seine gewohnte Weise. «Dieser nette Junge, den Sie da sehen, ist in der Ritterakademie verhungert.» Meine Tante stöhnte auf. «Aber Achim!»

Es gehörte damals zum Familienritual, daß wir jeden Sonntagnachmittag nach Görne fuhren, fünf Kilometer hin, fünf Kilometer zurück. Im Sommer und Herbst lockte Tante Gertruds großer Garten. Ihr Obst konnte sich sehen lassen. Aber im Winter mopsten wir uns oft, und kalt war es auch, das Eßzimmer nur gerade ein wenig überschlagen. «Mächtig warm bei dir», sagte mein Vater und rieb sich die Hände. Er meinte es nicht ironisch, denn bei uns wurde das Eßzimmer überhaupt nicht geheizt.

In Görne durften wir die «Berliner Illustrirte» lesen. Illustrierte kannten wir nicht, nur «Wild und Hund» und die Sammelbände der Zeitschrift «Vom Land zum Meer», die noch von meinen Großeltern stammten. Gelegentlich wurde eins von uns Kindern zu Onkel und Tante verbannt, wenn die Geschwister eine ansteckende Krankheit hatten. So auch ich, als meine Schwester Keuchhusten bekam. Das Gastzimmer, in dem ich untergebracht wurde, lag am anderen Ende des Flurs, weit, weit entfernt vom Klo. Ich glaube, es gab überhaupt nur zwei dort. Nachdem mir meine Tante gute Nacht gesagt hatte, sah ich dreimal unter das pompöse Bett und hinter die schweren Samtvorhänge und kroch schließlich angsterfüllt ins Bett, wo ich mich die ganze Nacht still vor mich hin graulte. Überall knackte es, und der Wind ließ die Fensterläden klappern. Meine kinderlose

Tante hatte an so was wie einen Nachttopf für mich nicht gedacht, und das Klo aufzusuchen, traute ich mich nicht. Daß ich dann trotz aller Vorsichtsmaßnahmen den Keuchhusten bekam, regte niemanden besonders auf.

Von Görne fahren wir nach Kleßen, einem früheren Gut der Bredows. Wie wir der Lokalpresse vor ein paar Monaten entnahmen, soll das Schloß jemand gekauft haben, der darin ein Spielzeugmuseum errichten will. Sehr gelobt wurde in der Zeitung das herrliche Wildschweinessen, zu dem der neue Besitzer die Dorfbewohner einlud. Nun hat er sich seit einem Jahr nicht mehr sehen lassen, und das Schloß bröckelt weiter vor sich hin. «Der Sozialismus siegt», steht in verblaßten Farben auf einer Hauswand. Manchmal hat man das Gefühl, er tut es tatsächlich noch.

Wir fahren durchs Luch zurück nach Lochow. Meine Schwester zeigt auf einen zugewachsenen Weg, der durch die Lake geht. «Das ist der Witzker Weg. Den bist du immer gefahren, wenn du vom Arbeitsdienst kamst.»

«Dreißig Kilometer und immer den Wind von vorn», sage ich.

Wenn mein Bruder Urlaub hatte, durfte er alle viere von sich strecken. Ich mußte gleich beim Gießen helfen. Erna fuhr deshalb im Urlaub auch nie nach Hause. Kühe zu melken und beim Heuen zu helfen, hatte sie keine Lust. Da blieb sie lieber in Lochow und sonnte sich am See.

Kaum sind wir vor unserem Haus angelangt, wird meine Schwester von Unruhe gepackt.

«Laß uns ein bißchen auf dem Rest von unserer alten Veranda sitzen und den herrlichen Blick über die Wiese und den See genießen», schlage ich vor. Sie schüttelt den Kopf. «Keine Zeit, keine Zeit.» Sie ergreift Nägel und Hammer und beginnt, den Zaun zur Straße zu reparieren.

«Du wirst noch einen Sonnenstich bei dieser Hitze kriegen», warne ich.

«Das läßt sich dann eben nicht ändern.» Und schon hämmert sie drauflos. In den drei Tagen, die wir hier sind, ist sie dauernd unterwegs, spricht mit Handwerkern, macht Besuche oder Besorgungen.

Als ich in meine Pension in Ferchesar zurückkehre, hat es sich immer noch nicht abgekühlt. So mache ich einen Rundgang durch den Ort, erst über den Friedhof – die Blumen auf Gerhard Karges Grab sind noch nicht verwelkt – und dann zu Lieselotte König. Ihr Vater hatte ein Gasthaus in Ferchesar. Heute kann man dort nur noch sein Bier trinken. Im Ausschank riecht es genauso wie zu meiner Kinderzeit. Lieselotte verläßt das Haus nur selten.

«Warum denn nicht?» frage ich sie. «Du könntest doch wenigstens mal nach Berlin fahren.»

«Ach, was soll's», sagt sie, «es lohnt sich nicht mehr. Wo ist denn deine Schwester?»

«Mal wieder unterwegs», sage ich.

Lieselotte lacht. «Sie ist wie deine Mutter. Wenn wir zum Haus rausfuhren, und sie kam die Straße entlang, sagte mein Vater: ‹Da kommt die Gräfin. Wir müssen uns beeilen, sonst kriegen wir das Heu nicht mehr rein.›»

«Reden wir denn so viel?» frage ich leicht gekränkt.

Lieselotte nickt. «Tut ihr. Soll ich dir ein paar Eier mitgeben? Hab gerade welche aus dem Stall geholt.»

21

Den Tag darauf ist große Kaffeetafel bei Luzie im Garten. Nachdem wir unsere Fluchterlebnisse noch einmal haben aufleben lassen, kehren wir zu der Hauptperson unseres Hierseins zurück: Nikolai Kolbatsch, dem Bauern aus der Ukraine, und wir erinnern uns, wie sich nach und nach die gesamte Familie seiner Frau in Lochow eingefunden hat. Arno Mateke war damals noch ein halbes Kind. Er sagt: «Fünf Jahre hat die Herrlichkeit gedauert, dann waren wir wieder runter von unseren schönen Höfen im Warthegau, auf die man uns umgesiedelt hatte. Der Stalin und der Hitler haben uns ganz schön was eingebrockt.»

Sigmund war nach dem Kriege noch mal in dem Dorf im Warthegau gewesen und hatte auch versucht, mit dem Polen ins Gespräch zu kommen, dem jetzt der Hof gehörte. «Ich hätt's besser gelassen. Welch ein Haß, welch ein Haß!» sagt er. «Das hat mir lange zu schaffen gemacht.»

Kurz vor der Wende ist dann ein Pole nach Lochow gekommen und hat Sigmund gefragt, was aus seinem Vater geworden sei. Der Pole war ein früherer Partisan, und zu Sigmunds großem Erstaunen war er des Lobes voll über Gustav Mateke. «Ihr Vater war ja damals im Dorf ein mächtiger Mann. Aber er war anständig, auch wenn er ein

Deutscher war und auf einem polnischen Hof saß. Er hat uns immer gewarnt, wenn es kritisch wurde.»

«Es war eben alles eine Fügung», sagt Arno. «Auch daß wir hier gelandet sind. Später bin ich dann oft gefragt worden: ‹Wie war's denn so bei den Ausbeutern?› Und ich hab gesagt: ‹Wir sind hier angekommen, die haben uns in ihrem Haus untergebracht, sie haben uns eine Wohnung gegeben, die Pferde bekamen Stallungen und Futter, was will man mehr.› – ‹So was gibt's nicht›, haben sie gesagt. ‹Gibt's doch›, hab ich gesagt. Der Graf, das war so ein Mensch, der hat ein Fahrrad gehabt, Marke Brennabor, na, sagen wir mal, Nummer sieben. Jeden Tag ist er in seinen Wald zur Arbeit geradelt, hinten drauf ein Beil oder einen Fuchsschwanz. Und die Gräfin hat sich um alles gekümmert. Wenn sich jemand geschnitten hatte, schon war sie mit dem Pflaster da.»

Meine Schwester und ich sonnen uns in dem Glanz unserer hilfsbereiten Eltern, allerdings nicht zu lange. Denn nun kommt die Geschichte mit dem Grüßen. Die stößt Arno noch nach fünfzig Jahren auf.

«Also», sagt Arno, «ich bin im Pferdestall, füttere die Pferde, und der Herr Graf kommt rein. Und ich denke, wer reinkommt, grüßt zuerst. Aber da ist ja Polen fast zusammengebrochen. Das Gesicht von ihm hättet ihr sehen sollen. Er macht auf dem Absatz kehrt und raus. Ich tränke die Pferde, gebe ihnen Heu und geh dann in unsere Küche zurück. Da sitzt die Gräfin, und meine Mutter heult. ‹Was hast du angestellt, was hast du bloß gemacht, Junge! Der Graf hat sich beschwert über dich, über deine Unhöflichkeit!› Die Gräfin sagt: ‹Jetzt wäschst du dich erst mal, gehst zu ihm und entschuldigst dich. Dann ist die Sache aus der Welt.› Aber das habe ich nicht eingesehen. ‹Wieso›, hab ich gesagt, ‹ich hab gelernt, wer in ein Zimmer kommt oder in den Stall, der grüßt zuerst.› Aber die Gräfin, das war so ein Mensch, die konnte einen immer überreden. Ich habe mich also gewaschen, die Haare gekämmt, ordentlich Pomade reingeschmiert, bin zum Grafen gegangen und habe mich entschuldigt. Der Graf ist aufgestanden, hat mir die Hand gegeben und gesagt: ‹In Ordnung, mein Junge, von nun an sind wir Freunde.›»

Mit dem Grüßen hatte mein Vater wirklich einen Spleen. Davon können auch meine Schwester und ich ein Lied singen. «Sag anständig guten Morgen, guten Tag, gute Nacht.» Etwas verlegen sehen wir uns an.

Arno fährt fort: «Danach hat er mich immer wie einen Erwachsenen behandelt, obwohl ich knapp vierzehn war.»

Das stimmte. Wir erinnern uns, wie mein Vater sagte: «Der Arno ist kein Kind mehr, der hat auf der Flucht allein für die Pferde und die kleineren Geschwister gesorgt.»

Unser Gespräch wendet sich wieder dem Haus zu. Meine Schwester und ich sorgen uns, was es uns noch kosten wird. Es ist wie mit Ernas Vergleich von der alten Jacke: Kaum hat man ein Loch gestopft, entdeckt man das nächste. In der ehemaligen DDR war es ein echtes Kunststück, ein Haus zu erhalten. Und außerdem war Nikolai ein wenig genial.

«Der Onkel Kolla war so ein Mensch», sagt Arno, «für den galt nur das Land. Von früh bis spät hat er gewühlt. Land und nochmals Land. Kastanien weg, Eichen weg, alles zu Acker gemacht. Beim Mähen mußte es noch der letzte Rand vom Graben sein. Von der Rübenforke hat der die Kugeln gemacht, die Zinken angespitzt und sie als Mistgabel benützt. Eine Mistforke, wie sie keiner von uns hatte. Wenn mein Vater und ich mit ihm Mist laden mußten, hat er jedesmal gesagt: ‹Eh ihr hinten auf dem Wagen soweit seid, habe ich schon vorn und die Mitte voll.› Aber fürs Äußere war er nicht so zu haben. Da hat er nicht so mit den Pfunden gewuchert. Die Ilse hat immer gesagt: ‹Wenn Onkel Kolla die Gartenpforte repariert, ist er in ein paar Stunden fertig. Und du...› Ich sage: ‹Aber danach ist das Tor dann auch. Nichts sitzt richtig.› – ‹Was willst du?› hat Onkel Kolla gesagt, ‹Hauptsache, die Tür geht auf und zu.› Das Pferdegeschirr war kaputt. Da hat er gesagt: ‹Machen wir einfach ein Stück Draht rum, sofern das Pferd keinen Schaden davon hat.› Mein Vater hat oft die Hände über dem Kopf zusammengeschlagen. ‹Das sieht hier aus wie russisch Polen!› – ‹Geht aber auch›, hat Nikolai gesagt, ‹geht aber auch.›»

«Aber», sagt Sigmund, «er hat auch immer gesagt: ‹Die Grafen kommen wieder. Ist doch ihr Land, oder nicht?› Und hat seine Kinder was lernen lassen. Sie sind alle was geworden, haben ihre eigenen Häuser. Er hat sein Versprechen gehalten.»

22

Einen Tag später fährt meine Schwester wieder nach Bayern. Ich kehre allein nach Lochow zurück. Es ist noch immer unerträglich heiß. Ein Gewitter liegt in der Luft. Aber in Nikolais Wohnzimmer, das jetzt ein Eßzimmer ist und früher unser Kinderzimmer war, ist es angenehm kühl. Ich habe es mir auf Nikolais altem Sofa bequem gemacht und lasse meine Gedanken wandern. In den letzten Monaten vor seinem Tode hat er hier oft mit meiner Schwester gesessen und Kirchenlieder gesungen. Das tat er zu gern. Er auf russisch, sie auf deutsch. «Wer sich auf seine Schwachheit stützt, der bleibt in Sünden liegen, wer nicht Herz, Sinn und Mut erneut, wird sich gewiß betrügen.»

Das Haus ist wie die Landschaft: Es strahlt große Ruhe aus. Es hat mehr Jahre als ich auf dem Buckel und die unterschiedlichsten Menschen beherbergt. Jeder hat sich darin wohl gefühlt.

In meiner Kindheit wurde in diesem Raum auch unterrichtet. Wie hatte nur alles Platz gefunden, Betten, Pulte, Kleiderschrank und Spielzeug? Erstaunlich. Mit Spielzeug und Kleidung wurden wir allerdings knapp gehalten. Vater fand das meiste überflüssig. «Nicht mal genug Geld für Weihnachtsgeschenke gibst du mir», beschwerte sich meine

Mutter. Sie hatte ein Vermögen in die Ehe gebracht, das allerdings durch die Inflation zusammengeschmolzen war.

Vater war sehr erstaunt. «Was du immer hast. Sie kriegen doch sehr schöne Sachen, was ich so gesehen habe. Eine Trainingshose, eine neue Pudelmütze mit passendem Schal, na, dein Sohn sogar einen Matrosenanzug.»

«Der von seinem Vetter Theo stammt», erinnerte ihn meine Mutter.

«Aber du mußt zugeben», sagte mein Vater, «er ist doch noch wie neu.» Auch fand er, die ganze Natur stehe uns zum Spielen zur Verfügung und biete genug Material, um sich Spielzeug selbst zu fertigen: Flöten aus Holunderzweigen, Flitzbogen aus Weidenruten und Schiffchen aus Borke. Aber dann lag doch etwas mehr auf den Gabentischen. Meine Mutter hatte sich durchgesetzt. So besaßen meine Schwester und ich jede einen Puppenwagen. Im Dorf zogen sie die Lumpenpuppen noch in einer leeren Zigarrenkiste hinter sich her. Die Fahrräder allerdings mußten angespart werden, sozusagen Speiche um Speiche. Wir sammelten dafür Eicheln, Kastanien, Pilze und Brombeeren, halfen beim Kartoffelbuddeln oder fuhren für Vater nach Ferchesar in die «Perle des Westhavellandes», Zigarren holen. Zehn Pfennig als Belohnung hielt Vater für ausreichend. «Ihr kauft euch ja doch nur Bonbons oder Lakritze.» Das taten wir.

In vielem ähnelten sich Nikolai und mein Vater. «Kinder sind zum Helfen da», war ihre Devise. Beide Väter hielten ihre Kinder in Trab, damit sie frühzeitig das Arbeiten lernten. Wir mußten beim Pflanzen helfen, Rüsselkäfer sammeln, Mehl von der Mühle holen, den Garten gießen und selbstverständlich «die armen Pferde» abschirren, wenn gerade niemand anders zur Hand war. Nur meine Mutter zog immer den kürzeren.

«Einer von euch könnte doch nun wirklich mal den Tisch decken!»

«Keine Zeit, keine Zeit.»

Ich mache noch einmal eine Runde durchs Dorf. Luzie, die Gastfreie, bei der wir gestern im Garten saßen, lädt mich zum Abendbrot ein. Sie wird mir Bescheid sagen, wenn es soweit ist. Noch einmal gehe ich zum Witzker See. Auf der großen Wiese hinter dem Haus ist man immer noch beim Mähen. Dann wird es wohl bald Regen geben. Das war in meiner Kindheit schon so. Die Hitze flimmert über dem See. Auch jetzt ist am Ufer niemand zu sehen. Ich ziehe meine Strümpfe und Schuhe aus und wate durch das flache Wasser. Eine Wollhandkrabbe kommt mir entgegen, der Schrecken aller Fischer. Hunderte von kleinen Rotbarschen bestupsen meine Füße, nicht anders wie vor sechzig Jahren, als ich hier mit Gerhard Karge angelte, sehr zum Verdruß von Fischer Brümmerstedt aus Witzke. Damals stand hier noch ein kleiner Schuppen, in dem wir uns zum Baden umzogen. Aber die Buschrosen und die Weide gibt es noch.

Langsam schlendere ich zurück. Ein Bild schiebt sich vor das andere. Mal reite ich mit meinen Geschwistern die Pferde ins Wasser, dann wieder bin ich allein mit dem Paddelboot auf dem See und höre, während es langsam dunkel wird, Frau Trägenapps Stimme, die nach den Kühen auf der Koppel ruft: «Komm, Olle komm!» Ich sehe meine Mutter auf der Veranda sitzen. Sie weint. Ihr jüngster Bruder ist gestorben. Dann sehe ich wieder den herabstürzenden Bomber. Fast hätte er unser Haus gestreift, ehe er in der Lake explodierte.

Wieder zu Hause, hole ich mir einen von Nikolais Stühlen und setze mich auf die Plattform der Veranda. Von dem

Blick über die Wiese habe ich oft während meiner Krankheit geträumt. Viele Stunden haben wir hier im Sommer verbracht, haben gehandarbeitet, Karten gespielt, Patiencen gelegt, gelesen, Aalpuppen aufgewickelt, Erbsen ausgepahlt, Kirschen ausgesteint oder Pilze geputzt.

Im Sommer platzte das Haus aus allen Nähten. Ständig wurden wir Kinder umquartiert. Eigenes Zimmer? Wer hatte denn so was schon gehört! Wichtig war, der Gast hatte es ruhig und bequem. In Lochow und in Ferchesar führten die Sommerfrischler, wie die Feriengäste damals hießen, das Wort. Meist Verwandtschaft aus der Stadt mit den dazugehörigen Kindern. Man näherte sich ihnen mit Mißtrauen.

«Wo wohnste'n?»

«In Berlin.»

«Aha.»

«Willste mit zum Angeln?» Wir waren höflich, aber Stadtkinder fanden wir im allgemeinen doof. Sie konnten nicht sägen, nicht mit dem Beil umgehen, nicht melken und nicht klettern.

«Was könnt ihr eigentlich?» fragten wir herablassend.

«Mehr als ihr allemal.»

War es draußen zu heiß, saßen wir mit Vettern und Kusinen im kühlen Eßzimmer und spielten «Tod und Leben», Stunde um Stunde, ein überaus stumpfsinniges Kartenspiel. Vater machte uns Beine. «Die Sonne scheint, und ihr hockt hier drin?» Er hatte recht. Die Natur war nun mal der schönste Spielplatz. Angeln, rudern, radeln, die Schwalben beim Füttern beobachten, im Heu spielen, was eigentlich verboten war.

Natürlich gab es auch öde Tage, an denen es drinnen wie draußen vor Nässe dampfte und im Hof riesige Pfützen standen. Tage, an denen wir niesten und husteten, die Petroleumlampen blakten, das jeweilige Möpschen sein nasses Fell an uns rieb und die Hauslehrerinnen sich mal wieder nach Lichterglanz und Großstadtbetrieb sehnten.

Das Dorf bot wie das Elternhaus Schutz. Wir waren in jeder Familie willkommen. Wenn es bei den Nachbarn Kartoffelpuffer gab, fanden wir uns regelmäßig ein. Die kriegten wir zu Hause selten. Das Kartoffelreiben machte der Mamsell zuviel Arbeit. Wir stopften uns bei Trägenapps damit voll und jede Menge Apfelmus dazu. Lustlos stocherte ich anschließend am elterlichen Mittagstisch in den mit kleinen Speckwürfeln durchsetzten Béchamelkartoffeln herum. Meine Mutter legte automatisch ihre Hand auf meine Stirn. «Hast du etwa Fieber?»

«Was auf den Tisch kommt, wird gegessen», sagte Vater.

Bei den Leuten zeigten wir unsere besten Manieren. Wir rissen uns geradezu ein Bein aus und halfen unaufgefordert beim Holzhacken, Sägen, Brennesselnsuchen für das Entenfutter und was es sonst noch zu tun gab. Dafür reparierten sie unser Spielzeug und brachten uns handwerklich allerlei Nützliches bei, aber auch, daß man mit den täglichen Gebrauchsgegenständen schonend umgeht und jeder landwirtschaftliche Betrieb ohne einen guten Sattler, Stellmacher oder Schmied nicht existieren kann. Wenn die Pferde beschlagen werden mußten, brachten wir sie nach Ferchesar zu Schmiedemeister Werner Zachen, wo sie neue Eisen bekamen, eine aufwendige Prozedur, der wir gern zusahen und die viel Sorgfalt und Erfahrung erforderte, damit der Huf nicht beschädigt wurde oder die Nägel sich womöglich ins Fleisch bohrten. Die Schmiede war seit Jahrhunderten im Familienbesitz wie viele Höfe und Handwerksbetriebe in der Gegend. Wir Bredow-Kinder waren überall gut bekannt. Da wir lange Ohren hatten, erfuhren wir hinter dem

Rücken unserer ahnungslosen Eltern oft Erstaunliches: wer heimlich nachts das eingeschlagene Holz abgefahren hatte, wer der größte Wilderer in der Gegend war und wessen Frau vom Pfad der Tugend abwich. Am letzteren waren meist die Schiffer von den Binnenkähnen beteiligt, die sich in den Dörfern vergnügten, wenn im Winter auf dem Rhin ihre Kähne festfroren. Was wir da so mitbekamen, behielten wir wohlweislich für uns. Doch einmal hatte mein Bruder nach einem Diner die Reste aus den Weingläsern zusammengeschüttet und getrunken. Das löste ihm unfreiwillig die Zunge. Zum Amüsement der Gäste gab er einige der Geschichten zum besten. Als er in die Details ging, wurde er von Vater unterbrochen. «Ich glaube, du gehst jetzt besser ins Bett.» Und zu Mutter: «Und du sagst immer, wenn ich frage, wo treibt er sich eigentlich herum: Er angelt.»

Auf den Nachbargütern ging es nicht anders zu. Vor allem spielte das Personal im Kinderleben eine wichtige Rolle. Sein Wort galt mehr als das von Onkeln und Tanten. Kinderfrauen, Mamsells und Kutscher beeinflußten die Heranwachsenden ebenso stark wie die Eltern. Heute muß man voller Staunen lesen, daß die Gutsbesitzer früher ihr «Gesinde» wie Sklaven gehalten hätten. Dabei ging man einem tüchtigen Stellmacher, Gespannführer, einer guten Mamsell oder Beschließerin eher um den Bart, voller Sorge, sie könnten abgeworben werden. Erstaunlich, was bis heute in dieser Hinsicht an Klischees und Vorurteilen verbreitet wird.

Trotz Enteignung, trotz Verlust der Heimat hat es das Schicksal mit meiner Familie und mir gut gemeint. Das Grauen hat uns nur gestreift. Ich hätte in der ehemaligen DDR nicht leben mögen. Nicht zum zweiten Mal in einer Diktatur, und das über fünfundvierzig Jahre lang.

«Ich beneide Sie», sagte einmal ein Taxifahrer in Bern. «Sie haben so viel erlebt. Wir sind doch hier aus unserem Trott nie rausgekommen.» Aber in meiner Generation würde man zu meinem Leben sagen: keine besonderen Vorkommnisse.

Langsam wird es kühler. Noch einmal gehe ich über den Hof. Wagen, über deren Deichsel man im Dunkeln früher stolperte, gibt es nicht mehr. Ich werfe einen Blick in die Ställe. Die kamen mir früher viel größer vor. Im Hühnerstall hat sich eine verwilderte Katze mit ihren Jungen niedergelassen. War das jeden Abend ein Theater, bis man die Hühner im Stall hatte! Die Perlhühner verzogen sich meist auf die Bäume. Vater haßte sie, weil sie so einen Krach machten. Warum hielten wir sie dann überhaupt?

Ich kehre zum Haus zurück und setze mich auf den alten Gartenstuhl, um den Blick auf den abendlichen See zu genießen. Das Haus knackt gemütlich vor sich hin. Nichte und Neffe haben nach den ersten Vorbehalten längst Freundschaft mit ihm geschlossen. Das macht meine Schwester glücklich.

Auch mich hält vieles hier wieder fest. Nur die Menschen, die ich noch kenne, werden von Jahr zu Jahr weniger. Bleibt die Natur: der Wald, aber vor allem das Luch, das ich besonders liebe. Die Freude daran wird mir allerdings getrübt. Das Laufen fällt mir schwer, und zum Radeln ist der Plattenweg wenig geeignet. Wie gern würde ich noch einmal hoch zu Roß über die Wiesen galoppieren, das Gezirpe der Grillen im Ohr, der untergehenden Sonne entgegen. Eine wirklich absurde Vorstellung, wo ich mit meinen kaputten Knien kaum noch die Treppe hochkomme. Aber Knochen hin und sonstige Gebrechen her, es bleibt noch genug übrig. Mir fällt ein Gedicht ein, das Novalis zugeschrieben wird, der auch ein Junker war:

> Wer Schmetterlinge lachen hört,
> der weiß, wie Wolken schmecken.
> Der wird im Mondschein ungestört
> von Furcht die Nacht entdecken.
> Der wird zur Pflanze, wenn er will,
> zum Tier, zum Narr, zum Weisen
> und kann in einer Stunde
> durchs ganze Weltall reisen.

«Abendbrot ist fertig!» ruft Luzie über den Gartenzaun.

Ein Bernhardiner namens Möpschen

Vorwort

Mit dieser Sammlung von Feuilletons und Kurzgeschichten aus den sechziger Jahren erfülle ich einen
Wunsch vieler Leser, deren Wohlwollen mich begleitet hat, seit meine allerersten Erzählungen erschienen. Damals gab es in Zeitungen und Zeitschriften noch genug Weideland, auf dem große
und kleine, bekannte und unbekannte Autoren
friedlich nebeneinander grasen konnten. Oft
schrieb man Auftragsarbeiten zu bestimmten Jahreszeiten und Festen. Themen und Stil entsprachen
dem Zeitgeschmack. Es waren die Jahre, als man
Honorare noch per Post bekam und die Sachbearbeiter auf die Zahlungsabschnitte persönliche
Grüße kritzelten; als belesene Redakteure ihre
Autoren mit gleicher Hingabe wie ihre Marotten
pflegten und mit gütiger Strenge manch dichteri-
schem Nachwuchs, der später zu großen Ehren
kam, in den Sattel halfen. Kurz gesagt, es gab Originale jeder Couleur. Sie sind ausgestorben, und
die Zeitungsverlage haben die einst so fruchtbaren

Weiden versteppen lassen. Hätte ich aber nicht die Chance gehabt, dort mein Handwerk nach und nach zu erlernen, wäre *Kartoffeln mit Stippe* wahrscheinlich nie entstanden und auch meine anderen Bücher nicht. Denn mit den Kurzgeschichten fing alles an.

Ilse Gräfin von Bredow

Kleines Tagebuch
für große Gedanken

Irgendwann faßt wohl jeder einmal den Entschluß: Von nun an will ich die wichtigsten Ereignisse meines Lebens schriftlich festhalten.

Für eine Zeitlang wenigstens fühlt man sich eins mit großen Dichtern und Staatsmännern, die einst ihre wohlgeordneten, geistvollen Gedanken einer ehrfürchtig staunenden Nachwelt hinterließen. Doch meist scheitern alle guten Vorsätze bereits nach der ersten oder zweiten Seite des Tagebuchs.

Mein erstes Tagebuch war ein Notizkalender unserer Kohlenhandlung und enthielt fast ausschließlich in fehlerhaftem Deutsch wiedergegebene Injurien wie: «Willi ist blöd.» Oder: «Annelise Lohse macht sich in die Hose.»

Meine Schwester dagegen, die mehr Sinn fürs Hübsche besaß, ließ sich zum Geburtstag ein ledergebundenes, mit einem Schloß versehenes Buch schenken. Sie kritzelte eifrig darin herum, trug den winzigen Schlüssel fortan um ihren Hals und machte ein furchtbares Trara darum, wenn sie ihn beim Waschen ablegen sollte. Es kostete mich wenig Mühe, herauszufinden, wo sie ihr Tagebuch aufzubewahren pflegte. Voller Neugier öffnete ich ohne Schwierigkeiten mit Hilfe einer Haarnadel das Schloß. Ich war tief enttäuscht. Es enthielt lediglich eine Aufstellung sämtlicher Filme, die sie mit den Eltern gesehen hatte. Ort, Stunde der Vorstellung und Namen der Schauspieler.

Auch die niedergeschriebenen Gedanken meiner unverheirateten, bereits etwas ältlichen Tante schwebten nicht gerade in höheren Sphären. Daß ich sie trotzdem während eines Ferienaufenthaltes bei ihr täglich sehr aufmerksam las, hatte seine triftigen Gründe. Stand da beispielsweise: «Heute von Robert geträumt», so winkte mir ein herrlicher Tag ohne jedes Verbot. Bei dem lapidaren Hinweis: «Kopfschmerzen!» war Unerfreuliches zu erwarten.

Selbst mein Großvater, von dem das Gerücht ging, er habe sogar Goethe gelesen, begnügte sich bei seinem Tagebuch mit detaillierten Schilderungen jagdlicher Vorkommnisse und der erstaunten Anmerkung: «Adele schon wieder nach Berlin ins Theater gefahren.» (Wobei «schon wieder» einmal im Jahr bedeutete.)

Großmutter war übrigens die einzige, die bereits nach einem Tag schon die Konsequenzen aus ihrer Einfallslosigkeit zog und das Tagebuch für immer

8

beiseite legte, denn der einzige Satz, den sie nieder-
geschrieben hatte, lautete:

«Bei Kaufmann Werner ist die Stärke um einen
Pfennig teurer.»

Wie schön war's doch
am Havelsee

Der See lag so nah, daß man im Winter das Eis
seufzen und knacken hörte, und so weit, wenn man
in der Sommerhitze den schmalen Wiesenpfad
zum Ufer hinunter trabte. Im Frühjahr über-
schwemmte er die Wiese hinter dem Gutshaus.
Dann kamen die Hechte zum Laichen die Gräben
entlanggeschwommen. Die Wiese war der beste
Wetterprophet: Jedesmal, wenn sie gemäht wurde,
begann eine Regenperiode, so hoch die Schwalben
auch flogen. Der Rhin mündet in den See und den
Großen Graben, auf dessen schmaler Brücke stets
die Pferde scheuten, weil die Bohlen so dröhnten.
Auf dem verwitterten Warnschild daneben war nur
noch die Unterschrift zu lesen: «Der Luchgraben-
schaudirektor.»

Der See gehörte zum Dorf wie der Flieder entlang der Gartenzäune, die Sandlöcher der Hühner
auf der Straße, der über den Höfen kreisende Habicht, die Hornissen hinter Lamprechts Holzschuppen und wie Erna Hagemann. Von einem Tag

auf den anderen verschlug es ihr die Sprache. Warum, wußte niemand. Schweigend wanderte sie durchs Dorf, blickte stumm in jedes Fenster und saß vor sich hinstarrend auf der Bank vor dem Haus. Keiner konnte ihr helfen, die alte Krusen nicht, die sie beim Mondschein schon dreimal bebötet hatte, und schon gar nicht der junge Doktor, der anstatt von den Wechseljahren vom Klimakterium sprach, ein geheimnisvolles Wort, das die Schwere der Krankheit deutlich machte.

Erst «so einer» aus der Stadt, die mit ihrem Freund am See zeltete, gelang es, den Bann zu brechen. Am Sonntag morgen kam sie, nur mit einer Turnhose aus schwarzem Satin und einem Büstenhalter bekleidet, ins Dorf marschiert, um sich Milch zu holen. Nun war dem Dorf nichts Menschliches fremd. Die kleinen Mädchen, zum Beispiel, gingen im Sommer gern ohne Schlüpfer. Aber das hier, darüber war man sich einig, ging entschieden zu weit. Fröhlich ihre Milchkanne schwingend, kreuzte die Dame Erna Hagemanns Weg. Erna blieb stehen, öffnete den Mund und sagte nur ein Wort: «Miststück.» Das Dorf atmete erleichtert auf. Hagemanns Erna hatte ihre Sprache wiedergefunden.

Bevorzugter Platz am Seeufer war die Bank vor dem morschen Bootsschuppen. Schon ziemlich baufällig stand er umgeben von wuchernden Hekkenrosen unter einer Weide, und aus seinem Dach wuchs das Gras.

An den Feiertagen kamen die Liebespaare aus der Umgegend über den See gerudert. Hand in Hand saßen sie dort ungeachtet der Mückenschwärme. Die Mädchen sahen den Myrtenkranz unter dem Glassturz der guten Stube so greifbar vor sich, daß sie darüber ganz vergaßen, wieder rechtzeitig zum Melken und Füttern zu Haus zu sein.

Wilhelm Wetzel, einmal in den Verdacht der Brandstiftung geraten, flüchtete sich dorthin, wo immer es gebrannt haben mochte, und murmelte verstört: «Ich hab's nicht angezündet.» Auch Albert Engel, der Musiker, bevorzugte diesen Platz. Sonntags morgens klagte sein Horn übers Wasser: «Vorbei ist die Jugend, sie kommt nicht mehr!» Dabei war allen bekannt, daß seine Mutter ihn und seine Geschwister mehr mit den Pantinen in der Hand erzogen hatte als mit Güte und Verständnis.

Nach Feierabend wurde der See häufig zum Familienbad. In Gesellschaft der Kühe, die zur Abkühlung bis zum Bauch im Wasser standen, wusch man sich bedächtig mit viel Kernseife und schlug fluchend mit dem Handtuch nach den gierigen Bremsen.

Nach der Schule stakten wir Kinder den Kahn immer am Schilf entlang bis zum Rhin. In dem grünen Dickicht der Binsen warfen wir unsere selbstgefertigten Angeln aus, deren Schwimmer aus einem alten Flaschenkorken und einem durchgesteckten Hühnerkiel bestanden, begleitet von dem dumpfen Ruf der Rohrdommel und den Stimmen der Frauen in den Koppeln.

Da der See an manchen Stellen so seine Tücken hatte, kaufte Mutter beim Kaufmann ausrangierte große Bonbonbüchsen aus Blech. Sie ließ vom Schmied zwei Ösen daran nieten, zog einen Riemen durch und band sie uns auf den Rücken. Sie trugen vorzüglich, unmöglich, damit unterzugehen. Nur gaben sie leider, wenn die Sonne darauf prallte, explosionsartige Geräusche von sich.

Im Winter verwandelte sich der See in eine riesige Eisbahn. Wer keine Schlittschuhe besaß, schlitterte auf den Pantinen über das Eis oder fuhr mit dem Peekschlitten. Wir bauten uns Schilfhütten, in denen wir auf alten Kartoffelsäcken saßen und Brombeerblätter rauchten. Wir spielten im Mondschein Verstecken in den Binsen und schwenkten mit der Grazie verfolgter Mickymäuse unsere Schlittschuhbeine.

Einmal erschien ein fremdes kleines Mädchen unter uns. Mit ihrem weißen Eiskostüm, der kleinen weißen Pelzmütze und den weißen langen Schlittschuhstiefeln sah sie wie ein Angorahase aus, der sich unter einen Haufen Wildkaninchen verirrt hat. Waren wir doch mit unseren ausgebeulten Trainingshosen und den verwaschenen Windjacken mehr praktisch als modisch gekleidet.

«Bist du vom Zirkus?» fragten wir sie andächtig. Sie lachte nur schnippisch und machte einen eleganten Luftsprung, nachdem sie sich vorher wie ein Kreisel gedreht hatte. Dabei gerieten ihre Schlittschuhspitzen in ein eingefrorenes Schilf. Die Eiskönigin stürzte sehr unangenehm auf ihr Steißbein.

Der See war zu jeder Jahreszeit unser bevorzugter Spielplatz. Die bleierne Stille im Hochsommer vor dem aufziehenden Gewitter über dem Wasser war uns ebenso vertraut wie im Herbst das Brummen der Dreschmaschinen und der schwermütige Singsang der Kreissäge, der vom Nachbardorf auf der anderen Seite des Sees herüberschallte.

Doch dann wurde uns der See von einem Tag auf den anderen so unheimlich, daß fast ein Monat verging, bis wir uns wieder ans Wasser trauten. Das war, als wir Hermännchen vermißten. Wir fanden ihn nach langem Suchen in der Plötzenkuhle. Hermännchen, der sich von uns am besten auf dem See auskannte, mit unfehlbarer Sicherheit wußte, wo die Fischer ihre Reusen gelegt hatten, und am längsten von uns tauchen konnte, war ertrunken.

Unterricht nur bei Windstille

Die sich regelmäßig wiederholende Anzeige in der «Deutschen Allgemeinen Zeitung» lautete etwa so: «Auf märkisches Waldgut, nur 50 Kilometer von Berlin entfernt, in landschaftlich reizvoller Lage, wird Hauslehrerin zu drei Kindern gesucht. Reit- und Badegelegenheit vorhanden. Nachbarlicher Verkehr. Voller Familienanschluß.» Ehrlich gesagt: Die Lehrerinnen kamen, sahen und gingen. Bei allem Drang zur Romantik war ihr Großstadtherz soviel unberührter Natur doch nicht gewachsen.

Kein elektrisches Licht, keine Kanalisation, keine Wasserleitung! Statt dessen blakende Petroleumlampen, eine schlichte Holztonne unter der «sanitären Anlage», eine solide Pumpe in der Küche! Der nächste Weg zum Kaufmann führte über vier Kilometer durch Wald und Heide. Unsere Begeisterung für den beschwingten Trab eines Vollblüters vermochten sie begreiflicherweise nicht zu teilen. Beim Baden zerschnitten sie sich die Füße an den märkischen Miesmuscheln. Die Mücken schienen sich mit besonderer Freude auf die neue Nahrungsquelle zu stürzen. Weite Fahrten mit Pferd und Wagen zur Nachbarschaft empfanden sie bei Hitze oder Kälte nicht unbedingt als Vergnügen. So zogen sieben dieser unglücklichen Geschöpfe durch unser Haus, ehe sich meine Eltern dem Schicksal beugten und uns ins Internat steckten.

Die erste und älteste von ihnen war schon in der Verwandtschaft erprobt und empfohlen worden. Vettern und Kusinen hatte sie zu glänzenden Zeugnissen verholfen. Eine Kusine sollte sogar das Abitur mit «sehr gut» bestanden haben. Auch bei uns zog sie die Zügel an. Meine Schwester, die selbst während des Spaziergangs mit Vokabeln gefüttert wurde, träumte daraufhin nur noch auf französisch und ängstigte meine Mutter des Nachts mit dem Schrei: *«Le cheval! Le cheval!»* Bei den Mahlzeiten klopfte sie mahnend mit dem Zeigefinger auf den Tisch und warf meinem Vater strafende Blicke zu. Trotzdem gelang es ihr nicht, ihm seine Unart, während der Mahlzeit mit dem Messer zu spielen, abzugewöhnen. Sie betrachtete das als Nichtachtung ihrer pädagogischen Fähigkeiten und ging.

Nummer zwei war jung, hübsch, sanft und wurde von uns Kindern bewundert. Sie blieb acht Tage. Die dritte verlobte sich nach acht Wochen mit einem Vikar aus der Gegend. Vermutlich wurde dadurch beim Lehrerstand das Ansehen unseres Hauses, das schon ziemlich gesunken war, wieder gehoben. Nummer vier war mittelgroß, gertenschlank, trug eine Brille und malte sich die Lippen, was uns ungeheuer interessierte. Sie rauchte unzählige Zigaretten und zwang uns, mit Hut und Handschuhen angetan, mit ihr durch Feld und Wald zu streifen. Ein junger Bulle, dem sie sich beim Pilzesammeln in Verkennung seines Geschlechts arglos genähert hatte, jagte sie über mehrere Koppelzäune und anschließend buchstäblich aus unserem Haus.

Die fünfte schwärmte für meinen Vater, besonders für sein empfindungsreiches Geigenspiel. Ihre unerfüllte Liebe ließ sie kündigen. Seitdem hat mein Vater dieses Instrument nur noch ganz behutsam angerührt. Die sechste interessierte sich sehr für hauswirtschaftliche Dinge. Am glücklichsten fühlte sie sich, wenn sie einen Bohnerbesen selbst in die Hand nehmen konnte. Sie war immer guter Laune und sang viel das Lied: «Zigeuner, du hast mein Herz gestohlen!»

Die siebte und letzte aber war Anthroposophin. Sie las uns herrliche Märchen vor, nach denen wir zeichnen mußten, und sie schenkte uns für jeden gelungenen Aufsatz ein rosa Zuckerschäfchen. Unsere Aufsätze bekamen unter ihrem Einfluß geradezu lyrischen Schwung. Aber dann schlug auch ihr die Stunde. Sie konnte ja nicht wissen, daß man im Havelland an vieles glaubt, aber bestimmt nicht an Seelenwanderung. Als sie bat, das Mädchen möge sie morgens nicht so laut wecken, denn ihre Seele führe dann so abrupt in den Körper zurück, daß ihr ganz elend davon würde, beging mein Vater die unverzeihliche Taktlosigkeit zu singen: «Die Seele schwinget sich wohl in die Luft, juchhe – Der müde Leib bleibt auf dem Kanapee!» Darüber kam sie nicht hinweg.

Der Reigen wurde schließlich durch einen alten pensionierten Lehrer aus dem Nachbardorf geschlossen, der die Güte selbst war. Jeden Morgen kam er zum Unterricht über den See gerudert, nur bei Regen und Wind nicht. Windig war es häufig. Wir schrieben bei ihm nur noch Einsen und Zweien. Unter den Zeugnissen stand: «Der Schüler hat große Fortschritte gemacht.» Bei der Aufnahmeprüfung zur höheren Schule fielen wir alle drei durch. Es half uns nichts, daß mein Bruder das Gleichnis vom verlorenen Sohn ohne Stocken aufsagen konnte und daß sein pathetisch vorgebrachtes Zitat: «Er verbrachte seine Tage mit Prassen!» sichtlich Bewegung in der Prüfungskommission hervorrief. Übrigens bin ich noch heute der Überzeugung, daß er «Prassen» für «Brassen» hielt. Ein gern und oft von uns gefangener Fisch!

Die rasende Pauline

Kein noch so schneller TEE-Zug kann sie mir ersetzen. Unsere Kleinbahn, Pauline genannt, zu Haus in der Mark Brandenburg. Schon damals hatte sie mit den Fernzügen nur wenig gemeinsam. Höchstens die dicken Rußwolken. Sie wirbelten in dichten Schwaden an den kleinen Fenstern vorbei und verwandelten herausgebeugte Kindergesichter in Mohrenköpfe. Selbst gegen einen gewöhnlichen Bummelzug wirkte sie noch wie eine Landpomeranze. Wir liebten sie trotzdem. Für uns waren ihre nach Mist und Zuckerrübenschnitzeln riechenden Güterwaggons, ihre verschmierten Fensterscheiben und die schlecht schließenden Türen an den Personenwagen, auf denen man Jahr für Jahr lesen konnte, wie doof ein Junge namens Richard war, die Verbindung zur großen Welt. Die große Welt, das war alles, was hinter jenem fernen Wald begann. Dort wohnten Menschen, die sogar im Sommer Schuhe trugen und Blindschleichen für Kreuzottern hielten. Das jedenfalls behauptete mein Freund Willi verächtlich.

Unsere Kleinbahn war keineswegs nur ein gewöhnliches Fortbewegungsmittel. Sie war eine Persönlichkeit, geprägt durch den Umgang mit Sonderlingen und Individualisten. Wie Erwin Lamprecht. Stets trug er gegen Regen und Sonnenschein ein geknotetes Taschentuch auf dem Kopf und versuchte, seine Mitmenschen mit Quark und den Büchern Mosis zu heilen. Oder Hermann Leisegang, Tenor des Gesangvereins. Er zahlte lieber jede Strafe, als sich einen Angelschein zu holen.

Unverdrossen schleppte das Bähnlein zwischen den Dörfern hin und her, was man so zum Leben braucht. Kartoffeln und die Milchkannen. Holz, Zuckerrüben und die Kohlen. Enten- und Gänseküken. Selbst Heidepriems Ziege begab sich darin auf die Hochzeitsreise. Auch die Post wurde mit Pauline befördert. Die Zeitung und der Klatsch! Kaum zu glauben, was unterwegs alles passierte! Freche Lümmel hatten heimlich den Milchwagen abgehängt. Die Kleinbahn mußte umkehren mitsamt einem Sarg, was die Beerdigung sehr verzögerte. Der Lokomotivführer hatte vergessen, auf unserer Station zu halten, und meine elegante Tante mußte über die Felder zu Fuß trotten. Eine verrückte Kuh hatte die Bahn attackiert und fast den letzten Wagen aus dem Gleis geworfen.

Gretchen, die tugendsame Konfirmandin, hatte sich auf dem Weg zum Konfirmandenunterricht, anstatt sich in die Zehn Gebote zu vertiefen, mit dem Lehrerssohn in der zweiten Klasse geküßt, obwohl das schamlose Ding nicht einmal eine Fahrkarte dafür besaß. Wer konnte sich da wundern, daß besagtes Gretchen, nachdem sie ein Jahr später nach Berlin «gemacht» war, um dort ein Filmstar zu werden, mit Zwillingen zurückkehrte.

Die Einrichtung der dritten Wagenklasse war mehr praktisch als komfortabel. In der Mitte des Waggons stand ein Kanonenöfchen. Die Bänke waren an den Seitenwänden aufgestellt. So blieb genügend Platz für Kiepen und Rucksäcke, Sensen und Spaten. Dagegen war die zweite Klasse geradezu luxuriös. Sie war mit alten Autositzen aus rotem Plüsch ausgestattet. Wenn man sich darauf niederließ, tanzten Millionen von Staubpartikelchen in der Sonne wie Mückenschwärme über einer Pfütze.

Unsere Bahnstation lag von unserem Gut fast vier Kilometer entfernt und außerhalb des Dorfes. Besorgte Gemeindeväter hatten bei Paulines Gründung gefürchtet, ihr Lärm würde nicht nur die Pferde scheu machen, sondern auch die Nerven der Dorfbewohner zerrütten. Die ganze Station bestand nur aus einer hinfälligen Wellblechbude am Rande der Chaussee. Im Sommer traute sich dort niemand hinein, weil die Hornissen sich darin niedergelassen hatten, und im Winter blies einem der Ostwind den Schnee ins Gesicht. Vater, der wie viele Reiter die Ansicht vertrat, Pferde seien viel sensiblere Geschöpfe als Menschen, hielt aus Rücksicht darauf meist mit dem Wagen schon zwanzig Meter vor der Station.

Nervöse Sommergäste, die, die Uhr in der Hand, zuerst während der Fahrt Paulines Unpünktlichkeit getadelt hatten, gewöhnten sich schnell daran, wie die übrigen Fahrgäste, wenn die Kleinbahn stehenblieb, um vor einer neuen Steigung Kraft zu sammeln, träumerisch über den blühenden Roggen zu blicken, den Bussard im Sommerhimmel seine Kreise ziehen zu sehen, teils dem Kuckuck, teils den quiekenden Ferkeln im Nachbarwaggon zu lauschen und sich gelegentlich an einem kleinen Skat zu beteiligen.

Im Krieg wuchs die Popularität der Kleinbahn. Von keinen Kontrollen belästigt, fuhr alles, was Uniform trug und Urlaubssperre hatte, auf diese Weise zu Bräuten, Verwandten und Eltern aufs Land. Auch Pierre setzte sich mit Paulines Hilfe in die Heimat ab. Pierre war ein französischer Kriegsgefangener und dem Bäcker als Gehilfe zugeteilt. Seine melancholischen Augen und seine vollendeten Manieren versetzten im Laden die einkaufende Weiblichkeit in totale Verwirrung. Als er genug

24

von Roggenmehl, Ofenhitze und dem märkischen Gericht «Kartoffeln mit Stippe» hatte, verschwand er.

Trotz Tieffliegern und einer Bombe, die, glücklicherweise ohne zu zünden, vor ihre Räder fiel, kreuzte Pauline weiterhin mit gellendem Pfeifen die Chausseen und ließ die Funken sprühen. Erst als der Krieg zu Ende war, verzog sie mit unbekanntem Ziel nach Osten. Nur ihre Schienen blieben zurück, schlängelten sich weiter durch harzduftende Schonungen, vorbei an sumpfigen Wiesen, auf denen die Kiebitze sich jagten, vorbei an Getreidefeldern und Kartoffelschlägen und warteten vergeblich darauf, endlich wieder in sich das leise Kribbeln zu verspüren, das stets Paulines Kommen angekündigt hatte.

Unsere heiligsten Kühe

Gäste gehörten im Sommer zum Haus wie Fliegen in den Kuhstall. Es gab Frühaufsteher, die bereits vor dem Frühstück zwischen Garten und See unruhig hin und her pendelten und Vater beim Baden störten. Eine schon ziemlich taube Tante setzte sich sogar in den Kahn, um ihm beim Schwimmen zuzusehen, während Vater bei 17 Grad Wassertemperatur sie verzweifelt umkreiste und ihr vergeblich klarzumachen suchte, daß er gern herauskommen würde, aber keine Badehose anhabe.

Es gab Langschläfer, die den Kaffee erst zu sich nahmen, wenn bereits die Kartoffeln fürs Mittagessen abgegossen wurden. Manche konnten nur bei völliger Dunkelheit Ruhe finden, und verschandelte Tapeten erinnerten an ihre Versuche, sich die kleinsten Ritzen zwischen Gardine und Fensterrand mit Stecknadeln abzudichten. Andere schliefen bei weit geöffnetem Fenster, und Gewitterregen ergoß sich auf den 200 Jahre alten Sekretär. Aber Gäste waren heilige Kühe. Sie durften eben alles – auch die Wurst aushöhlen, das Ei mit dem Messer köpfen, sich Marmelade und Butter auf den Kuchen schmieren und noch vor dem Nachtisch rauchen.

Tante Barbara war eine solche heilige Kuh, und zwar eine besonders anstrengende. Sie war eine rundliche, behende Person mittleren Alters, die vor Unternehmungslust und Vitalität wie ein Foxterrier ständig zu vibrieren schien. Sie schwamm mühelos über den See und wieder zurück, was wir uns nur trauten, wenn jemand im Kahn neben uns herfuhr. Mit Tante Barbara eine Radtour zu machen bedeutete, auch bergauf zügig in die Pedale treten zu müssen. Und wenn wir uns nach einer ihrer Unternehmungen gerade mit hängender Zunge in den nächsten Sessel geworfen hatten, rief sie schon wieder: «Und was können wir jetzt mal machen?»

«Meine liebe Bärbel ist ein rechter Quirl!» pflegte ihr verstorbener Mann resigniert zu sagen. Der Ahnungslose hatte sich in sie verliebt und auch mit ihr verlobt, als ihr Temperament durch eine gerade überstandene Lungenentzündung wohltuend gebremst war.

Tante wußte wenig mit sich anzufangen und wollte mit Picknicks, Nachbarbesuchen und Kahnfahrten ständig amüsiert werden. Bei schlechtem Wetter wuselte sie mit dem fragenden Ruf «Gertrud?» von Zimmer zu Zimmer, so daß wir jedesmal unser Spiel unterbrechen und uns, wie es der Anstand erfordert, erheben mußten. Bei einem ihrer Spaziergänge mit dem Bernhardiner brachte sie durch ihr ständiges, sinnlos anfeuerndes «Such, Möpschen, such!» das arme Tier so durcheinander, daß er tatsächlich seine Schnauze in einen Ameisenhaufen steckte und noch Tage danach tote Ameisen ausnieste.

Solche Kleinigkeiten nahmen wir, wenn auch leise seufzend, hin. Doch schwerer wog Mamsells Abneigung gegen diesen Gast. Mutter tat daher alles, um ihn von der Küche fernzuhalten, was schwierig war, denn Tante Barbara kochte für ihr Leben gern. Sie machte Mamsell beim Abschmekken nervös, so daß das Essen entweder wie für Magenkranke gewürzt oder total versalzen war. Wenn Mamsell ihren freien Tag hatte, bemächtigte Tante Barbara sich sofort der Küche und servierte uns irgend etwas Raffiniertes, Ausländisches, was unsere an Kartoffeln und Stippe gewöhnten Gaumen ablehnten. Außerdem war hinterher die Küche in einem Zustand, der Mutter verzweifelt nach uns rufen ließ: «Los, Kinder, helft, alles muß wieder an seinem Platz sein, wenn Mamsell kommt!»

Ein gutes Trinkgeld hätte wahrscheinlich Mamsell umstimmen können, aber davon hielt Tante Barbara nichts. Sie zog es vor, jedem eine «kleine Freude» in Form eines hübsch verpackten Päckchens zu machen. Aber obgleich ihre Geschenke weder besonders exotisch noch besonders langweilig waren, fand sie mit ihnen keinen rechten Anklang. Die Inselbücher, die sie für uns aussuchte, hatten wir schon. Die liebevoll gehäkelte Stola paßte zu keinem von Mutters Kleidern, und die Wolle für Mamsell ließ sich schlecht stricken. Möpschen kaufte sie ein wertvolles Lederhalsband; aber als wir ihn damit schmücken wollten, tat er, als sollte er erwürgt werden, und so nahmen wir es wieder ab.

Einmal brachte sie den Eltern und uns ein gemeinsames Geschenk mit: ein Riesenpuzzle. An einem verregneten Sonntag machten wir uns darüber her. Vater verlor schnell die Geduld und war drauf und dran, die Stückchen einfach mit der Schere passend zu schneiden. Auch uns wurde das Ganze auf die Dauer zu mühsam. Wir verstauten das Puzzle in einer leeren Kommodenschublade im Gastzimmer und holten unser altes Halma-Spiel hervor.

Im Jahr darauf hatte Tante einen recht ungünstigen Zeitpunkt für ihren Besuch gewählt. Er fiel mit Onkel Karls Geburtstag zusammen, was bedeutete, daß wir sie drei Tage sich selbst überlassen mußten. Tante Barbara sah keinen Grund, deshalb ihre Reise zu verschieben. Sie werde schon ein Auge auf Haus und Personal haben.

«Bloß nicht», seufzte Mutter. «Sie wird sich mit Mamsell anlegen, und dann bekommt die wieder ihre Migräne.»

Mamsell nahm denn auch die Ankündigung, drei Tage allein mit unserem Gast unter einem Dach sein zu müssen, recht wortkarg auf, so daß Mutter, von den schlimmsten Befürchtungen geplagt, den Geburtstag gar nicht so recht genießen konnte. Einen Tag eher als geplant, fuhren wir wieder zurück.

Unser erster Weg führte in die Küche im Souterrain. Mamsell war nirgends zu sehen. Dafür ertönten aus dem Eßzimmer laute Stimmen, die zweifellos Mamsell und Tante Barbara gehörten. «Mein Gott, sie liegen sich in den Haaren!» Mutter eilte nach oben, wir hinterher.

Im Eßzimmer bot sich uns ein erstaunliches Bild. Der Tisch war ausgezogen und über und über mit Puzzlestücken bedeckt. Darüber gebeugt saßen Seite an Seite Mamsell und Tante. Mamsell hatte offensichtlich das Kommando. Assistiert von Tante Barbara, setzte sie die Teilchen zu üppig wuchernden Urwaldpflanzen und farbenprächtigem Getier zusammen.

«Da seid ihr ja wieder!» rief unser Gast. «Ihr glaubt gar nicht, wie geschickt Mamsell ist.»

«Die gnädige Frau ist auch nicht schlecht», brummte Mamsell geschmeichelt.

31

«Ein herrliches Spiel, nicht wahr?» Tante bückte sich und klaubte Möpschen den Torso eines Kolibris aus dem Fell. «Ich hatte ganz vergessen, daß ich es euch geschenkt habe.»

«Und was du uns damit für eine Freude gemacht hast», sagte Mutter aufrichtig.

«Das kann man wohl sagen», pflichtete Vater ihr bei.

Zwar konnten wir bis zu Tantes Abreise das Eßzimmer nicht mehr benutzen, und Mamsell war mehr mit dem Puzzle als mit dem Einkochen beschäftigt, aber das nahmen wir gern in Kauf. Ruhe und Frieden herrschten im Haus. Nur Lore, unser Hausmädchen, maulte über die vielen Krümel auf dem Teppich im Wohnzimmer, in dem wir jetzt unsere Mahlzeiten einnahmen.

«Wir müssen alle Opfer bringen», sagte Vater und betrachtete angewidert einen Soßenspritzer auf seinem Lieblings-Sofakissen.

Mit den Galoschen des Glücks

Für uns Kinder spielten der rote Teppich und das grüne Sofa im sogenannten «Salon», der eigentlich Mutters Arbeitszimmer war, eine besondere Rolle. Trugen sie doch abwechselnd beim Vorlesen zur Gemütlichkeit bei. Meine Mutter tat es in den Wintermonaten regelmäßig an den Nachmittagen. Oft verhaspelte sie sich beim Lesen, dann wieder sprang sie mitten im Satz auf mit dem Ausruf: «Verflixt noch mal!», weil ihr irgend etwas einfiel, das sie noch dringend erledigen mußte. Wenn die Zeit sehr drängte, überschlug sie einfach einige Seiten, so daß sich die Handlung der Märchen und Geschichten oft ein wenig verwirrte.

Mein Bruder, der es liebte, auf dem Bauch zu liegen, zog zum Zuhören den Teppich vor, während ich mich lieber auf dem halbrunden Sofa mit dem ausgeblichenen Damastbezug kuschelte. Meiner Mutter machte es nichts aus, sich ebenfalls auf den Teppich niederzulassen, sie war noch recht elastisch und nicht so steif in den Knien wie Tante

Erna. Hauptsache, wir legten uns nicht gerade auf ihren Rücken, was wir wegen der guten Bildeinsicht gern taten.

Favorit unter den Bilderbüchern war für mich «Hans Wundersam». Weder meine erste große Liebe noch sonstige ereignisreiche Dinge im Laufe des Lebens sind so in meinem Gedächtnis haftengeblieben wie jene Kinderreime. Hans Wundersam, ein rechtschaffener Wandersbursch im blauen Kittel und roten Schal, rettete einen kleinen Engel vor dem Erfrieren: «Gell, Flügelmatz, jetzt bist du froh? / Na ja, nun weine man nicht so!» Als Belohnung darf er dafür mit in den Himmel: «Dies ist der Weg zum Himmelreich. / Ist ziemlich steil, drum komm nur gleich!»

Unter anderem zeigt ihm der Engel auch die Hölle: «Pfui Teufel, rief Hans Wundersam, / Hatschi, hatschi! Und alle beide niesten sie, / und all die kleinen Teufelein, / sie fingen mächtig an zu schrein!»

Dem fetten Oberteufel hatte ich mit einer Stecknadel das Gesicht zerkratzt, weil mir vor ihm graute – zum Ärger meines Bruders, der fürs Gruselige eine Schwäche hatte. Am Ende darf sich dann der brave Wandersbursch aus dem Spielzeugparadies eine Puppe zur Frau nehmen: «Nur eine stand und lachte nicht, / Die war so lieb von Angesicht. / Als die Hans Wundersam nun sah, /

Ganz wundersamlich ward ihm da.» Auch mir wurde ganz wundersamlich, ich fragte mich, weshalb ich nicht auch so hold und schön wie die Puppe war. Ich begann abgrundtief zu seufzen, bis Mutter mir diese Albernheit verbot.

Die drei kleinen Bären Putz, Jochen und Wollbäckchen rührten mich ebenfalls stets zu Tränen. Vergessen von ihren Eltern, irrten sie im Wald umher und erlebten viel Aufregendes. Ich war geradezu süchtig nach Traurigkeit; ich wiederholte mir voller Genuß immer wieder jene Stellen, die mich zum Taschentuch greifen ließen.

Mein Bruder dagegen war mehr fürs Lustige. Sein Lieblingsbuch war «Peter Pan im Waldpark». Als Baby fliegt Peter Pan seiner Mutter davon und wird zu einem Mittelding zwischen einem Vogel und einem kleinen Jungen. Besonders hatte es meinem Bruder der weise Rabe Salomo angetan, dessen größter Schatz ein Strumpf mit 180 Krumen, 34 Nüssen, einem Tintenwischer und einem Schuhband war. Der typische englische Humor des Buches entsprach dem heiteren Wesen meines Bruders. Manchmal lachte er so, daß er zu dem großen Flügel hinüberlief und vor lauter Vergnügen dessen Deckel so kräftig zuschlug, daß die vielen Familienbilder, die auf dem Flügel standen, bedenklich ins Rutschen gerieten.

An den Sonntagen bekamen wir meist Zuwachs

von unseren vier Vettern. Dann bildeten wir auf dem Teppich einen Kreis um die Mutter herum. Sie ließ sich von unserem Drängen nicht aus der Ruhe bringen und las auch bei dem größten Zank unbeirrt weiter. Mein jüngster Vetter, von uns nur als «das arme Kind mit dem gebrochenen Arm» angeredet, hatte immer den besten Platz neben ihr. Der Unfall mit dem Arm lag bereits fünf Jahre zurück, trotzdem versuchte er immer noch, daraus Kapital zu schlagen.

Ab und an, wenn er sich langweilte, fand auch Vater sich ein und ließ sich herab, uns vorzulesen. Das brachte immer eine gewisse Unruhe mit sich. Ein bestimmter Stuhl mußte für ihn herbeigeschleppt werden, ein großer Aschenbecher wurde auf einem Tischchen danebengestellt. Vorsichtig legte er seine Zigarre darauf. Wehe uns, wenn wir daran stießen, so daß der Aschenkegel vorzeitig abfiel. Märchen und Sagen lehnte mein Vater ab. Er griff lieber zu der Zeitschrift «Wild und Hund», um uns daraus eine spannende Wilderergeschichte vorzulesen, die leider jeder Moral entbehrte, denn der Wilderer wurde nie gefaßt.

Da wir in den Wochen vor Weihnachten unzählige Geschenke für die Verwandtschaft zu basteln hatten, ließ Mutter sich gern dazu überreden, uns durch Vorlesen zu unterhalten. Bei einem Wettbewerb im Vorlesen hätte sie wohl kaum einen Preis bekommen. Und doch berührte mich ihre Stimme wie mit einem Zauberstab. Ohne Schwierigkeiten verwandelte ich mich in «die kleine Seejungfrau», «das häßliche Entlein» und den «Däumling». Ich ritt wie Maugli durch den Dschungel, blickte der Schneekönigin ins kalte Antlitz und flitzte mit den Galoschen des Glücks durch unser Dorf. Wenn Mutter mir dagegen selbst das Buch zum Vorlesen in die Hand drückte, ertappte ich mich dabei, daß ich an den ergreifendsten Stellen an ganz andere Dinge dachte und so nüchtern wie Tante Erna blieb, die immer sagte, es wäre nun an der Zeit, daß ich mehr Sinn fürs Praktische bekäme.

Mensch ärgere dich nicht!

«Man muß doch verlieren können», sagte unsere alte Kinderfrau sanft tadelnd zu meinem Bruder. Er hatte gerade alle Murmeln an mich verloren und versuchte darauf, mein Haar wie Zuckerrübenpflanzen zu vereinzeln. Obwohl uns Kindern das «Verlierenkönnen» als hohe Tugend gepriesen wurde, habe ich außer Helden und Rittern in Sagen und Märchen nur sehr selten Menschen mit dieser lobenswerten Eigenschaft getroffen.

Wir alle jedenfalls ärgerten uns prächtig, wenn wir im Spiel verloren, und erheiterten uns gegenseitig mit den finstersten Ausbrüchen. Zur Pflege des Familienlebens saßen wir nach dem Abendessen gemeinsam um die blakende, duftende Petroleumlampe und spielten Karten oder Würfelspiele. Schon beim Quartettspiel, für das unser Geist zunächst knapp ausreichte, bekamen wir rote Ohren vor Wut, wenn mein Vater auf die gewünschte Karte mit impertinentem «Bedaure» reagierte und dann blitzschnell sein Quartett vollbekam.

Das Spiel «Mensch ärgere dich nicht» wurde sogar eine Zeitlang abgesetzt, um meine angeblich durch eine Kinderkrankheit geschwächten Nerven zu schonen. Mein Bruder verfolgte mich bei diesem Spiel durch alle Runden, um dann mit teuflischem Lachen kurz vor dem rettenden Hafen meinen Stein mit solch einem Schwung hinauszuwerfen, daß dieser gegen den Lampenzylinder flog, eine Rußwolke sich auf uns senkte und ich mir heulend in den Daumen biß.

Später, als unser Verstand leicht anzog, brachte uns mein Vater «Mauscheln» bei. Als junger Leutnant hatte er für dieses Glücksspiel wohl eine gewisse Schwäche gehabt. Jedenfalls erzählte er uns, er habe einmal im Spiel sogar ein Gasthaus gewonnen. Auf diesen Gewinn habe er aber großzügig verzichtet. Wir bedauerten das sehr. Sicherlich, so dachten wir uns, hätten wir dort jetzt jeden Tag umsonst Eis essen und Waldmeisterlimonade trinken können. Wir liebten diese Geschichte, in der sich das kleine Gasthaus allmählich in ein Hotel verwandelte, gegen das das Waldorf Astoria eine schäbige kleine Hütte war.

Fürs Mauscheln kaufte Vater eigenhändig kleine bunte Ostereier, die er in seinem Schreibtisch zwischen Schrotpatronen, Tabakpfeifen und abgebrochenen Bleistiften verwahrte. Vor dem Spiel wurde für jeden die gleiche Anzahl abgezählt. Selbst unsere Hauslehrerin, eine resolute Dame, die sehr viel von Sauberkeit hielt, fand nichts daran auszusetzen, daß die Eier von einem Teller auf den anderen wanderten und allmählich eine schwärzliche Farbe annahmen.

Während sie sich bei den Glückspilzen zu einem verlockenden Berg häuften, ließen sie sich bei den Pechvögeln mit einem Blick übersehen. Ebensowenig wie im Leben gab es bei den Karten Gerechtigkeit. Ich verlor an fünf Abenden hintereinander sämtliche Ostereier, obwohl ich mit einer verbissenen Konzentriertheit spielte, die ich bei den Schularbeiten vermissen ließ. War mein Vater stolzer Gewinner dieses klebrigen Schatzes, wobei er großmütig dem verbittert auf seinen leeren Teller starrenden Familienmitglied etwas abgab, so erzählte er uns bedächtig, mit vielen Abschweifungen die Geschichte von dem sagenhaften Gasthaus, und das Zubettgehen zögerte sich angenehm hinaus. Hatte er verloren, so sagte er barsch, wir sollten uns ins Bett scheren, es wäre höchste Zeit für uns, schließlich hätte er noch etwas anderes zu tun, als den ganzen Abend mit uns Karten zu spielen.

Anschließend pfiffen wir auf alle Hygiene und schmatzten vergnügt an unserer klebrigen Beute. Auch die Lehrerin! Ein sehr trauriges Geräusch für den Verlierer.

In den Ferien vergrößerte sich unsere Runde um einen Jungen aus der Großstadt, der sich in der frischen Landluft Kraft und Energie holen sollte. Kraft, so fanden wir, hatte er schon reichlich. Daß mir seine Verlierereigentümlichkeit noch unbekannt war, sollte für mich unangenehme Folgen haben. Als ich ihn im Mühlespiel zweimal hintereinander zu schlagen wagte, fand ich kurz darauf meine Puppen alle an den Beinen auf der Wäscheleine baumeln, und meine Aufziehmaus, mit der ich gern ängstliche Gäste erschreckte, lief mit schnarrendem Geräusch nur noch rückwärts. Jetzt, da meine Neffen und Nichten sich im spielfreudigen Alter befinden, betrachte ich sie mit dem kalten, leidenschaftslosen Interesse eines Forschers, ob einer von ihnen die Tugend des «Verlierenkönnens» besitzt. Doch wie bei uns höre ich nur unwilliges Murmeln, endlose Auseinandersetzungen über gültige Spielregeln, den empörten Ausruf: «Ich spiele nicht mehr mit!» sowie die sanfte Ermahnung: «Aber! Aber! Man muß doch verlieren können!»

Das gestörte Picknick

Höchstwahrscheinlich wäre uns die Bekanntschaft mit Neumanns erspart geblieben, wenn Großtante Adele nicht im ungeeignetsten Augenblick – zwei dürre Sommer und die Maul- und Klauenseuche im Kuhstall – ihr Testament geändert hätte. Als Vater erfuhr, daß er enterbt worden war, sagte er nur trübe: «Auch das noch!» und kürzte unser Taschengeld um die Hälfte.

Er zog sich in sein Arbeitszimmer zurück, um in Ruhe über seine wirtschaftliche Lage nachdenken zu können, und verbat sich jede Störung. Nachdem er seinen Geist mit mehreren Flaschen alten Burgunders erleuchtet hatte, kam er wieder zum Vorschein und verkündete: «Wißt ihr was, das beste ist, ich verkaufe das Häuschen am See als Wochenendhaus.»

«Ich höre immer Haus», sagte spitz Mutter, die verärgert war, weil sie, geängstigt durch Vaters düstere wirtschaftliche Zukunftsprognosen, voreilig auf ein neues Frühjahrskostüm verzichtet hatte.

«Wenn du damit die alte Bruchbude da unten meinst . . .»

«Es kommt immer auf die Perspektive an, aus der man so etwas sieht.» Vater entwarf auf einer unbezahlten Rechnung eine schwungvolle Annonce für die Tageszeitung, in der viel von landschaftlicher Schönheit, aber wenig von dem Haus stand.

Nach etwa vierzehn Tagen klingelte eines Freitags mittags das Telefon. Vater legte die Hand über die Muschel und flüsterte aufgeregt: «Jemand, der das Haus besichtigen will, Trudel! Was soll ich ihm sagen?»

«Übers Wochenende einladen», zischte Mutter zurück. «Sei doch nicht so ungeschickt!»

Mutter verschwand in der Küche, um mit Fräulein Martha, unserer Mamsell, das Menü für Sonnabend zu besprechen, und Vater schenkte sich einen doppelten Kognak ein.

«Was fangen wir bloß mit ihnen an, damit sie das Haus auch kaufen?» fragte Vater, als Mutter zurückgekommen war. «So ein Bankdirektor ist doch sicher sehr anspruchsvoll.»

Mutter schlug ein Picknick vor. «Ein Picknick!» rief Vater gedehnt. «Und wenn es nun regnet?»

«Die Schwalben fliegen zu hoch», sagte Mutter unerschüttert, «es gibt bestimmt kein schlechtes Wetter.»

Es regnete wirklich nicht. Aber am Sonnabend, so gegen vier Uhr nachmittags, Mutter stellte gerade Blumen in die Vasen, fing unsere Mamsell an, das Lied «Zigeuner, du hast mein Herz gestohlen» zu singen.

Mutter ließ fast die Vase mit den Rosen fallen und rief: «Alfred, was machen wir bloß, Fräulein Martha bekommt ihre Stimmungen!»

Eine halbe Stunde später verließ Fräulein Martha die Küche, und um sieben Uhr kündigte sie schluchzend zum fünftenmal in diesem Jahr. Glücklicherweise stand der Spargelpudding, ihr Geheimrezept, bereits im Wasserbad, so daß wenigstens das Abendbrot gerettet war. Aber was sollte aus den Vorbereitungen für das morgige Picknick werden?

Mutter jagte uns alle in die Küche, und wir taten unser Bestes. Nachdem die Kräuterbutter den Kopf des Bernhardiners zierte, die Eier beim Kochen geplatzt waren und Vater sich den Daumen am Büchsenöffner lädiert hatte, erschien Fräulein Martha in einem geblümten Morgenrock auf der Bildfläche. Sie nahm mir das Glas Erdbeermarmelade, das ich hinter der Schranktür auslöffelte, aus der Hand, nannte Mutter einen kaltherzigen, gefühllosen Menschen und warf uns aus der Küche. Bald drangen liebliche Düfte in das Wohnzimmer, und Mutter ließ sich erleichtert in einen Sessel fallen.

Ein wenig später standen wir auf der Terrasse und lauschten dem Motorengeräusch, das langsam näher kam. Als es plötzlich verstummte, schloß Vater die Augen und sagte: «Verdammt, jetzt sitzen sie bei der Lehmkuhle fest!» Eine Befürchtung, die sich glücklicherweise nicht bestätigte.

Trotzdem, es war ein ziemlich erschöpftes Ehepaar, das, gefolgt von einem Mops, aus dem Auto kroch.

«Ganz schönes Ende bis zu Ihnen», meinte Direktor Neumann und wischte sich die Stirn.

«Nur ein Katzensprung von der Hauptstraße, wenn man die Abkürzung kennt», beruhigte ihn Vater.

«Und dieser Sand!» Der Direktor sah stirnrunzelnd die staubige Dorfstraße entlang.

«Besser als jede Teerstraße, es muß nur regnen», versicherte Vater und streichelte den Mops, der mißmutig nach seinen Fingern schnappte.

Angesichts des Spargelpuddings, des frischen Schinkens und der Zitronencreme erholten sich die Gäste sehr schnell von den überstandenen Strapazen. Die Juninacht tat ihr übriges. Sie beleuchtete den Rasen vor dem Haus mit zahllosen Glühwürmchen und war so mild und würzig wie eine Fasanenpastete.

Nach dem Abendbrot führten wir die Gäste zum See hinunter. Auch hier schien die Natur mit uns im Bunde zu sein. Der See glitzerte prächtig im Mondlicht, Grillen und Frösche gaben ihr Bestes, und die Mücken, sonst sehr zahlreich vertreten, hatten sich diskret zurückgezogen.

Trotz Nachtigallengesang und blühender Hekkenrosen rings um das verwitterte Häuschen blieb der Geschäftssinn dieses Mannes härter, als Vater erwartet hatte. «Ziemlich feucht hier» und «Allerhand zu reparieren» war alles, was er sagte. Immerhin schien er einem Kauf nicht abgeneigt, und Vater und er beschlossen, nach dem Picknickausflug das Haus am Tage noch einmal genau anzusehen.

Am nächsten Morgen spannten wir Robert nach dem Frühstück vor den Wagen, Vater half Frau Neumann galant beim Einsteigen, verstaute den Mops zu ihren Füßen, und ich zwängte mich zwischen das Ehepaar. Bevor die Eltern vorn Platz nahmen, warfen sie einen besorgten Blick auf Robert, der sie tückisch mit angelegten Ohren musterte. Der Wallach war empört, daß man ihn am Feiertag mir nichts, dir nichts aus der Koppel geholt hatte, um einen überfüllten Wagen durch den Sand zu ziehen. Sein Schnauben verhieß uns nichts Gutes.

Wir rollten im schlanken Trab die Kiefernschonungen entlang, überquerten eine kleine Brücke und hielten auf einer von Birken bewachsenen Anhöhe. Von hier hatte man einen weiten Blick übers Land. Doch unsere Gäste lauschten recht teilnahmslos Vaters begeisterten heimatkundlichen Erklärungen. Trotz des herrlichen Sommertages war die Stimmung nicht so gut, wie wir erwartet hatten. Dabei war unsere Fahrt recht glatt verlaufen. Robert hatte nur zweimal versucht, sich auf die Deichsel zu legen, und es war ihm nur für ein paar Minuten gelungen, die Zügel mit dem Schweif festzuklemmen und durchzugehen.

Vielleicht war es die allzu nahe Berührung mit der Natur, die Neumanns Unbehagen bereitete. Die Frau strich ängstlich mehrmals über das weiche Gras, als sei es eine staubige Parkbank, ehe sie sich setzte, und der Direktor entfernte angewidert eine Raupe von seinem Hosenbein.

«Glaubst du, daß deine Idee wirklich so gut war?» flüsterte Vater Mutter zu, und sie zuckte bekümmert die Achseln.

Der Anblick des umfangreichen Picknickkorbes stimmte unsere Gäste wieder heiterer. Sie warteten kaum ab, bis Mutter Papierservietten und Messer und Gabeln verteilt hatte, sondern griffen so herzhaft zu, als hätten sie gerade einen Hungerstreik hinter sich. Sie lobten Fräulein Marthas Pasteten und vertilgten in kurzer Zeit jeder drei Brötchen, zwei harte Eier, dazu ein gebratenes Hähnchen und wandten sich gerade entschlossen dem Käsekuchen zu, als Vater, wild mit den Armen fuchtelnd, in die Höhe sprang. Wir folgten erstarrt seinen

Blicken. Statt des friedlich grasenden Roberts sahen wir den verängstigten Mops. Verfolgt von einer Herde Kühe keuchte er den Hügel hinauf. Vater eilte, um das Schlimmste zu verhüten, dem Hund zur Hilfe. Zu spät! Die erste Kuh hatte ihn bereits erreicht. Sie senkte nachdenklich den Kopf, als ob sie über etwas intensiv nachzudenken habe, und gab dem Mops einen Stoß, daß er wie ein Tennisball im Netz zwischen uns landete und in dem Käsekuchen steckenblieb. Es gab ein wildes Durcheinander. Von zornigen Kühen umgeben, die immer noch versuchten, dem Hund nach dem Leben zu trachten, bemühte sich Vater, Frau Neumann vom Boden zu reißen, um sie in Sicherheit zu bringen. Endlich gelang es uns, die Kühe wieder in die Koppel zurückzutreiben. Doch wo war Robert? Er hatte sich sachte davongemacht. Kein Gedanke, ihn wieder einzufangen.

Es blieb uns nichts anderes übrig, als uns zu Fuß auf den Heimweg zu machen. Es wurde ein beschwerlicher Marsch, denn Frau Neumanns Hakken waren ungeeignet für unsere von Kiefernwurzeln überzogenen Wege. Im Hof begrüßte uns Robert mit freudigem Wiehern. Er umtänzelte die große Limousine des Direktors und keilte ab und zu übermütig wie ein Füllen nach ihr. Jedesmal, wenn er sie traf, gab das Auto einen schmerzlichen Laut von sich. Vater riß Robert sehr unsanft im

Maul und führte ihn in den Stall. Neumanns betrachteten unterdessen wortlos ihr ramponiertes Auto.

Der Abschied war kurz und kühl. Von einem Kauf war keine Rede mehr. Vater sagte, die Rechnung, die er für Roberts Missetat hätte bezahlen müssen, wäre fast so hoch gewesen wie seine für das Haus geforderte Summe. Doch was viel schlimmer war: Fräulein Martha verließ uns wirklich. Wir hatten vergessen, ihre stundenlang gerührte und Vater zuliebe gebackene Sandtorte auf unser Picknick mitzunehmen.

Willis weite Reise

Mit dem Glück ist es wie mit Mäusen. Oft hält es sich dort versteckt, wo man es am wenigsten vermutet. Willi beispielsweise fand seins in einem Eisloch.

Willis große Sehnsucht galt der Großstadt. Sollte es doch dort Treppen geben, auf denen man hinauffahren konnte, Tiere wilder als ein angeschossener Keiler und Häuser höher als die Dorfkirche. «Wenn ick erst groß bin», verkündete er uns immer, «mach' ick nach Berlin.» Seine Mutter war anderer Ansicht. Ihre Erinnerungen an die Großstadt waren nicht die besten. Zwei Jahre war sie Kellnerin in Berlin gewesen. Als sie zu ihrer Familie ins Dorf zurückkehrte, brachte sie als einziges Geschenk den friedlich am Daumen lutschenden, kaminscheitlangen Willi mit. Für seine «Hirngespinste», wie sie es nannte, hatte sie wenig Verständnis. So hängte Willi seine Träume in die Wipfel der alten Kiefern am Dorfeingang und holte sie sich nur gelegentlich zum Spielen herunter.

Willi sah ein bißchen aus wie unser Bernhardiner, als er noch ein Welpe gewesen war. Vater meinte, das verwüchse sich. Vater mochte Willi. Sooft er Lust dazu hatte, durfte er auf unserem Flügel klimpern. Wenn er wie ein kleiner Waldkauz am Flügel hockte und voller Hingabe nach dem Gehör – denn er kannte keine Noten – mit viel Schwung «Was kann der Sigismund dafür, daß er so schön ist» spielte, sah Tante Adele in Öl von der Wand mißbilligend auf ihn herab. In ihrer Jugend hatte es solche Lieder nicht gegeben. Dafür aber, nach dem Bild zu urteilen, sehr fortschrittliche Dekolletés.

Häufig brachte Willi meinem Vater Morcheln oder Steinpilze, und Vater nahm ihn auf seinen Fahrten durch den Wald mit und ließ ihn kutschieren.

Wie jedes Jahr, wenn der See zufror, verkündete uns Mutter dramatisch, sie würde nun verreisen und nicht eher wiederkommen, bis die Schneeglöckchen blühten, um nicht mit ansehen zu müssen, wie ihre Kinder durch den Leichtsinn ihres Vaters der Reihe nach ertrinken würden. Sie fuhr auch wirklich. Aber die längste Zeit, die sie ohne uns aushielt, waren zwei Tage.

Dabei war kein Grund zur Beunruhigung. Es war uns genau vorgeschrieben, wann wir den See betreten durften. Als erster ging mein Vater, mit einer

Axt bewaffnet, auf das Eis. Vier starke Schläge mußte es aushalten. Das Eis winselte und bat um Gnade, aber Vater schlug unerbittlich alle paar Meter, bis er das andere Ufer erreicht hatte. Dann erschien Otto, unser Nachbar. Otto war ein wahrer Hüne und wog fast drei Zentner. Wenn er seine Leibesfülle über den See wuchtete, wippte auch das dickste Eis wie ein Sprungbrett.

Von nun an gehörte uns der See. Wir bauten Schilfhütten, in denen wir auf alten Säcken hockten und Brombeerblätter mit «durchschlagendem» Erfolg aus unseren Indianerpfeifen rauchten. Mit den Schlittschuhen halfen wir uns gegenseitig aus. Der Schuster bekam viel zu tun, denn wir drehten die Schrauben so fest, daß die Absätze abbrachen. Die andern sausten unterdessen mit Peekschlitten über das Eis oder huschten mit selbstgebastelten Segeln wie piepsende Fledermäuse umher.

Den größten Spaß aber machte uns das Fischen unter dem Eis. Regungslos standen wir vor dem Eisloch, sahen den Hecht gierig auf den Köderfisch zuschwimmen und ihn verschlingen. Die Kunst, den Raubfisch im richtigen Moment aus dem Wasser zu ziehen, verstand Willi am besten. Fast immer gelang es ihm, den Hecht mit kräftigem Schwung aufs Eis zu werfen, ohne daß er den Haken wieder ausspucken konnte oder die Binsenpuppe samt der vielen kostbaren, aufgewickelten Schnur unter das

Eis zog. So vergnügten wir uns, bis die untergehende Sonne die Krähenschwärme mit roter Farbe bepinselte, der Himmel sich für den Abend umzog und den Sternen zuliebe sich in seinen besten dunklen Anzug warf. Erst wenn die Mütter aus allen Häusern unsere Namen plärrten, hinkten wir auf tauben Zehen und mit glühenden Ohren nach Haus.

Für Willi war der See mehr als nur ein abwechslungsreicher Spielplatz, den man je nach der Jahreszeit zum Baden oder zum Schlittschuhfahren benutzen konnte. Für ihn besaß er eine fast mystische Anziehungskraft. Im Sommer lag er viele Stunden in einem alten Kahn und ließ sich über das Wasser treiben. Oder er beobachtete am Ufer den Fischreiher, der im seichten Wasser stand und sich die neu ausgesetzten Schleie zu Gemüte führte. Der See schien Willis Liebe zu erwidern. Nie kam er ohne Beute vom Angeln, verfingen sich seine Haken im Schilf, zerrissen vom Fluß her eingewanderte Wollhandkrabben seine Netze. Er fand jedes Haubentauchernest und sah als einziger von uns den Eisvogel über das Wasser schwirren.

Wenn wir schon längst an den Kachelöfen unsere Füße auftauten und unser heimatliches Nationalgericht, Kartoffeln mit Stippe, aßen, trödelte er noch auf dem See umher. Trotz der Kälte legte er sich oft auf das blanke Eis und starrte auf den Grund, als ob es dort unten außer Algen, Schilf, Muscheln und ab und zu einem Schwarm kleiner Fische etwas Besonderes zu sehen gäbe.

An einem Sonntag mußte Willi mächtig Senge von seiner Mutter bezogen haben. Er lief mit ganz geschwollenen Augen umher. Zuerst war außer «nee» und «weeß ich nich» nichts Vernünftiges aus ihm herauszubringen. Aber dann löste die Empörung seine Zunge. Seine Mutter, die sich zur Zeit wieder als Braut fühlte, hatte sein Lieblingskarnikkel für ihren Verlobten geschlachtet.

An diesem Abend verspürte Willi weniger denn je Lust, nach Haus zu gehen. Dort saß ja nur der fremde Onkel und fraß sein Karnickel. Seine finsteren Gedanken ließen ihn nicht auf die Fischlöcher achten. Ehe er seine Pantinen bremsen konnte, war er schon in eins hineingeschlittert. Statt der melodischen Rufe ziehender Gänse hörte der auf Anstand stehende Jagdpächter Willis schrille Schreie. Er konnte ihn gerade noch an seinem rostroten Haarschopf erwischen, bevor der Junge unter das Eis glitt. Mühsam schleppte er den triefenden, völlig erstarrten Willi nach Haus.

Flennend packte seine Mutter sämtliche Federbetten der Familie auf ihren Sohn und versuchte, ihm heißen Lindenblütentee einzuflößen. Willi wurde sehr krank. In seinen Fieberträumen fuhr er mit dem vom Onkel verspeisten Hasen auf einer Rolltreppe und fing Fische aus purem Gold.

Nach ein paar Wochen erschien er wieder unter uns. Er hatte die Farbe einer milchigen Glasmurmel. Auch ging ihm beim Wettlaufen gleich die Puste aus, und er begann zu husten. Doch das Schicksal hielt schon den richtigen Trost für ihn parat. Der nette Jagdpächter, ein Berliner namens Krause, packte ihn in sein fauchendes Auto und nahm ihn mit nach Berlin.

Angetan mit einer gewaltigen Schirmmütze, kam Willi wieder zurück. Etwas wirr erzählte er von seinen Erlebnissen. Er war im Zoo gewesen, hatte Tiere, wilder als ein angeschossener Keiler, gesehen und Freundschaft mit einem melancholischen Affen geschlossen. Der Affe hatte ihm beim Abschied sogar die Pfote durchs Gitter gereicht. Im Kaufhaus war er auf der Rolltreppe gefahren. Um diese wundervolle Einrichtung besonders auszukosten, hatte er sich auf die Stufen gesetzt. Eine Dame im Pelz war über ihn gestolpert und hatte sich auf etwas gesetzt, was Willi verächtlich als fett bezeichnete. Darauf war der Geschäftsführer herbeigeeilt und war in einen erregten Wortwechsel mit Herrn Krause geraten. Aber das schönste von allem – hier flüsterte er fast vor Andacht – wäre doch der Spucknapf auf dem Bahnhof gewesen. Ein Spucknapf, größer als eine Waschschüssel!

Wir waren fasziniert von seinem Bericht, und Willi sonnte sich darin, der Mittelpunkt zu sein.

Nur der See schien es ihm nachzutragen, daß Willi sich nicht hatte von ihm trösten lassen wollen. Er hatte beim Angeln jetzt ebenso häufig Pech wie wir.

Loblied auf den Kachelofen

Sie sind aus meiner Kindheit in der Mark Brandenburg ebensowenig wegzudenken wie der Geruch nach eingemotteten Pelzen, Bohnerwachs, nassen Hundehaaren, Schmierstiefeln und Äpfeln: die behäbigen weißen, braunen oder grünen Kachelöfen. Wacker kämpften sie gegen die auf den Schornstein drückende Sonne, den Wind und das nasse Holz. Das hing mit Vaters Vergeßlichkeit zusammen. Jahr für Jahr ließ er das in unserem Forst geschlagene, viel zu grüne Kiefernholz erst kurz vor Wintereinbruch einfahren, dessen beißender Qualm durch alle Kachelfugen nach außen drang.

Stets summten in den mit einer Messingtür versehenen Ofenröhren Kessel mit warmem Wasser, das zum Rasieren und für die unentbehrlichen Wärmflaschen gebraucht wurde, leise vor sich hin. An den Kacheln wärmte der Hausarzt sich erst fürsorglich die Hände, ehe er uns Kinder beim Abhorchen der Lunge «neunundneunzig» sagen ließ;

ein Wort, das für uns Kleinen ebenso geheimnisvoll klang wie etwa «Nebukadnezar».

Wie tröstlich, wenn wir uns bei Bauchschmerzen fest gegen den Ofen pressen konnten. Das kam häufig vor, wenn wir zuviel rohen Hefeteig genascht und Wasser darauf getrunken oder zuviel Eiszapfen gelutscht hatten. Auch wurde im Sommer gern das Aschenloch als Rauchfang für die Würste benützt. Drei Kacheln lang war das übliche Maß für die dem Pastor zustehenden Würste in Mecklenburg, so erzählte uns Onkel Karl. Er behauptete auch, daß man neuerdings dazu übergegangen wäre, den Durchmesser des Oberarms der Frau Pastor als vorgeschriebene Norm zu nehmen und deshalb bei der Einstellung Pastoren mit schlanken Ehefrauen bevorzuge.

Die meisten Öfen waren von Töpfermeister Kruse gebaut worden, einem schon recht betagten Ofensetzer, der auch den widerspenstigsten Ofen zum Zuge brachte. Einmal im Jahr untersuchte er sie alle gründlich, begutachtete den Sturzzug, besserte die Schamotte aus und gab sein Mißfallen über meinen Bruder kund. Mein Bruder hatte nämlich die tadelnswerte Angewohnheit, heimlich Teschingpatronen ins Feuer zu werfen, was selbst dem stabilsten Ofen nicht bekam und große Risse erzeugte.

Die Kunst des Anzündens war ein Geheimnis

von Erna, eines Stubenmädchens, das schon zwanzig Jahre im Hause war. Sonst war ihr Geist nicht besonders erleuchtet, aber für das richtige Heizen hatte sie geradezu den sechsten Sinn. Mit einem Minimum an Papier und Kienspänen verstand sie es im Handumdrehen, ein prasselndes Feuer zu entfachen.

Nie brauchte sie, wie die anderen Mädchen, verbotenerweise mit Petroleum nachzuhelfen oder mußte mit einer Schaufel voller Glut aus dem Küchenherd von Ofen zu Ofen rennen, eine Spur kleiner in den Teppich gebrannter Löcher hinterlassend.

Die Veteranen unter den Öfen besaßen Reliefs oder waren mit Karyatiden geschmückt, an deren üppigen unbekleideten Formen man sich oft schmerzhaft den Kopf stieß. Das Paradestück jedoch war ein Meißner Rundofen. Onkel Karl, der schöne Öfen zu schätzen wußte, nannte uns entrüstet «Banausen», weil Nirzwickis Erna ohne Rücksicht auf dieses Kunstwerk dahinter nasses Holz zum Trocknen stapelte.

Höchstens ein Drittel der vielen Öfen in dem großen Gutshaus wurden überhaupt geheizt. Nur wer krank war oder zu Gast, kam in den Genuß, in aller Frühe, während es draußen noch dunkel war, träumerisch in die knackenden Scheite zu blinzeln. Im übrigen schlief man kalt. Zum Abhärten! Wir

Kinder zogen uns deshalb gern ungewaschen im Bett an, sobald die alte Nana uns den Rücken kehrte.

Ebenso wie die Schneekönigin in Andersens Märchen war Großtante Adele gegen Frost völlig unempfindlich. Selbst bei Diners blieb der Eßsaal kalt. Während die Damen in ihren ausgeschnittenen Kleidern still vor sich hinfroren, sorgten die Männer mit viel Rotwein für die notwendige Körpertemperatur. Großtante, die von allen neumodischen Sachen nichts hielt, beobachtete deshalb mit großem Mißtrauen, daß ihr ältester Sohn eine Zentralheizung einbauen ließ.

Er tat es, als die Milch in der Babyflasche seines Erstgeborenen gefroren war. Doch bald stellte es sich heraus, daß die Heizkörper dem eisigen Ostwind und den hohen Räumen in dem alten Gutshaus nicht gewachsen waren. Die Kachelöfen mußten zusätzlich geheizt werden. Großtante triumphierte.

Eines Abends im Advent

Unser Dorf lag sehr einsam, es bestand nur aus sieben Häusern. Bis zum nächsten Städtchen waren es 14 Kilometer, und zur Schule mußten wir eine Stunde durch den Wald trotten. Es gab weder einen Bäcker noch einen Laden bei uns, und nur einmal in der Woche kam ein Krämer mit Pferd und Wagen, um uns mit allem Nötigen zu versorgen. Bis zur weitentfernt liegenden Stadt war bisher nur mein Bruder vorgedrungen. Was er uns von seiner Reise erzählte, war allerdings eher beängstigend als verlockend.

Auf der Hinfahrt hatten sich die Mitreisenden über seine handfesten, dick mit Speck belegten Brote mokiert. Der Laubfrosch, den er sich sofort von seinen Ersparnissen gekauft hatte, war im Hotel über Nacht auf der Heizung zur Mumie ausgetrocknet. Mein Bruder kannte nämlich nur Kachelöfen und hielt die verschalte Zentralheizung für eine Art Wandschrank. Im Zoo hatte er sich über seine Tante geärgert, die ihm keine Zeit ließ, in

Ruhe die Hirsche und Rehe zu betrachten und die Spatzen zu füttern, sondern ihn dauernd zu Tieren schleppte, die er doch gar nicht kannte.

So verspürten wir kein Verlangen nach der Zivilisation, und unsere kulturellen Ansprüche blieben bescheiden. Dafür bedeutete das vorweihnachtliche Singen an den Adventssonntagen für uns ebensoviel wie für Großstadtkinder vielleicht ein Theaterbesuch von «Peterchens Mondfahrt» oder «Hänsel und Gretel».

Das gemeinsame Singen mit den Dorfkindern fand bei uns zu Hause in einem Raum statt, der die etwas übertriebene Bezeichnung «Salon» führte. Vielleicht weil ein Bechsteinflügel darin stand. Da man damals im Gegensatz zu heute Barockmöbel als Gebrauchs- und nicht als Kunstgegenstände ansah, waren die seidenen Bezüge der Stühle und Sessel zerschlissen und ausgeblichen, und in den Schränken ließ es sich der Holzwurm wohl sein. Die silbergraue Tapete war über dem Ofen schwärzlich verfärbt und die Tür von Hundepfoten zerkratzt.

Jeder einigermaßen geschulte Kinderchor hätte wahrscheinlich über unseren Gesang mitleidig gelächelt, und jeder durchschnittliche Pianist wäre über die musikalischen Freiheiten, die sich meine Mutter herausnahm, sehr erstaunt gewesen, Passagen, die ihren Fingern geläufig waren, gingen im schnellen Tempo vor sich, während sie an schwierigen Stellen ohne Rücksicht auf das vorgeschriebene Tempo ein Andante spielte.

Aber uns war es mehr um die vorweihnachtliche Stimmung als um stimmliche und technische Vollkommenheit zu tun. Mit dem Wort Stimmung hätten wir allerdings gar nichts anzufangen gewußt. Ohne viel Nachdenken genossen wir die alten Weihnachtslieder, den Anblick der brennenden Kerzen, die altmodischen Transparente, den Berg selbstgebackener, mit Mandeln gespickter Pfefferkuchen und die Wärme des Raumes, während draußen einem die Kälte die Ohren rot anlaufen ließ. Wie gemütlich klang das Klappern der Fensterläden, das Rascheln des trockenen Efeus hinter den Scheiben und das Knacken des Holzes im Ofen!

Doch dieses Jahr war das alles in Frage gestellt, denn Erwin Heidepriem hatte schlicht erklärt, den Nikolaus gäbe es nicht, das Christkind sei eine Erfindung der Reichen, und fromme Lieder um einen Tannenkranz zu singen, sei doof. Sein Vater, der es vorzog, seinen Lohn als Straßenarbeiter in Schnaps anzulegen, anstatt seine Familie damit zu ernähren, mußte ihm diese fortschrittliche Idee eingepflanzt haben. Der Nikolaus beunruhigte uns nicht. An ihn glaubten wir sowieso erst wieder, wenn er vor uns stand, aber die Sache mit dem Christkind und dem

Singen schien uns bedenklich. Auf die Existenz des Christkinds kam Erwin vorsichtshalber nicht mehr zurück; um so mehr ließ er sich darüber aus, daß Singen etwas für alte Weiber und kleine Mädchen sei.

Nun war Erwin der Anführer unserer kleinen Kindergemeinschaft, der im Aufspüren von Kiebitznestern, Reusenlegen und heimlichen Fallenstellen nicht so schnell seinen Meister fand. Auch war er kräftig für sein Alter und ersetzte durch schlagende Beweise, was ihm an geistiger Wendigkeit fehlte. So galt sein Wort bei uns, und einer nach dem anderen stimmte ihm zu. Wir Mädchen zuerst, denn wir waren noch in dem Alter, wo man es als Makel empfindet, kein Junge zu sein.

Wir liefen zu unserer Mutter und teilten ihr unseren Beschluß mit, künftig auf Adventsfeiern verzichten zu wollen. Sie meinte in ihrer gleichmütigen Art, gegen einen Adventskranz hätten wir ja wohl nichts einzuwenden, und die Pfefferkuchen würden sicherlich auch so ihren Abnehmer finden. Ein Vorschlag, der uns sehr erleichterte!

Von nun an sprachen wir über das Singen in demselben nachsichtigen Ton wie über die Zeit, als wir noch Lätzchen tragen und zum Essen einen Schieber benutzen mußten. Das hinderte uns nicht daran, uns voller Eifer dem Pfefferkuchenbacken zu widmen. Wie jedes Jahr mußte der Teig noch einmal erneuert werden, weil vom Hausherrn bis zum Landbriefträger jeder «mal eben» probiert hatte. Dann wiederum war es viel zuviel Teig. Wir stöhnten, schwitzten, rollten und stachen endlos Sterne, Kringel und Nikoläuse aus. Zum Schluß lag der Bernhardiner winselnd vor Bauchschmerzen in der Ecke, und wir spürten heftiges Verlangen nach sauren Gurken und Wurstbroten.

In der Küche sah es aus, als ob sich Bäcker eine Mehlschlacht geliefert hätten, und es war so heiß wie im Maschinenraum eines mit Volldampf fahrenden Schiffes. Noch Tage danach waren Spuren von Sirup und Zuckerguß in unseren Haaren.

Auch die Weihnachtsarbeiten für Eltern, Geschwister, unzählige Freunde und Verwandte begannen uns zu beschäftigen. Meine Eltern besaßen mehrere Kartons voll dieser schönen Dinge, die sie sich ab und zu gerührt betrachteten, aber leider kaum benutzen konnten. Ein schneeweißes Tuch mit einem eingestickten großen Pferdekopf, zum Abwischen der Trensen gedacht, gehörte auch dazu.

Am zweiten Advent stellte meine Mutter wie immer den Kranz auf den Flügel. Wir drei Geschwister sahen uns an und verzogen uns nach draußen. Mit den Dorfkindern gingen wir gemeinsam zum

Schlittschuhlaufen hinunter zum See. Der Bernhardiner folgte uns schnaufend. Es war die erste Kältewelle im Jahr. Der See war erst seit einigen Tagen zugefroren und noch frei von Schnee und Unebenheiten. Auf dem Eis ergriffen wir den Schwanz des mächtigen Hundes, und er zog uns unter wohlwollendem Knurren in einer langen Schlange über die weite, von knisterndem Schilf umgebene Fläche hinter sich her. Über unseren hitzigen Spielen und langen Verfolgungsjagden vergaßen wir den Adventssonntag.

Es begann zu schneien. Das Eis vor uns reckte und dehnte sich und gab seufzende Laute von sich. Auf den Gehöften auf der anderen Seite des Sees gingen die Lichter an, und der Wind trug den Klang der Glocken zu uns herüber. Als es so dunkel geworden war, daß wir einen Baumstumpf mit einem Fuchs verwechselten, machten wir uns, durchfroren und steif vom langen Stillstehen, auf den Heimweg. Ich riß mir dabei noch eine ordentliche Schramme am Stacheldraht eines Koppelzaunes, was meine Stimmung nicht verbesserte.

Als wir über die Veranda ins Haus kamen, stutzten wir. Vor uns standen, säuberlich ausgerichtet, zwölf Paar Holzpantoffeln unserer Dorffreunde. Wir selbst durften leider nicht nur in Wollsocken im Haus herumlaufen. Aus dem erleuchteten Salon drang Geflüster. Eilig wechselten wir die Schuhe, hängten die Lodenmäntel an die Haken und stürmten hinein.

Entzückt schnupperten wir den wohlvertrauten Geruch nach Wachs, Tannennadeln, Kernseife, Haarpomade und Pfefferkuchen, und zufrieden stellten wir fest, daß die Transparente in althergebrachter Reihenfolge aufgestellt waren. Das verschneite Häuschen mit den Bibelsprüchen an jedem Fenster ganz vorn, die angekohlten, beschädigten Transparente hinten auf dem Flügeldeckel, in der Mitte der Adventskranz und zwei große Leuchter mit dicken, gelben Wachskerzen, je rechts und links die Notenblätter! Rasch ergriffen wir unsere Blockflöten und von uns und dem Klavier begleitet, sangen die Kinder «O Tannenbaum», daß die Porzellanfiguren in der Glasvitrine erzitterten.

Als wir zum fünftenmal das Lied «Kling, Glöckchen, kling» anstimmten, wobei wir der Reihe nach unseren Gesang mit dem Bimmeln eines Porzellanglöckchens unterstreichen durften, öffnete sich die Tür. Erwin kam zögernd herein. Seine finstere Miene schien zu drohen: Eine Bemerkung – und es knallt!

Wir waren jedoch viel zu sehr damit beschäftigt, auf den vierjährigen Otto aufzupassen, der, anstatt auf seinen Einsatz zu achten, verträumt am Klingelklöppel lutschte, als daß wir uns um Erwin gekümmert hätten. So entspannte sich sein Gesicht. Er stellte sich dicht neben meine Mutter, kürzte fachmännisch, ohne die Kerze zu löschen, einen blakenden Docht, und während draußen der immer stärker fallende Schnee jeden Laut erstickte, fiel seine helle Knabenstimme in den Chor mit ein.

Unsere Ahnfrau hieß Agnete

Tante Esthers verwandtschaftliche Beziehungen zu uns waren dunkel. War sie doch keine «Geborene», sondern nur eine «Gewisse», wie Großmutter sagte. Nachdem ihr Vater den letzten Heller verspielt hatte, fand er es bequemer, sich auf den Friedhof zurückzuziehen, als seine Frau und Tochter in eine kleine Mansardenwohnung zu begleiten. Tante Esther schien ihrem Vater, dem Lebemann, ziemlich ähnlich zu werden. Sie lernte in der Eisenbahn auf der Strecke Hannover–Düsseldorf einen Rheinländer kennen, trank – wie schamlos, dieses junge Ding! – am hellen Tage mit ihm Sekt im Speisewagen, heiratete ihn acht Tage später, um ihn – eine Sensation jagte die andere – nach einem halben Jahr und drei Wochen wieder zu verlassen. Seitdem, so flüsterte man sich zu, trieb sie sich mit Männern in zweifelhaften Bars herum. Ehrbare Landwirte, die sich ab und an der schweren Aufgabe unterzogen, sich in der Hauptstadt nach neuen landwirtschaftlichen Maschinen umzusehen, berichteten darüber ihren interessierten Ehefrauen.

Es war Onkel Theo, der uns eines Tages diese aufregende Tante ins Haus schleppte. Er gehörte zu jenen zahlreichen Verwandten, die jahrein, jahraus unser Haus bevölkerten, dafür sorgten, daß der Rotwein nicht zu lange lagerte, und von denen keiner so recht wußte, von was sie eigentlich lebten. Onkel Theo, der im Berliner «Wintergarten» beim Anblick niedlicher junger Badenixen in der Wasserpantomime sich zu trösten versuchte, daß ihn jedes junge Mädchen bereits wie einen senilen Greis behandelte, entdeckte Esther am Nebentisch. Die beiden verbrachten einen vergnüglichen Abend miteinander, und Onkel Theo forderte Esther kurzentschlossen auf, doch mit ihm zu fahren. Er versicherte ihr, meine Eltern würden sich bestimmt freuen, sie kennenzulernen, und da sie gerade nichts Besseres vorhatte, tat sie ihm den Gefallen.

In eine Parfümwolke gehüllt, die uns für einen Augenblick vergessen ließ, daß im Hof gerade Dung gefahren wurde, sprang sie leichtfüßig aus dem Wagen. Der Onkel blickte etwas schuldbewußt zu Mutter hinüber, aber Mutter war viel zu gastfreundlich, um es sich anmerken zu lassen, daß sie dieser Besuch etwas überraschte. Im Gegensatz zu Betty, unserem alten Kindermädchen, begrüßte sie Tante Esther herzlich mit einem Kuß auf die Wange. Betty jedoch, bei der Mutter schon das Strümpfestricken gelernt hatte, ehe sie in die Schule ging, musterte den Besuch von den gelben Lederstiefelchen bis zu dem kühnen Schleierhut, kniff die Lippen zusammen und sagte: «Ich habe das blaue Zimmer hergerichtet!» Die Eltern sahen sich verblüfft an. Das blaue Zimmer war sonst dem jungen Gemüse vorbehalten. Es lag unter dem Dach, war schlecht zu heizen und besaß nur ein kurzes, hartes Bett.

Betty ging über Mutters schüchternen Widerspruch souverän hinweg. Sie ergriff den Koffer und stapfte damit resolut die vielen Treppen hinauf. So war Betty nun einmal. Treu, fleißig und moralischer als zehn Missionare zusammen.

Unsere neue Tante lebte sich schnell bei uns ein. Sie sang den ganzen Tag wie eine Lerche und durchstöberte in Onkel Theos Begleitung neugierig das Gutshaus von oben bis unten. Sehr zu Vaters Kummer – die Kosten für die Reparaturen erreichten schwindelerregende Summen – hatte ein ideenreicher Vorfahre den unförmigen Kasten noch mit zwei Seitenflügeln und mehreren Türmchen versehen, was seiner Schönheit nicht gerade zum Vorteil gereichte.

Tante Esther machte ironische Bemerkungen

über die Ritterrüstungen, deren Winzigkeit sie erstaunlich fand, suchte begierig nach unterirdischen Gängen und Verliesen, fand aber nur in einem Seitenkeller ein Gipsbein, von dem niemand sich erklären konnte, wie es dahingekommen war, und mehrere angebrochene Flaschen Mosel.

Sie faszinierte das Zimmermädchen, das ihr morgens warmes Wasser brachte, mit einem spitzenbesetzten rosa Negligé, das sie statt eines soliden Barchentnachthemds trug, und versuchte, den Abenden mit Hilfe eines großzügig ausgeschnittenen Abendkleides etwas mehr Flair zu geben. Ihr Versuch, uns modisch aufzufrischen, scheiterte an dem heftigen Ostwind. Sein Eishauch drang durch alle Ritzen und war stärker als jedes Kaminfeuer. So hüllte auch sie sich bald, wie wir, in viel Wolle und Gestricktes, um die Mahlzeiten in dem ungeheizten Eßsaal ohne gesundheitliche Schäden zu überstehen. Sie ging mit Onkel Theo auf Jagd, spielte mit uns Kindern «Fang den Hut», mit Vater Schach und brachte Mutter eine neue Patience bei. Kein Wunder, daß uns ihre Gesellschaft bald unentbehrlich wurde.

Der einzige Mensch, außer Betty natürlich, der sich ihr gegenüber äußerst reserviert verhielt, war Onkel Anatol. Er lebte schon, so lange ich mich erinnern konnte, bei uns und wurde jedes Jahr ein wenig sonderlicher. Sein Hobby war die Familiengeschichte, und sein Geist beschäftigte sich vorwiegend mit Ereignissen vergangener Jahrhunderte. Auf Festen war er geradezu gefürchtet, weil er die Pärchen in den Ecken mit der Frage überfiel: «Und was ist Ihre Mutter eigentlich für eine Geborene?» Er ruhte nicht eher, als bis er alles, was er von den jungen Leuten wissen wollte, aus ihnen herausgequetscht und jedes romantische Gefühl zerstört hatte.

Im übrigen interessierten ihn Frauen erst, wenn sie tot waren und in Öl oder Pastell gemalt an der Wand hingen. Seine besondere Liebe galt der Ahnin Agnete. Sie hing zwischen zwei kapitalen Hirschen in Lebensgröße in der Halle und wirkte trotz ihrer achtzehn Kinder erstaunlich jung und lebenslustig.

Ihre leicht vorstehenden Augen waren schmachtend auf den Betrachter gerichtet, und wer sie da so erwartungsvoll gegen einen Stuhl gelehnt stehen sah, verstand, daß im Hof das Gerücht ging, sie würde in Vollmondnächten manchmal aus dem Rahmen steigen und für sich allein im Sommerwind ein Menuett auf der Terrasse tanzen. Onkel Anatol nannte es geschmacklos, wenn sein Vetter Theo jedem Gast erzählte, Agnete hätte nur an dem übriggebliebenen Frühstücksbrötchen gemerkt, wenn eins ihrer Kinder abhanden gekommen sei. Jeden Abend bevor er schlafen ging, machte er ihr seine Reverenz und murmelte: «Das waren noch Frauen!»

Anatol, sonst ein ruhiger besonnener Mensch, beklagte sich, das alberne Getue Theos mit Esther mache ihn nervös. Dazu sänge die Kusine in ihrem Zimmer recht merkwürdige Lieder. Das hätte ihn so sehr irritiert, daß er im Stammbaum die Mutter seiner Base Rotraud mit ihrem eigenen Sohn vermählt habe.

Tante Esther lachte nur darüber, schüttelte ihre blonden Locken, nannte Anatol einen putzigen Menschen, beugte sich über seine Schulter, was er voller Unbehagen duldete, und sah ihm beim Zeichnen eines Wappens zu.

Eines Abends gähnte sie ungeniert und sagte: «Daß ihr das hier so ohne Theater und Konzert aushaltet! Warum gebt ihr nicht mal ein Kostümfest?»

Wie sie es schaffte, die Eltern dazu zu überreden, weiß ich nicht. Waren wir doch alle ein wenig zu schwerfällig für solche Dinge.

Aber die Einladungen wurden geschrieben und alle Vorbereitungen getroffen. Esther zeigte, daß sie nicht nur in ihren Dekolletés Schmiß besaß. Sie durchwühlte sämtliche Mottenkisten und alte Truhen nach brauchbaren Stoffen, nähte und schwang den halben Tag im Bügelzimmer das Eisen.

Unter dem Motto «Wallensteins Lager» verwandelte sie uns nach und nach in eine Horde von Landsknechten, Troßbuben, Dirnen und Marketenderinnen. Onkel Theo, der sich als Wallenstein ganz außerordentlich vorkam, bewunderte sich alle Augenblicke im Spiegel, und seine Witze wurden immer landsknechtsähnlicher, bis Mutter sich das verbat. Selbst Betty zwang sie trotz ihres Protestes in ein Marketenderinnengewand, das ihr etwas Frivoles gab. Nur Onkel Anatol weigerte sich strikt, sich an diesem albernen Mummenschanz zu beteiligen.

Der große Abend kam, und bis auf Onkel Anatol, der sich grollend in sein Zimmer zurückgezogen hatte, waren wir in der Halle versammelt, um die Gäste zu empfangen. Nicht jeder von ihnen hatte das Motto so genau genommen. Zwischen dem Lagertroß bewegten sich zwei Clowns, vier Seeräuber, ein Briefträger und drei Nixen. Besonders wurde Tante Esther bewundert, die als Gustav Adolfs Page ganz reizend anzusehen war.

Unter den Klängen eines verstimmten Flügels und zweier Geigen stieg die Stimmung von Stunde zu Stunde. Ehe wir es uns versahen, war es Mitternacht. Als die große Uhr in der Halle zwölf schlug, öffneten sich plötzlich die Flügeltüren. Der Klavierspieler ließ erschreckt die Hand auf das Fis fallen und sagte: «O Gott!», und auch wir dachten, wir hätten wohl ein wenig zu tief ins Glas gesehen;

denn auf der Schwelle stand Ahnfrau Agnete im bauschigen, mit vielen Rüschen und Falten verzierten Gewand. Sie trug eine Kerze in der erhobenen Hand und lächelte uns an. Erst als sie näher kam, merkten wir, daß Gustav Adolfs Page in ein neues, noch reizvolleres Kostüm geschlüpft war. Wir riefen: «Bravo!» und klatschten Beifall. Dann tobten wir mit Tante Esther an der Spitze in einer Polonäse durch das Haus, daß die Kronleuchter in der Halle bedenklich zu schwanken begannen.

«Und jetzt», sagte die Tante außer Atem zu mir, «werde ich deinen Onkel da oben ein wenig aufmöbeln!»

Neugierig folgte ich ihr. Ohne anzuklopfen, öffnete sie weit seine Tür, und ich sah den Onkel, der uns mit funkelnden Augen und rotem Kopf entgeistert anstarrte. Er schien mehr Burgunder getrunken zu haben, als bekömmlich war. Er schwankte mit seligem Blick auf Tante Esther zu, öffnete weit seine Arme und rief: «Agnete, meine Teure!»

«Na, man sachte», sagte die Tante, drehte sich um und schloß zu meiner herben Enttäuschung mir die Tür vor der Nase.

War unser gelungenes Fest noch lange in aller Munde, so wurde es doch von Onkel Anatol weit in den Schatten gestellt. Er fuhr nämlich mit der Tante nach Berlin und kam erst vier Wochen später als Bräutigam zurück. Als er etwas verwirrt abwechselnd Agnete und den goldenen Ring an der linken Hand betrachtete, lächelte sie ihm aufmunternd zu, so als wolle sie sagen: «Nur Mut, es müssen ja nicht gleich achtzehn kleine Ahnenforscher werden . . .»

Aus dem Leben Eduards V.

Jeden Morgen, wenn der Schweizer gähnend in den Kuhstall geschlendert kam, hoppelte Eduard V. quer über den Hofplatz zum Stall hinüber. Gemeinsam mit der Katze Frieda stärkte er sich unter den wohlwollenden Blicken des Schweizers aus einem Blechteller an frisch gemolkener Milch. Frieda hatte das nicht immer so großzügig geduldet. Doch seitdem Eduard zu einem stattlichen Hasen von fast 12 Pfund herangereift war, hatte sie es für klüger gefunden, sich mit ihm zu einigen.

Eduard V. war jedermanns Freund, gehörte meiner Schwester und mir, war eigentlich nur aus rein ökonomischen Erwägungen zur Welt gekommen. Unser stiller Traum war seit langem ein Fahrrad mit Gangschaltung und Dynamo. Doch unsere Sparschweine erwiesen sich als schlechte Futterverwerter. Bei jedem Geburtstag irgendeines Onkels oder einer Tante fielen sie erneut vom Fleisch.

Als fortschrittliche Landkinder schlachteten wir daher die unrentablen Schweine ab, gründeten eine

Kaninchen-KG und kauften von unserem Freund Erwin zwei stattliche Hasen. Eduard und Caroline, wie wir sie tauften, erwiesen sich als sehr fruchtbar. Ihre Kinder fanden im Dorf als Feiertagsbraten guten Absatz. Nach einem Jahr hatten wir bereits, wie Vater uns vorrechnete, das Geld für je ein Vorderrad und 22 Speichen vom Hinterrad zusammen.

Leider hatte Caroline eine unangenehme Eigenschaft. Sie litt häufig unter der Zwangsvorstellung, die Ohren ihrer Kinder seien Mohrrüben oder sonst was Leckeres, was die Aufzucht der Jungen erschwerte. Auch als Eduard V. dann geboren wurde, unterlag sie dieser seltsamen Suggestion. Eifrig begann sie, sein rechtes Ohr zu benagen, Eduard, der sich gerade aus leicht verschleierten Augen in der Hasenwelt umzusehen begann, riß sich entsetzt los, zwängte sich zappelnd durch engen Maschendraht und suchte verängstigt im Nachbarkäfig bei seinem Vater und den älteren Geschwistern Schutz. Jedoch zeigten sie dem armen kleinen Eduard gegenüber nur wenig Familiensinn. Sein Vater kniff ihn sehr unangenehm ins Genick, und einige Brüder begannen ebenfalls ein fatales Interesse für seine Ohren zu zeigen. Nur im letzten Augenblick vermochten wir ihn noch zu befreien.

Seitdem zeigte Eduard eine begreifliche Abneigung gegen das Leben in der Familie. Er beschloß auszuwandern. Beim Ausmisten machte er sich still davon. Unbemerkt verschwand er im Holzschuppen.

Zweimal fingen wir ihn wieder ein. Beim drittenmal kam er erst nach acht Tagen, von Friedas spielerischen Pfoten getrieben und ganz mit Häcksel bedeckt, unter der Dreschmaschine zum Vorschein. Vor so viel Freiheitsdrang kapitulierten wir und ließen ihn laufen.

Es fiel Eduard nicht leicht, sich in der Freiheit zurechtzufinden. In den ersten Tagen erwischte ihn fast ein Habicht auf der Koppel. Eduard floh unter einen umgestülpten Hühnertrog, und der Habicht, einer von der bequemen Sorte, griff sich statt dessen das Huhn, das Eduard durch sein plötzliches Erscheinen unter dem Trog hervorgescheucht hatte. Bevor er lernte, die Kettenlänge des Hofhundes richtig abzuschätzen, verlor er ein großes Büschel seiner schwarzen Haare, und in seiner neuen Wohnung, der roten Scheune, machten ihm die Ratten und Iltisse das Schlafen schwer. Aber allen Widerständen zum Trotz: Eduard setzte sich durch, wuchs, wurde kugelrund, und in seinem Fell konnten sich fast Friedas grüne Augen spiegeln. Er lernte das ungebundene Leben eines Junggesellen zu schätzen, wurde selbstbewußt, arrogant und sehr von sich eingenommen. Kurz: ein Mann!

Im Frühjahr, wenn der Hofhund Nacht für Nacht sein Huu-Hup zum Mond emporheulte, Friedas Verehrer sich fauchend über den Hof jagten und Nachbars Irmchen am offenen Fenster oft und gern die Waldeslust besang, begannen sich auch in Eduard gewisse zarte Empfindungen zu regen. Dann hoppelte er zu den Kaninchenställen, um ein sehnsuchtsvolles Auge auf die hübschen kleinen Hasenfräulein zu werfen. Doch der Anblick seiner durcheinanderwimmelnden Verwandtschaft ließ ihn schleunigst wieder kehrtmachen und in seiner Scheune verschwinden.

Eduard muß zwei Jahre gewesen sein, als sich Tante Adele bei uns ansagte. Tante Adele war die Schriftstellerin unserer Familie. Daß ihr Talent noch im verborgenen blühte, lag nur daran, daß ihre Geschichten zu traurig waren. Sie bekam es einfach nicht übers Herz, den düsteren Schicksalslauf ihrer Heldinnen bis zum bitteren Ende zu bringen, und so blieb der Schluß stets ungeschrieben. Für jeden halbwegs mitfühlenden Menschen war es herzbewegend anzusehen, wie sie beim Schreiben still vor sich hin seufzte und schließlich in Tränen ausbrach.

Außer dem Talent für tragische Geschichten besaß Tante Adele noch einen Hund. Ein ungeschlachtes Tier, groß wie ein Kalb und tintenschwarz, von dem sie sich nie trennte und das sie

Bienchen nannte. Während sie beim Abendbrot Bienchen mit rohen Mohrrüben fütterte, erzählte sie uns, Bienchen hätte was an der Leber und dürfe nur noch vegetarisch ernährt werden. Das Vieh sah uns, die Mohrrübe lustlos im Maul, mit trostlosen Augen an und stierte auf die Aufschnittplatte, die Mutter gerade Tante Adele reichte.

Am nächsten Tag durfte er nur kurz mit uns spazierengehen und mußte, um sein Herz zu schonen, bei Tante Adele bleiben, die auf der Veranda saß und dichtete. Während sie sich auf seinem Rücken die Füße wärmte, kam Eduard an der Treppe vorbeigehoppelt. Bienchen seufzte fast so tief wie Tante Adele, erhob sich, reckte sich, sprang mit einem Satz die Treppe hinunter auf den arglosen Eduard zu und biß ihn ins Hinterteil. Glücklicherweise kamen ihm dabei so viele Haare zwischen die Zähne, daß er ihn wieder losließ. Eduard sprang fast senkrecht in die Luft und versteckte sich unter einer Blautanne. Bienchen vergaß Leber, Herz und Diät. Er begann mit Eduard «Bäumchen, Bäumchen, wechsel dich» zu spielen. Knurrend und japsend jagte er das Kaninchen von der Blautanne zum Holunderbusch, vom Holunderbusch unter die Buchsbaumhecke, bis er ihn schließlich am Hinterlauf zu fassen bekam. Eduard hatte es jetzt mächtig mit der Angst zu tun. Er begann zu fiepen und zu schreien. Wir stürzten aus dem Haus zu seiner Hilfe herbei. Aber Bienchen war so in Rage, daß selbst Tante Adele, die kräftig an seinem Schwanz zog, ihn nicht zur Vernunft zu bringen vermochte. Erst als meine Schwester, unbemerkt von Tante Adele, ihm einen fetten Kotelettknochen unter die Nase hielt, biß er sich darin fest und ließ sich wegführen. Doch Eduard brauchte lange, ehe er sich von diesem Schreck erholt hatte. Sobald sich ihm jemand näherte, verschwand er blitzschnell in seiner Scheune.

Eduard V. war eins der wenigen Tiere, denen es auf dem Hof gestattet wurde, ohne jeglichen Nutzen alt zu werden. Wahrscheinlich hätte er noch viele Generationen Karnickel überlebt, wenn Egon nicht gewesen wäre. Er war Irmchens Vetter und verbrachte seine Herbstferien bei ihren Eltern. Wir mochten den fetten Bengel ebensowenig wie Irmchen. «Den haben se als Kind zu heiß gebadet», pflegte sie abfällig zu sagen.

Allerdings nur wenn er nicht dabei war, denn Egon war einen Kopf größer als sie und wandte gern bei ihr den Polizeigriff an, wie er es nannte, und der war sehr schmerzhaft.

Als wir an einem Regentag Verstecke in der roten Scheune spielten, kam er dazu und spielte unaufgefordert mit. Wir beachteten ihn gar nicht. Von uns aus konnte er in seinem Versteck verschimmeln. Das ärgerte ihn. Er zog seine Schleuder aus

der Tasche, zielte auf den im Stroh herumschnup-
pernden Eduard und ließ den Stein fliegen. Der
Stein traf Eduard dort, wo er am verwundbarsten
war: im Genick. Als meine Schwester ihn behutsam
aufhob, war er schon tot.

Egon wartete unsere Reaktion nicht erst ab. Er
kletterte hastig das Stroh hinauf und suchte auf
einem Balken Schutz. Wir machten uns nicht die
Mühe, ihm zu folgen. Erwin zog nur sein Taschen-
messer, ließ die breite Klinge einschnappen, warf
sie einmal spielerisch gegen das Scheunentor und
zielte dann mit der Klinge auf Egon. «Ich zähle bis
drei», sagte er. Egon sprang schon bei eins. Ehe er
sich aufrappeln konnte, waren wir über ihm.

Eduards Begräbnis war sehr würdig. Er bekam
den schönsten Platz neben dem Kanarienvogel
Hansi auf unserem kleinen Tierfriedhof. Sogar
Frieda nahm daran teil und mauzte ergriffen. Nur
Egon fehlte. Er lag im Bett, und Irmchens Mutter
machte ihm kühlende Umschläge auf einen gewissen Körperteil.

Ein Bernhardiner namens Möpschen

Alle in unserem Dorf fürchteten den Bernhardiner Argo, den düsteren, furchteinflößenden Star. Wenn er im wiegenden Trab die Dorfstraße entlangkam, trat man scheu beiseite, und unartige Kinder wurden mit dem Ausspruch: «Argo kommt und frißt dich» in Schach gehalten. Sein Großvater gehörte noch zu jenen legendären Hunden, die einst auf dem St. Gotthard, ein Schnapsfläschchen umgeschnallt, nach im Schneesturm verirrten Menschen suchten.

Als Argo zu uns kam, schien er nur aus einem riesigen Kopf, der viel zu groß für den winzigen Körper war, und ungeheuren Pfoten zu bestehen. Bis auf seinen langen Stammbaum hatte er nichts besonders Eindrucksvolles aufzuweisen. Höchstens große Pfützen, die er sogar auf den guten Teppichen hinterließ. Sein Bellen klang wie die Stimme eines Eunuchen, der in Wut gerät, und für die beste Verteidigung hielt er immer noch die Flucht.

Doch das liebebedürftige Herz unserer betagten Köchin Martha quoll bei seinem Anblick auf wie ein Hefeteig im Backofen. Nach der Rechnung des Züchters – sie war sehr hoch – gehörte er uns, nach dem ungeschriebenen Gesetz der Zuneigung ausschließlich ihr. «Möpschen», so nannte sie ihn zärtlich, wurde von ihr zur Reinlichkeit erzogen, ernährt und in die Schule des Lebens geschickt.

So nach und nach wurde aus Möpschen ein riesiges Vieh von der Größe eines wohlgeratenen Kalbes. Seine Stimme erschreckte jetzt selbst mutige Männer, und wenn er gähnte, wichen wir Kinder achtungsvoll zurück. Während der Mahlzeiten saß er neben Martha in der Küche, und sie fütterte nicht nur seinen Magen mit guten Bissen, sondern auch seine Seele mit ihren Anschauungen und Erlebnissen. Unter diesem Einfluß begann er einen ausgesprochen sozialen Charakter zu entwickeln. Jeden Bettler und Landstreicher begrüßte er freundlich aufmunternd, als ob er sagen wolle: «Tritt ein, das Haus ist leer.» Die gutangezogenen Gäste meiner Eltern empfing er jedoch mit grimmigem Knurren, was nach einem Diner den Aufbruch oft sehr verzögerte.

Noch heute hat es meine Kusine nicht vergessen, daß er ihr die einzige Gelegenheit, den Zeppelin «Hindenburg» zu sehen, verdarb. Der Zeppelin schwebte in erhabener Größe, eindrucksvoll von der Sonne beleuchtet, am Dorf vorbei und zog uns alle wie ein Magnet über Koppeln, Wiesen und Felder hinter sich her. Nur unsere Kusine nicht! Vergeblich rannte sie von einer Haustür zur anderen, um einen Ausschlupf zu finden. Möpschen war stets schneller als sie und zeigte ihr sein makelloses Gebiß. Glücklicherweise hörte Fräulein Martha nicht die Injurien, die sie ihm an den Kopf warf. Meine Eltern waren sehr froh darüber; denn Verwandte waren leichter zu beschaffen als jemand, der so wundervolle Omeletten zu backen verstand.

Wenn Möpschen nicht gerade schlief, was er gern im Sommer auf den frisch bepflanzten Beeten tat, hielt er nach etwas Beißbarem Ausschau. Interessiert zeigte er sich an weglaufenden Kinderbeinen, Küken ohne Glucke und den vollschlanken Oberarmen der Waschfrau. Sein quälender Alptraum wurde ein Hühnerküken. Es war nach beharrlichem Brüten wider alle Regeln der Natur aus einem Nestei ausgebrütet worden und gehörte ebenfalls zu Fräulein Marthas Lieblingen. Ein Versuch, es heimlich im Maul zu zerdrücken, endete mit demütigenden Schlägen auf das Hinterteil und der barschen Aufforderung, sich aus der Küche zu scheren. Voller Resignation duldete Argo nun, daß der Findling seinen buschigen Schwanz als Nachtquartier benützte und die besten Bissen aus seinem Napf pickte.

Sei es aus Kummer über die ihm widerfahrene Ungerechtigkeit, sei es durch eine vom Großvater geerbte Schwäche, der sich vielleicht manchmal im Schneetreiben still beiseite geschlichen hatte, um selbst einen Stärkungsschluck zu nehmen – Argo begann eine auffallende Vorliebe für Bier zu zeigen. Eines Nachmittags – wir saßen gerade draußen und tranken mit dem neuen Vikar Kaffee – mußte er entdeckt haben, daß der Hahn des Bierfasses im Keller tropfte. In rasendem Tempo schoß er aus der Unterwelt empor und umkreiste uns. Uns wurde schwindlig.

Der Vikar, schon leicht nervös durch die vielen Wespen auf der Erdbeertorte, verlor vollends die Fassung, als Argos dicker Kopf neben ihm auftauchte und der Hund Anstalten machte, auf seinen Schoß zu klettern. Nur mit vereinten Kräften gelang es uns, zu verhindern, daß er den erschreckten Diener Gottes mit seinen Pfoten liebevoll umarmte und sein Gesicht ableckte. Wie ein verschmähter Liebhaber setzte er sich auf die Verandastufen und heulte inbrünstig vor sich hin. Dann rollte er die Treppe hinunter und fiel in einen tiefen Schlaf. Als er aufwachte, knurrte er selbst die Köchin an und schlabberte einen halben Eimer Wasser leer.

Aber seine Untugenden und Schwächen blieben in unserer Familie. Für das Dorf war er ein respekt-

einflößendes, unheimliches Wesen, mit fast über-
sinnlichen Kräften begabt. Einige glaubten sogar,
daß er an zwei Stellen zugleich auftauchen könnte.
Wie mancher Volksheld ging er trotz seines bürgerlichen Todes – er starb an Altersschwäche – in
das Reich der Legende ein und blieb unsterblich. Er
hätte, so erzählte man sich, Fräulein Martha davor
gerettet, von einer Kreuzotter gebissen zu werden,
indem er die Schlange mir nichts, dir nichts auf-
fraß. Davon wäre er, nach einigem Siechtum, zwar
etwas kleiner, aber stärker und böser denn je geworden. Sein Nachfolger, Argo II., hatte unbemerkt seine Herrschaft angetreten.

Wenn das Obst geerntet wird

Wir nennen sie nur «Gärtnerin aus Liebe», obwohl Tante Agnes' Mozart-Kenntnisse ziemlich dürftig sind. Sie enden bereits bei «Einer kleinen Nachtmusik». Dafür weiß sie alles über Schädlingsbekämpfung und wann man am besten die Rosen spritzt. Mit der gleichen Hingabe, mit der ihr bärtiger Neffe sich in Marcuses und Maos Schriften vertieft, studiert sie Gartenkataloge. Sie grübelt lange darüber nach, welche Erdbeersorte sie wohl pflanzen soll und ob es die Himbeersträucher noch ein Jahr tun.

Gemüse anzupflanzen, hat sie endlich nach jahrelangem passivem Widerstand von seiten der Familie aufgegeben. Niemand möchte viermal in der Woche grüne Bohnen essen, auch nicht in reiner Butter geschwenkt. Der Salat schoß ungenützt in die Höhe, und die grünen Tomaten wollten im Keller zwischen ausgedienten Schuhen und anderem Krimskrams nicht so recht ausreifen, seitdem sie Tante Agnes nicht mehr auf sämtlichen Fensterbrettern in der Wohnung ausbreiten durfte. So ist ihr nur, außer einem kleinen Kräuterbeet, das Obst geblieben. Doch auch dieses letzte Reservat wird bereits von der Familie stark angegriffen, die leuchtende Blumenrabatten und englische Rasen vorzieht. Aber noch ist Tante Agnes die Beherrscherin des Gartens.

Wer von den anderen würde so unermüdlich pflanzen, hacken, jäten und graben. Ganz zu schweigen von der vorzüglichen Düngung, die die Erdbeeren fast ersticken läßt. Plastikeimer, Wannen und Schüsseln verschwinden aus der Küche. Tante Agnes fängt damit das Regenwasser auf, das natürlich zum Gießen am besten taugt. Mißgeschicke lassen sich nicht immer vermeiden. Man muß ständig auf der Hut sein, daß die Kinder die Gartengeräte nicht verschleppen. Besonders auf die Gartenschere haben sie es abgesehen, deren vielfältiger Verwendungszweck sie fasziniert. Jedoch schlimmer als die Kinder sind Wühlmäuse, Schnecken und natürlich die Amseln und Stare.

Was hat sie nicht alles ausprobiert, um sie von den beiden kleinen Kirschbäumen fernzuhalten. Weder Böllerschüsse noch in die Äste gehängte Salzheringe verfingen. Unbeirrt lassen sich die Stare in Schwärmen nieder und krächzen nur höhnisch, wenn Tante Agnes erbost in die Hände klatscht.

Ihre große Stunde schlägt, wenn die Obsternte endlich da ist. Die Zeit des Einweckens hat begonnen. Sobald Tange Agnes in der Küche erscheint, verdrückt sich der Neffe; und die Hausfrau seufzt: «Müssen wir denn gerade jetzt in der größten Hitze pflücken?» Doch da kennt Tante Agnes kein Pardon. Was sein muß, muß sein. Bald zeigen sich die Spuren ihrer Leidenschaft an allen Fingern, die vom vielen Pflücken und Zupfen rot gefärbt sind. In ihren Vorbereitungen für das Einwecken ist Tante sehr gründlich. Gläser und Ringe müssen mindestens viermal gewaschen und die Ränder trocken gerieben werden.

Allem Neumodischen gegenüber ist sie voller Skepsis. Sie findet es höchst bedenklich, daß man heutzutage nicht mehr ein Pfund Zucker auf ein Pfund Obst nimmt, sondern dafür irgend so ein Zeug, damit das Obst schneller geliert und nicht mehr so lange zu kochen braucht. Nur mit dem Entsafter hat sie sich angefreundet. Sie findet ihn praktischer, als ein Mulltuch zwischen die vier Beine eines umgestülpten Küchenstuhles zu spannen und den Saft langsam durchtropfen zu lassen.

Beim Aussteinen spricht sie von jener Zeit, da auch Kinder gern unter fröhlichem Gesang beim Einmachen halfen und sich darauf freuten, hinterher die Marmeladenreste aus dem dicken Topf zu kratzen. Unmöglich, daß damals sich all das kost-

bare Gelee und die Marmelade in eine Art Zucker-
stein verwandelte, weil sich kein Abnehmer dafür
fand, wie es ihr heute passiert.

Während der Weckapparat leise vor sich hin-
gluckert und alles in der Küche bereits klebt,
schwelgt Tante Agnes in Erinnerungen. «Wenn
man bedenkt», sagt sie zu der Hausfrau, die gerade
zu ihrem Entsetzen unter dem Tisch noch einen
wohlgefüllten Eimer unabgemachter Johannisbeeren erspäht, «was wir alles nach dem Kriege eingeweckt haben. Holunderbeeren, Kürbis, ja sogar
Rhabarber!»

Versonnen blickt sie vor sich hin und fährt fort:
«Pflaumenmus aß Eberhard immer so gern, auch
Johannisbeergelee wußte er zu schätzen.» Sie hat
vergessen, daß ihr Mann einst in ihrer Abwesenheit sämtliche Johannisbeersträucher herausreißen
und statt dessen Tannen pflanzen ließ, weil er die
Pflückerei so satt hatte.

Auch sonst erntet Tante Agnes nicht immer den
gebührenden Dank. Als sie neulich den Neffen mit
einem Korb Johannisbeeren zu einer kranken
Nachbarin schickte, ließ diese ihr bestellen:
«Johannisbeeren bitte künftig nur in Form von
Saft!»

Die ganz billige Tanne

Vater liebte Bäume. Mit seiner Familie war er auch nicht unzufrieden, aber über seinen Wald ging ihm nichts. Als ich geboren wurde, gab er einer Kiefernschonung gleichen Jahrganges in der ersten Freude meinen Namen. Großzügig ließ er uns an seiner Liebhaberei teilnehmen. Wir Kinder mußten manche Stunde damit verbringen, Kiefernpflanzen einzuschlagen, Alleebäume beim Einpflanzen zu halten und Rüsselkäfer aus den Schutzgräben zu sammeln.

Bald bekam meine ältere Schwester auch jenen fernen, nach oben schweifenden Blick, mit dem man beim Anzeichnen das zu schlagende Holz prüft. Vaters ganz besondere Liebe galt den Edeltannen. Leider mußte er häufig um die Weihnachtszeit erleben, daß ihm seine schönsten Exemplare gestohlen wurden. Dabei hatten wir ein großes Feld nur mit Christbäumen zum Verkauf stehen. Von weit kamen die Leute, um sich bei uns einen Baum auszusuchen.

Der Weihnachtsbaumverkauf war das Privileg von uns Kindern. Selbst Grippe, geschwollene Mandeln oder Zahnschmerzen hätten uns nicht davon abhalten können. Ein Teil der Bäume wurde schon vorher geschlagen. Sie lagen zum Aussuchen bereit. Doch viele Käufer zogen es vor, wie Hunde nach Wildkaninchen, in den dichten Tannen herumzustöbern und sich selbst einen Baum abzusägen.

Ausgerüstet mit dick eingefetteten Schnürstiefeln, bis zur Nasenspitze in feuerrote Schals gehüllt, die Zipfelmütze auf dem Kopf, standen wir am letzten Sonntag vor Weihnachten bis zum Dunkelwerden auf dem Feld und priesen unsere Ware an. Mit Preisen brauchten wir uns dabei nicht zu plagen. Jeder Baum kostete 50 Pfennig. Wer kein Geld hatte, bekam ihn geschenkt.

Der Tag, an dem wir in diesem Jahr unseren eigenen Christbaum aussuchten, war so kalt, daß wir selbst in unseren dicken Fausthandschuhen klamme Finger bekamen. Zunächst war die Vorstellung eines idealen Christbaumes von der Wirklichkeit so weit entfernt wie der Nord- vom Südpol. Doch je gefühlloser unsere Ohren und Zehen wurden, um so mehr verringerte sich der Abstand. Schließlich fanden wir einen.

Wir zeichneten den Baum mit einem Taschentuch und machten uns auf den Heimweg. Unterwegs trafen wir meine Mutter. Sie kam uns, gefolgt von dem Bernhardiner, entgegen. «Ich will mir nur schnell den Baum ansehen», sagte sie. «Geht schon voraus und zieht euch um.»

Als meine Mutter angestrengt auf die Tannenwipfel sah, um das Taschentuch zu entdecken, stolperte sie fast über einen Mann, der plötzlich mit einer großen Blautanne unter dem Arm vor ihr stand. «Bitte», sagte der Mann und streckte abwehrend die Tanne dem knurrenden Hund entgegen, «ach bitte, Sie haben mir doch diesen Baum geschenkt.»

Ehe meine Mutter Zeit fand, über dieses etwas konfus hervorgebrachte und merkwürdige Ansinnen nachzudenken, stand der Landjäger neben ihr. Der Anblick der Edeltanne ließ ihn zum Notizbuch greifen. Der Dieb sah meine Mutter an, meine Mutter den Hund. Gleichmütig leckte sich der Bernhardiner den festgefrorenen Schnee aus seinen Ballen und blinzelte.

«Den Baum da, ach ja, den Baum haben wir ihm geschenkt», sagte meine Mutter und betrachtete interessiert eine verkrüppelte Birke. Der Dieb wartete nicht erst ab, bis sich meine Mutter mit dem Landjäger über diesen sonderbaren Vorfall geeinigt hatte. Nur eine leise Bewegung der Tannen verriet seine Eile.

Einen Tag später rief der Vikar unseres Kirchdorfes vom anderen Seeufer an. Dieses Jahr käme er nicht, sich einen Baum für die Kirche auszusuchen. Ein Gemeindemitglied hätte ihm freundlicherweise einen schönen, preiswerten Weihnachtsbaum besorgt. Nun waren im Augenblick meinem Vater sämtliche Pastoren, einschließlich ihrer Wünsche und Pflichten, herzlich gleichgültig, denn er hatte gerade den Diebstahl einer seiner schönsten Blautannen entdeckt. Um ihn zu beruhigen, spielte ihm Mutter «Lieder ohne Worte» von Mendelssohn vor. Aber er erging sich weiter in so finsteren Drohungen, daß sie zweimal Moll spielte, wo Dur angebracht gewesen wäre.

Am Nachmittag des Heiligabend liefen wir über den zugefrorenen See zum anderen Ufer. Voran der Bernhardiner. Ab und zu rutschte er auf dem lockeren Schnee aus. Dann gaben wir ihm einen ordentlichen Stoß, und er sauste als knurrende Wollkugel auf seinem dicken Hinterteil über das Eis.

Nachdem wir bei der Kirchendienerin Kaffee getrunken und ihr geholfen hatten, die Ziegen und Kaninchen zu füttern, gingen wir zur Kirche. Der Baum stand schon geschmückt vor dem Altar. Nur die Kerzen brannten noch nicht. Wir stopften dem bullernden Kanonenofen in der Ecke noch eine ordentliche Ladung Holz in den glühenden Rachen und kletterten dann auf den Turm. Dort faßten wir das Seil und ließen die Glocken schwingen, daß es uns ordentlich in den Ohren dröhnte.

In der Kirche wurden die Lichter angezündet. Der Chor versammelte sich flüsternd und kichernd auf der Empore. Langsam füllte sich die Kirche. Auch meine Eltern erschienen. Vaters erster Blick fiel auf den Baum. Es war eine Blautanne von makelloser Schönheit. Er strich um sie herum, faßte in ihre Zweige, daß die silbernen Glöckchen daran leise klingelten, und sagte zu meiner Mutter: «Ich will ein rohes Rebhuhn verspeisen, wenn das nicht mein Baum ist!»

Meine Mutter machte einige ziellose Bewegungen mit ihrem Muff, dann zog sie ihn auf seinen Platz. Für lange Unterhaltungen war auch keine Zeit mehr. Der Kantor beschwor bereits mit drohenden Blicken den Jungen am Blasebalg, ihm genügend Luft zu geben. So setzte sich mein Vater schließlich kopfschüttelnd auf seinem Platz zurecht. Als er in das arglose Gesicht des Vikars sah, der stolz neben dem preiswerten Baum des treuen Gemeindemitgliedes stand, begann er zu lächeln.

Die gläserne Katze

In unserer Nachbarschaft lebte eine alte Dame. Sie bewohnte ein großes Haus mit vielen Türen inmitten eines verwilderten Parks. Außer ihr gab es in dem Haus nur noch ein altes Hausfaktotum und viele Katzen. Bei schönem Wetter ging sie mit ihrer Lieblingskatze an einer zierlichen Leine im Park spazieren und hielt Zwiesprache mit ihren Angehörigen. Sie lagen unter pompösen, verwitterten Grabsteinen, und Efeu überwucherte ihre Namen.

Manchmal ließ die alte Dame den Wagen anspannen, um Besuche zu machen. Wenn sie zu uns kam, liefen wir häufig unter einem Vorwand ins Wohnzimmer oder schoben vom Nebenraum die Schiebetüren leise auseinander. Fasziniert betrachteten wir sie durch den schmalen Schlitz. Sie hatte eine Stimme wie ein Cello, war ziemlich dick, trug auf ihrem dünnen Haar ein lila Häubchen, rauchte Zigarillos und hatte meist im rechten Strumpf ein Loch. Bei der Unterhaltung dominierte das Cello, begleitet von dem Hüsteln meiner Mutter, die Zigarrenrauch schlecht vertrug. «Nennt mich Tante Thekla, Kinder», sagte sie lächelnd zu uns und reichte uns ihre kleine rundliche Hand, die wir artig küßten.

Nach einem ihrer Besuche unterhielten sich die Eltern bei Tisch über sie. «Sie ist wirklich eine arme Person», sagte mein Vater. Mutter seufzte mitfühlend.

«Wieso arm», fragte meine Schwester Vera, «ihr gehört doch das große Haus?»

«Weil», sagte Vater, «von ihren vier Kindern nur noch eine Tochter lebt, und die hat . . .»

«Attention, les enfants», unterbrach ihn Mutter beschwörend. Obwohl wir den Sinn dieses Warnrufes längst kannten, konnte sie es sich nicht abgewöhnen, ihn bei jeder Gelegenheit auszustoßen.

«Hat geheiratet», endete Vater seinen Satz etwas lahm.

Vera und ich wechselten Blicke. Hier, so schien es, lohnte sich, weiter zu bohren.

«Ihr seid doch auch verheiratet, ist das etwas Schlimmes?» wollten wir wissen.

Mutter raffte sich auf. Sie war herzensgut, aber ihre pädagogischen Fähigkeiten ließen zu wünschen übrig. «Sie hat unter dem Stand geheiratet», sagte sie energisch, «und nun haltet den Mund und eßt, damit wir fertig werden.» Ein Stand war für mich so eine Art Hochsitz. Unter dem also hatte

Tante Theklas Tochter geheiratet statt in der Kirche. Toll! Ich beschloß, es ihr nachzutun.

Eines Tages kam Tante Thekla auf die Idee, eine Kindergesellschaft zu geben. Geschmückt mit unseren besten Kleidern, wurden wir von Franz, dem Kutscher, abgeliefert. Wir wurden durch eine Flucht von Zimmern geführt. Schwere rote Samtvorhänge an den Fenstern ließen nur wenig Licht herein. Tische und Stühle waren mit weißen Tüchern verhangen. Überall roch es nach Mottenpulver und ein bißchen nach Zoo. In einem der Zimmer erwartete uns Tante Thekla. Auf Stühlen und Perserbrücken räkelten sich Katzen. Wir waren sehr beeindruckt. So viele Miezes auf einem Haufen fanden wir imponierend.

Zunächst bekamen wir im Eßzimmer Schokolade und Zwieback mit Zuckerguß. Die Schokolade war reichlich bitter und der Zwieback ziemlich hart. Während wir verlegen auf den hohen, reichgeschnitzten Stühlen saßen und den Zwieback in die Tassen stippten, sahen uns aus goldenen Rahmen Männer und Frauen mißbilligend an. Die alte Dame versuchte, sich mit uns zu unterhalten, aber wir sagten nur ja und nein und rutschten unbehaglich auf unseren Sitzen hin und her.

Erst als wir wieder zu den Katzen zurückkehrten und Tante Thekla uns einen Augenblick allein ließ, legte sich unsere Befangenheit. Einer der Jungens zog einen fetten Kater am Schwanz. Wir begannen zu kichern und zu schubsen. Neugierig betrachteten wir die vielen Dinge, die auf Tischen und Kommoden lagen. Da gab es goldene Tabaksdosen, Pfeifenreiniger, Zigarettenetuis, verschnörkelte Silberschalen, merkwürdige, mit rotem Samt ausgeschlagene Schatullen und zierliche Döschen aus Elfenbein. In einer Glasvitrine standen porzellanene Schäfer und Schäferinnen. Sie wurden von einem Mops aus dunkelblauem Glas bewacht, der ein Glöckchen um den Hals trug. Wir schrieben unsere Namen auf das staubige Glas des Wandspiegels und drängten uns an den Fenstern zusammen, um in den Park zu schauen. Die große Rasenfläche vor der Terrasse war lange nicht geschnitten und das Unkraut bis zu den Stufen vorgedrungen.

Als die alte Dame wieder ins Zimmer kam, trug sie unter dem Arm einen Karton mit Holzpferden. Sie hatten richtige kleine Schweife aus Roßhaar, liefen auf Rädern und schienen ebenso alt wie unsere Gastgeberin zu sein. Schwerfällig bückte sie sich, stellte die Pferde in eine Reihe, befestigte an jedem eine lange Schnur, ließ uns Platz nehmen, gab jedem von uns eine Schnur in die Hand und forderte uns auf, die Schnur um ein Stück Pappe zu wickeln. Wer am ersten sein Pferdchen an sich herangezogen hatte, ohne es umzuwerfen, war Sieger.

Wir sahen uns verdutzt an. Schließlich durften

wir schon ab und an mit der Flinte schießen. Solche Babyspiele fanden wir unter unserer Würde. Um es kurz zu machen, es wurde die trostloseste Kindergesellschaft, die wir je erlebt hatten. Wir gähnten verstohlen und kicherten heimlich über Tante Thekla, die im rechten Strumpf wieder ein Loch hatte. Als wir mit höflicher Begeisterung eine Art Blindekuh spielten, von uns «Hänschen-Piepemal» genannt, geschah es. Vetter Carl trat ausgerechnet der Lieblingskatze Puschi kräftig auf den Schwanz. Puschi sauste fauchend auf den Kachelsims des Kamins, versuchte sich an einer Vase festzuhalten und fiel mitsamt der Vase auf ein Nähtischchen. Wir krümmten uns vor Lachen.

Von nun an lachten wir sinnlos über alles.

Traurig blickte Tante Thekla auf die Scherben, nahm ihren Liebling auf den Arm und schickte uns in den Park. Erleichtert rannten wir hinaus. Eine Weile spielten wir in dem dichten Gestrüpp Versteck, bis es uns zu langweilig wurde. Wir beschlossen, in dem Haus auf Entdeckungen zu gehen. Wir schlichen durch den Hintereingang an der Küche vorbei einen dunklen, nach Äpfeln riechenden Gang entlang und kamen uns wie die Frauen vom Ritter Blaubart vor, als wir die erste Tür öffneten. Auch hier waren die Möbel verhängt, es roch muffig nach Mäusen, und an den Wänden stapelten sich alte Kartons und Zeitungen. Im nächsten

Zimmer lagen die Tische voll von Noten und Büchern. Die dritte Tür führte in ein kleines Kabinett. «Guckt mal, wer da sitzt», wisperte meine Schwester. Leise vor sich hin murmelnd saß die alte Dame im Lehnstuhl, umgeben von verblichenen Fotografien. Die meisten zeigten Kinder in unserem Alter. Es waren immer die gleichen Gesichter: herausfordernd, verträumt, maulig oder lächelnd. Tante Thekla war wieder in die Vergangenheit zurückgekehrt, sie bemerkte uns nicht.

«Sind das ihre?» flüsterte Carl draußen auf dem Gang.

«Wo sind sie denn geblieben?»

«Tot», sagte Vera lakonisch.

«Und eine hat unter dem Hochsitz geheiratet», gab ich meinen Senf dazu.

«Mensch, bist du dämlich», sagte mein Vetter verächtlich, «mit so was sind wir auch noch verwandt. Es tut mir leid, daß ich ihre dusselige Katze getreten habe», setzte er etwas zusammenhanglos hinzu.

Schweigend trotteten wir in den Park zurück. Uns war die Lust nach weiteren Abenteuern vergangen. Die Schatten der großen Tannen fielen über den Rasen. Ein steinerner Jüngling zielte mit einem Speer nach uns.

Wir waren froh, als wir endlich nach Haus fahren konnten. Tante Thekla verabschiedete uns im

Flur. «Kommt mal wieder», sagte sie, aber sie sah uns dabei nicht an.

«Klar», sagte Carl und nahm Puschi auf den Arm. «Wenn Puschi Junge hat, möchte ich gern eins haben. Es ist eine hübsche Katze.»

«Hat es euch gefallen?» fragte die alte Dame, und diesmal sah sie Carl sehr genau an.

«Klar», sagte Carl und wurde ein bißchen rot. «Aber weißt du, das nächste Mal spielen wir lieber Krokett oder so, und dann machst du uns 'ne Bowle, die dürfen wir nämlich sonst nicht trinken. Und gibst uns eine von deinen Zigarillos für unsere Indianer-Pfeifen.» Er lächelte Tante Thekla vertraulich an. Tante Thekla lächelte zurück. Womit Carl wieder bewiesen hatte, daß er, wie seine alte Kinderfrau stolz behauptete, jeden um den Fingern wickeln konnte, wenn er wollte.

Draußen beschlossen wir, als Ersatz für die zerbrochene Vase Tante Thekla gemeinsam etwas zu schenken. Wir stritten heftig, was wir kaufen wollten. Bis Kusine Rotraud dem Streit ein Ende machte. Sie strich geziert über ihre Haare und bemerkte nachsichtig: «Natürlich kommt nur eine Vase in Frage.» Wir beugten uns ihrer großen Lebenserfahrung. War sie doch bereits seit einem Jahr in einem Internat und fuhr allein mit der Bahn bis Berlin.

Am nächsten Markttag trafen wir uns in der

Kreisstadt. In einem Haushaltsgeschäft fanden wir eine Vase aus durchsichtigem Glas in Form einer Katze. Noch nie hatten wir etwas so Wunderbares gesehen. Tante Thekla bedankte sich bei jedem von uns mit einer bunten Postkarte. Die schönste bekam Carl. Sie zeigte eine Katze, die richtige Glasaugen hatte und mächtig schielte. Ein paar Wochen später brachte Mutter der alten Dame einen Korb Erdbeeren und nahm mich mit. Während die beiden sich unterhielten, schnüffelte ich ein wenig herum. In dem kleinen Kabinett stand zwischen den Fotografien unsere Glaskatze; aus ihrem Bauch wucherten üppig Vergißmeinnicht. Sie schien mich anzublinzeln . . .

Onkel Enzios Rettung

Wenn Onkel Enzio mit sich und der Welt zufrieden war, sang er gern düstere Balladen wie: «Heinrich schlief bei seiner Neuvermählten, einer reichen Erbin von dem Rhein» und: «Seht, dort schwebt die schöne Kunigunde, eben von des Henkers Hand erblicht», was unsere Hauslehrerin stets «shocking» fand. Seine Lieblingsmoritat aber war die traurige Geschichte von Gottfried Johann Seidelbast, dem schmucken Gymnasiasten, der, anstatt Schularbeiten zu machen, ein Mädchen namens Elisabeth liebte («Jeden Abend um halb zehn, sah man sie zusammenstehn, scherzten sie und lachten, keine Schularbeiten machten.»), deswegen von der Schule gewiesen wurde und sich mit Elisabethula das Leben nahm.

In seinem sehr bewegten Leben war Onkel Enzio nur seinen Fischen treu geblieben. Seit Jahren standen auf der Marmorplatte eines ausgedienten Waschtisches im Wohnzimmer zwei große Aquarien, angefüllt mit den verschiedensten Arten von

Zierfischen. Jeder Besucher, der Onkel Enzio gut kannte, ging deshalb als erstes in die Kniebeuge, um die Fische aus der richtigen Perspektive bewundern zu können.

In einem kleineren Bassin hauste für sich allein mit seiner Frau der Raubfisch Hugo. Hugo war ein blutrünstiges Tier, das gern seine Kinder als Nachtisch verspeiste und seine Frau unterdrückte. Sie führte ein freudloses Leben hinter einem kleinen Bambusstamm. Sobald sie auch nur eine Schuppe blicken ließ, stürzte Hugo auf sie zu und züchtigte sie mit seinen Flossen. Nur unserem Onkel brachte er so etwas wie Sympathie entgegen. Er beobachtete ihn aufmerksam, wenn er durch das Zimmer ging, und geriet in freudige Erregung, sobald er sich dem Aquarium näherte, schoß an die Oberfläche und ließ sich von ihm den Rücken streicheln.

Außer Hugo gab es in der Wohnung noch die Schildkröte Rita, ein bescheidenes Tier, das sich mit verwelkten Salatblättern begnügte und nachts unter Onkel Enzios Bett schlief.

Verreiste unser Onkel, so sorgte seine Reinmachefrau, Frau Kuschinsky, für die Tiere. Sie war das einzige weibliche Wesen, das er längere Zeit in seiner Wohnung duldete, denn sie war ebenso geräuschlos wie seine Fische. Nicht, daß er der Weiblichkeit in Bausch und Bogen abgeneigt gewesen wäre. (Er war früher einmal, wie Vater es nannte, ein flotter Knabe gewesen und sah noch jetzt gern versonnen hübschen Beinen nach.) Nur eben war er ein eingefleischter Junggeselle, sehr zu Mutters Kummer übrigens, die die Hoffnung immer noch nicht aufgegeben hatte, ihren Lieblingsbruder unter die Haube zu bekommen.

Wir Kinder schätzten unseren Onkel mehr als Sahnebonbons und rote Grütze. So freuten wir uns mächtig, als er sich entschloß, diesmal seinen Urlaub ganz bei uns zu verbringen.

Seine Mitbringsel fanden leider nur geteilten Beifall. Während ich entzückt ein nacktes Püppchen mit der Bezeichnung «Die eiserne Jungfrau» mit Hilfe eines Magneten in ihre Schachtel zu legen versuchte, schüttelte Mutter halb lachend, halb ärgerlich den Kopf und sagte: «Enzio, wann wirst du nur endlich einmal vernünftig! Schließlich bist du nicht mehr zwanzig!»

«Eben, Trudel, eben!» Onkel Enzio strich sich seinen Schnurrbart, grinste heiter und ließ sich dann von ihr die neuen Stauden im Garten zeigen.

Ausgerechnet in diesem Herbst, da Onkel Enzio bei uns war, schienen sich sämtliche Mäuse der Umgebung verschworen zu haben, sich unser Haus als zukünftiges Winterquartier auszusuchen. Wie Raubritter enterten sie feindliche Burgen, unsere Zimmer, indem sie den an den Fenstern wuchernden Efeu geschickt als Leiter benutzten. Fröhlich piepsend raschelten sie hinter den Tapeten und huschten, ungeniert durch unsere Gegenwart, über den Teppich.

Leider mochte unsere Hauskatze Mäusefleisch nicht. Ihr Herz stand mehr nach zarten Buchfinkenkehlen. Sperrten wir sie des Nachts in die Küche, weil sich dort die Mäuse besonders rege tummelten, legte sie sich auf die lauwarme Herdplatte und schlief fest, bis wir sie wieder herausließen. «Freßt ihr sie doch», das stand deutlich in ihren impertinenten grünen Augen zu lesen.

Vater sagte: «Nun reicht's aber», als er eine «kalte Ente» ansetzen wollte und in der Bowlenkanne eine tote Maus fand. Da er große Angst hatte, sich die Finger zu klemmen, befahl er uns Kindern kategorisch, sofort überall Fallen aufzustellen.

So begann also bei uns die große Mäusejagd, was Onkel Enzio barbarisch fand. Ihn störte es nicht, daß sie nachts um seinen Bettpfosten Haschen spielten. Die Mäuse schienen klüger zu sein, als wir angenommen hatten. Kopfschüttelnd betrachtete sich Vater jeden Morgen die leergefressenen Fallen, die zugeschnappt waren, ohne daß sich auch nur ein Mäuseschwanz darin gefangen hätte.

«Mir einfach ein Rätsel», brummte er beim Frühstückstisch. Onkel Enzio schmunzelte.

«Reg dich nicht auf, Alfred», sagte er, genußvoll in Vaters Zigarrenkiste wühlend. «Mäuse gehören zur Familientradition.»

Wir schubsten uns unter dem Tisch und kicherten, aber wir verrieten nicht, daß wir Onkel Enzio dabei ertappt hatten, wie er die Fallen mit dem Fuß eintrat.

An einem Sonntag morgen sahen wir in der Küche, wie sich unser Bernhardiner knurrend, mit triefendem Maul im Kreis drehte und nach etwas schnappte, das sich zwischen seinen Beinen befinden mußte. Zuerst dachten wir, er hätte mal wieder den Blechteller, der unter dem Hahn des Bierfasses im Keller stand, ausgeleckt und sich einen Schwips geholt, doch dann bemerkten wir, daß es ganz etwas anderes war, was ihn so in Nervosität versetzte. Es war ein Mäusebaby, höchstens streichholzlang und mit einem endlosen Schwanz, den es kokett hinter sich her schleifte. Unbekümmert huschte es um den Hund herum und machte nur ab und an einen kleinen Sprung nach vorn, wenn er es zu packen versuchte. Furchtlos ließ es sich von uns in die Hand nehmen.

Begeistert liefen wir mit der Maus zu Onkel Enzio, und der sagte: «Macht sie euch doch zahm, Kinder, vielleicht läßt sie sich sogar abrichten.»

Das ließen wir uns nicht zweimal sagen. Ungeachtet der mütterlichen Proteste, bereiteten wir der Maus in einer Zigarrenschachtel ein Nest aus Watte und fütterten sie mit Käse. Da unser Mädchen Elli von ihrem Bräutigam oft zärtlich «Na, kleine Maus!» angeredet wurde, gaben wir dem Findling ihren Namen. Bald wurde Elli so zutraulich, daß sie uns überall nachlief und wir ständig in Ängsten schwebten, wir könnten sie in einer Tür einklemmen oder sie würde in eine der Fallen geraten.

Ein wenig später bekamen wir einen neuen Gast. Mutter, die das Kuppeln nicht lassen konnte, hatte Tante Emmy eingeladen. Wir wußten nicht genau, wieviel Jahre sie zählte. Aber unserer Meinung nach war sie schon uralt, mindestens dreißig! Sie war unverheiratet, besaß wunderschönes langes, blondes Haar, eine hohe Stimme, die Vater piepsig nannte, und ihre Nerven mußten sehr geschont werden. Deshalb verkündete Mutter uns auch gleich energisch: «Das eine sage ich euch, Kinder, die Maus muß weg, sonst setzt es was!»

Nun war guter Rat teuer. Onkel Enzio, wie immer auf unserer Seite, erbot sich, Elli so lange bei sich zu verstecken, bis die Luft wieder rein war.

Tante Emmy erschien ganz in Rosa gekleidet und verblüffte uns mit einem Blumenhut, mit dem sie im Wald spazierenging. Doch noch mehr setzte uns Onkel Enzio in Erstaunen. Er vertauschte am

Abend seine alte, vom Großvater geerbte Samtjacke mit einem eleganten dunkelgrauen Anzug und bürstete sich vor den Mahlzeiten lange und sorgfältig sein spärliches Haar. Tante Emmys blonde Locken in Verbindung mit dem Blumenhut mußten es ihm angetan haben. Für uns hatte er nur noch wenig Zeit. Zeigte weder Interesse für unsere neue Spatzenfalle noch für unseren zahlreichen Kaninchennachwuchs und benahm sich überhaupt höchst seltsam. An Tante Emmys Seite sahen wir ihn im Mondschein durch den Park wandeln. Anscheinend hatten sie sich viel Interessantes zu erzählen, denn es dauerte oft lange, bis sie am Ende eines Weges wiederauftauchten.

Die Eltern saßen unterdessen von Mücken umschwärmt auf der Veranda. Vater murmelte etwas von später Brunft und trommelte auf die Tischplatte: «So leben wir, so leben wir, so leben wir alle Tage», was Mutter haßte. Sie zuckte dann auch nervös zusammen und sagte: «*Attention, les enfants!*»

«Armer Enzio», sagte Vater und paffte unentwegt aus seiner Pfeife vor sich hin.

«Immerhin gehört ihr Klein Malzig.» Mutter hielt beharrlich an ihrem Wunschtraum fest.

«Alles Sandboden und Hypotheken bis zum Schornstein», sagte Vater ungerührt. Da sich das Paar der Veranda näherte, brach Mutter das Thema ab.

Die Tage gingen dahin, und wir grollten Tante Emmy, daß sie Onkel Enzio so intensiv mit Beschlag belegte, bis wir eines Nachts einen gellenden Schrei aus ihrem Zimmer vernahmen. Onkel Enzio war merkwürdigerweise bereits bei ihr, als wir hereingestürzt kamen, obwohl er im Parterre untergebracht war und Tante Emmys Zimmer im zweiten Stock lag, während wir auf dem gleichen Flur wie sie schliefen. Er hatte in der Eile vergessen, seinen Bademantel anzuziehen, und bemühte sich, Tante Emmy zu beruhigen, die, in ein Spitzennachthemd gekleidet, wie besessen auf ihrem Bett herumschlug. Unter dem Laken schlängelte sich etwas entlang und kam hinter dem Kopfkissen wieder zum Vorschein. Es war Elli!

Tante Emmy sank entsetzt auf das Bett zurück, was Elli benützte, ihr in den Ärmel zu kriechen. Sie kam am Halsausschnitt wieder heraus, erklomm Tante Emmys Kopf, indem sie ihr Ohr als Sprungbrett benützte, und machte Männchen. Tante Emmy schüttelte heftig den Kopf, als bedrohe sie eine Hornisse, und Elli landete unsanft auf dem Fußboden, wo sie verdattert sitzen blieb. Ich ergriff sie und verstaute sie schließlich in der Jackentasche meines Pyjamas. Tante Emmy bekam einen Weinkrampf. Sie schluchzte, sie wolle Onkel Enzio nie mehr sehen, er hätte sie kompromittiert.

Vater stellte ein strenges Verhör mit uns an, und

wir beichteten, daß Onkel Enzio sich angeboten hätte, die Maus bei sich zu verstecken, damit Mutter sie nicht entdecken würde.

«Es ist uns schleierhaft», so meinten wir, «wie Elli überhaupt in Tante Emmys Schlafzimmer gelangen konnte.»

Vater räusperte sich und brach das Verhör ab. Tante Emmy reiste unversöhnt davon, und Mutter war sehr ärgerlich auf ihren Bruder.

Von nun an war Onkel Enzio wieder ganz der alte. Er machte uns den Vorschlag, ob wir nicht Lust hätten, Elli gegen die Schildkröte Rita einzutauschen. «Wißt ihr», sagte er feierlich, «sie ist so etwas wie meine Lebensretterin.» Als wir ihn erstaunt fragten: «Wieso eigentlich?» lächelte er nur, drückte jedem von uns eine ganze Deutsche Mark in die Hand und ging in sein Zimmer. Dort hörten wir ihn so laut singen, daß der Bernhardiner in der Küche zu bellen begann. Es war die letzte Strophe von «Gottfried Johann Seidelbast», die er sang: «Die Moral von der Geschicht', liebe kleine Mädchen nicht, sonst geht's dir wie diesen, Gottfried und Elisen!»

Da wußten wir, daß Onkel Enzio glücklich war.

Pumm und das Osterlamm

Daß Pumm etwas Besonderes war, bezweifelte niemand von uns. Aber was er sich Ostern leistete, zeigte, daß er auch ein einsichtiger Hund war, bereit, seine Sünden wiedergutzumachen und sich zu bessern.

Pumm war ein Langhaardackel und gehörte meinem Bruder Billi. Trotz seines seidenfeinen Haares und der zierlichen Figur war er ein ganzer Mann. Mit einigen Vorzügen und sehr viel Nachteilen. So hätte Pumm sich eher in seine Schlappohren gebissen, als irgend jemand von uns zu gehorchen. Rief man ihn, kratzte er sich nur gedankenvoll am Hinterkopf oder tat, als ob er schliefe. Auf unseren Streifzügen übernahm er stets – zehn Meter voran – die Führung. Kamen wir auf die Idee, plötzlich eine andere Richtung einzuschlagen, setzte er sich schleunigst in Trab und schnitt uns den Weg ab, um wieder an die Spitze zu gelangen.

An Nahrungsmitteln liebte er Eier, die er als Feinschmecker gern frisch gelegt zu sich nahm.

Von hysterischem Gegacker alarmiert, eilten wir dann in den Hühnerstall und ertappten Pumm dabei, wie er die protestierenden Rodeländer Hennen sanft vom Nest zu schubsen versuchte, um an ihr Produkt zu kommen.

Katzen legten wenig Wert auf seine Bekanntschaft. Nur Frieda, unsere Hauskatze, fürchtete ihn nicht. Wenn er den Burgfrieden vergaß und voller Mordgier auf sie zuraste, drehte sie sich bloß gemächlich nach ihm um, winkte lässig mit der Pfote und fauchte ihn an, als wolle sie sagen: «Wohl wahnsinnig geworden, was?» Das brachte ihn dann wieder zur Besinnung.

Mutter hatte es aufgegeben, sich darüber aufzuregen, daß er nachts an Billis Fußende schlief und dessen Zehen als Lutschstangen benützte. Nur unsere Patentante Adele, die einmal im Jahr zu Besuch kam, zeigte sich entsetzt und meinte, bei uns ginge es ja schlimmer zu als bei den Wilden.

Es gab für Billi nichts, das er mehr liebte als Pumm, ausgenommen seine Zuckerschafe. Er hatte schon eine ganze Herde dieser merkwürdigen Geschöpfe im Wohnzimmer in seinem kleinen Nippesschrank stehen. Jedes Ostern kam ein neues hinzu. Sie waren rosa, weiß oder hellblau. Sie zeigten sich meist in ruhender Haltung, trugen um den Hals ein goldenes Glöckchen, und ihr Fell bestand aus lauter winzigen Schaumzuckerlöckchen. Billi war fasziniert von ihnen. An den Sonntagen, wenn wir längst schlafen mußten, holte er sie in sein Bett, spielte oder unterhielt sich mit ihnen. Pumm saß oft vor dem kleinen Glasschrank und starrte mit undurchdringlicher Miene auf die dümmlich vor sich hin glotzenden Lämmchen.

«Siehst du», sagte Billi dann stolz, «Pumm gefallen sie auch!»

Ein paar Tage vor Ostern hörte es auf zu regnen. Es wurde warm. Ein lauer Wind begann die großen Pfützen auf der Dorfstraße auszutrocknen. Wir holten Moos für unsere Osternester aus dem Wald und bauten sie sorgfältig im alten Bienenschuppen.

Am Ostersonntag erwachte ich schon früh. Die Sonne weckte mich. Sie hatte sich durch die Ritzen des Fensterladens gezwängt und machte es sich auf meinem Kopfkissen bequem. Ich lief zum Fenster und stieß den Laden auf. Eine Schar Spatzen schwirrte aufgescheucht schimpfend aus dem Efeu davon. Im Haus regte sich nichts. Auch draußen war es noch still. Nur aus dem Kuhstall drang Milchkannengeklapper. Ich lief nebenan zu Billi. Er schlief noch fest in seine Kissen vergraben. Nur Pumm wühlte sich unter der Bettdecke hervor und begrüßte mich gähnend.

Hastig zog ich mir ein Paar Trainingshosen und einen Pullover über, klemmte Pumm wie ein Paket unter den Arm und sprang mit ihm aus dem niedrigen Fenster. Was für ein Tag! Und er gehörte mir allein. Gefolgt von Pumm, schlenderte ich über den Rasen zum Gartenzaun.

Ich sah zum See hinüber. Ein rötlicher Dunst lag über dem Wasser. Die feierliche Stille stimmte mich froh. Ich beschloß, wenigstens für heute ein gutes Kind zu sein, und überlegte, ob wohl auf der großen, weißen Wolke, die da über den Aprilhimmel segelte, mein Schutzengel saß. Zwar hatte ich ihn noch nie gesehen, aber zweifellos mußte es ihn geben.

Ich stellte ihn mir in einer Art Nachthemd vor mit einem goldenen Band im Haar. Aus meinen Träumen weckte mich Vaters Stimme. Er beugte sein von Seifenschaum umrahmtes Gesicht aus dem Fenster und rief: «Was treibst du dich denn schon draußen herum, marsch, ins Bett mit dir!» Ich gehorchte.

Als ich zum zweiten Mal erwachte, hörte ich Billi leise nach mir rufen. Ich ging zu ihm hinüber. Er stand am Fenster und sah durch die Gardinen zum Bienenschuppen hinüber. «Sieh mal da, der Osterhase», sagte er und grinste. Ich sah, wie Mutter sich über unsere Nester beugte und etwas hineintat. «Braver Osterhase», sagte ich kichernd.

Wir beeilten uns mit Anziehen und liefen zu unseren Eltern, um ihnen artig ein frohes Osterfest zu wünschen. Dann rannten wir zu den Nestern. Auf dem Rückweg streichelte Billi zärtlich sein schönstes Osterei, ein rosarotes Zuckerschäfchen. Sorgsam stellte er es in seinen Schrank, bevor er sich ans Frühstück machte.

Wie jedes Jahr thronte ein mächtiger Papphase, dessen Kopf vor Alter leicht wackelte, von kleineren Hasen umgeben, auf einem mit grüner Holzwolle bedeckten Silbertablett. Seine rechte Vorderpfote war während seines Winterschlafes von einer vorwitzigen Maus amputiert worden, was sein Gleichgewicht etwas erschwerte. Außerdem hatten mein Bruder und ich Eierschalen höchst kunstvoll bemalt in Vasen verwandelt, mit Veilchen gefüllt und damit den Tisch geschmückt. Wir hatten gerade das erste hartgekochte, buntgefärbte Hühnerei aufgeklopft und ausgepellt, da hörten wir aus dem Wohnzimmer ein merkwürdig knirschendes Geräusch.

Vater bestreute sein Ei mit Salz und sagte: «Schon wieder Mäuse! Wie oft habe ich gesagt, es sollen Fallen aufgestellt werden, aber in diesem Haus wird ja nie auf mich gehört!» Das Geräusch ging in ein scharfes Knacken über.

«Ich geh' mal nachsehen», sagte Billi. Auch wir anderen warfen unsere Servietten auf den Tisch und folgten ihm. Und dann sahen wir die Bescherung. Pumm hatte die halboffene Tür zu Billis Heiligtum aufgestoßen und sämtliche Zuckerlämmer ermordet. Überall im Zimmer waren ihre traurigen Überreste verstreut, und auf dem Teppich lagen die Glöckchen. Das jüngste, dieses Ostern geborene Schäflein hielt Pumm zwischen seinen Zähnen. Der Kopf sah traurig aus Pumms Schnauze.

Stumm vor Entsetzen stürzte sich Billi auf ihn, um ihm das letzte Opfer zu entreißen. Doch Pumm, der als Skorpion gern seine Launen kultivierte, schnappte nach seiner Hand. Ungläubig starrte Billi ihn an, wurde schneeweiß, dann feuerrot. Sein Liebling hatte ihn gebissen! Er warf uns einen wilden Blick zu und stürzte aus dem Zimmer.

Vater räusperte sich. «Hast du nicht noch eins von diesen albernen Tieren?» fragte er Mutter. Aber sie schüttelte bedauernd den Kopf. Sie ließ sich diese Lämmer von auswärts schicken, weil es in unserer Gegend so etwas Köstliches nicht gab, und sie hatte sie alle verschenkt. Das letzte hatte Nachbars Lenchen bekommen. Sie waren sehr begehrt. Nur ich machte mir nichts daraus.

Vater packte den immer noch kauernden Dackel im Genick und gab ihm ein paar ordentliche Klapse. Pumm jaulte laut und kroch pikiert unter das Sofa. Sogar ich als sonst ziemlich mitleidlose Schwester hatte Verständnis für Billis Kummer.

Eine Stunde später fuhren wir zur Kirche. Groß-

zügig ließ ich Billi vorn sitzen und kutschieren.
«Habt ihr Pumm auch eingesperrt?» fragte Mutter.

«Der sitzt noch unter dem Sofa», sagte ich.

Pumm dachte nicht daran, unter dem Sofa zu sitzen. Nach gut zwei Kilometern regte sich was unter unseren Sitzen. Triumphierend erschien Pumms Kopf.

«Verdammter Köter», sagte Vater. Zum Umkehren war es zu spät. Natürlich konnten wir Pumm nicht in die Kirche mitnehmen. Wir ließen ihn im Gasthaus zurück.

Die Kirche war voll. Vor mir saß Nachbars Lenchen und warf ihre Zöpfe zurück, damit ich ihre neuen Zopfhalter bewundern konnte. Sie waren mit bunten Steinen besetzt und funkelten ordentlich. Die Gemeinde sang gerade: «Wach auf mein Herz und singe», da öffnete sich noch einmal die Kirchentür hinter uns. Ein Nachzügler erschien, hinter ihm kam Pumm. Würdevoll stolzierte er die Reihen entlang, bis ihn Vaters Hand packte und ihn zwischen seine Beine klemmte. Wir hatten keine Zeit mehr, ihn hinauszubefördern.

Der Gottesdienst begann. Unser alter Pastor hielt eine sehr schöne Osterpredigt. Er sprach von Nächstenliebe und Barmherzigkeit und daß man seinen Feinden vergeben sollte. Als er sagte, es sei im Leben nie zu spät, etwas wiedergutzumachen, ertönte ein lautes Wuff durch die Kirche. Irritiert schwieg der alte Herr, ehe er fortfuhr, uns die christlichen Tugenden auszumalen, und durch die Gemeinde ging eine leichte Bewegung. Mutter sah sich verlegen um, und Vater starrte aufmerksam in sein Gesangbuch.

Am Nachmittag gingen wir zu Nachbars Lenchen hinüber. Pumm folgte uns, obwohl wir ihn mit Nichtachtung straften. Unterstützt von mir, versuchte Billi, sie zu überreden, ihm ihr Zuckerlamm zu überlassen. Ich bot ihr dafür sogar mein schönstes Oblatenbild, eine weiße, ringgeschmückte Frauenhand, auf deren Zeigefinger ein Täubchen saß, vergeblich! Lenchen bekam einen Strichmund und wollte nicht.

Verdrossen kehrten wir um. Wir hatten gerade unsere Haustür erreicht, da hörten wir, wie Pumm hinter uns hergejagt kam, gefolgt von dem schluchzenden Lenchen. Pumm schoß an uns vorbei ins Haus. Wir eilten ihm nach. Genau vor Billis Glasschrank ließ er etwas behutsam zu Boden gleiten. Es war Lenchens Osterlamm.

Lenchen, die uns unterdessen eingeholt hatte, flennte laut und nannte Pumm einen Mistköter und Schlimmeres, bis Vater erschien, sie beruhigte und ihr versprach, etwas Schönes als Ersatz zu kaufen, denn nun mochte Lenchen ihr Lamm nicht mehr. Dabei war es nur ein wenig feucht geworden, sonst aber unversehrt.

Mein Bruder wusch das Lämmchen mit lauwarmen Wasser ab und stellte es dann in seinen Schrank. Danach gab es eine große Versöhnungsszene mit dem Dackel. Vater meinte aber, der Hund hätte sich heute früh an den zuckrigen Dingern überfressen und nur deshalb Lenchens Schaf einfach herumgeschleppt. Doch Billi und ich waren anderer Ansicht.

In dieser Nacht schlief Pumm nicht am Fußende. Er lag sehr unbequem in Billis Armen und schnarchte vor Luftmangel so laut, daß ich es nebenan hören konnte.

August, der Wilddieb

Um August Räudelsterz' Persönlichkeit im richtigen Licht zu sehen, muß gesagt werden, daß ihm die Erwachsenen lieber die geballte Faust als ein Lächeln zeigten. Denn er war voller Unnützigkeiten wie ein Schwein mit Borsten! Statt wie die anderen Kinder, wenn er in der Schule getadelt wurde, beschämt den Blick zu senken, richtete er seine graublauen Augen unter dem ausgeblichenen Haarschopf herausfordernd auf den Lehrer. Seine mageren, selten sauberen Beine ließen ihn nie im Stich, galt es, sich rechtzeitig aus dem Staub zu machen. Kein Stamm war ihm zu glatt, kein Krähennest zu hoch, kein Ziel zu klein, um es mit seiner Spucke zu treffen.

August, der unfähig war, in der Schule die einfachste Rechenaufgabe zu lösen, irrte sich nie in der Berechnung, Fallen zu stellen, ohne vom Förster erwischt zu werden. Sein Signal auf dem Hof ließ mich unverzüglich die Schularbeiten im Stich lassen und ans Fenster stürzen. Natürlich war unser Geheimpfiff kein Motiv aus Wagners Walküre oder Beethovens Fünfter. Als guter Preuße hielt es August mit Fridericus Rex, unserem König und Herrn. Hätte ihn allerdings jemand gefragt, wer denn Fridericus Rex gewesen sei, hätte er sicher freimütig geantwortet: «Weeß ick nich!» Menschen, die «all lange dot waren», interessierten ihn nicht mehr.

Auf seinen weiten Streifzügen nahm er mich nicht umsonst mit. Als Gegenleistung mußte ich ihm bei seinen häuslichen Pflichten helfen. Ohne zu murren, nahm ich die Gefahr auf mich, mir beim Holzhacken sämtliche Zehen zu amputieren, schleppte ächzend viele Körbe Holz in den windschiefen Schuppen und stapelte die Scheite dort sorgfältig. Dafür zeigte er mir, wo das einzige Kranichpaar in unserer Gegend brütete, der Kiebitz sein Nest versteckt hatte und der Fischreiher am Ufer stand.

An Regentagen gruben wir hinter der Scheune unter den Holundersträuchern die Regenwürmer aus der fetten, feuchten Erde. In dicken, geballten Klumpen ringelten sie sich in einer rostigen Konservenbüchse. Wir angelten mit ihnen Brassen, Barsche und Rotfedern. Während August sich bemühte, der silbrigen, zappelnden Beute zu einem schnelleren Tod zu verhelfen, lehnte ich schläfrig an der warmen Holzwand des Bootsschuppens, lauschte dem eintönigen Gesang des Rohrspatzes und sah zu, wie der Taucher lautlos durch das Schilf zu seinen Jungen schwamm. Ein blaßblauer Himmel wölbte sich über dem See, die Mittagssonne prägte uns auf dem Heimweg bedächtig ihr Brandzeichen auf den ungeschützten Nacken, und der sumpfige Wiesenboden kühlte uns angenehm die nackten Fußsohlen.

Im Frühjahr balancierten wir auf den Koppeldrähten die überschwemmten Wiesen entlang und stachen in den Gräben den Hecht beim Laichen. Im Winter betäubten wir unter dem Eis die im flachen Wasser stehenden Fische mit kräftigen Axtschlägen und holten sie mit dem Kescher heraus.

Unser Dritter im Bunde war Fiffi. Fiffi war ein Bastard. August hatte ihm das Leben gerettet. Der Hund sollte gerade, eingesperrt in einen Sack, zusammen mit einem Stein im Fluß versenkt werden. Da tauchte August auf und ließ ihn sich schenken. Seitdem war er unser manchmal recht lästiger, ständiger Begleiter.

Wie mancher Mensch hatte auch Fiffi zwei Seelen in seiner Brust. Tat er am Tage so, als könne er keinem Küken etwas zuleide tun, verwandelte er sich des Nachts in eine raubgierige Bestie, die das Hohelied der Jagd auf ihre Weise sang. Oft jagte er bei Mondenschein gemeinsam mit unserem würdigen Bernhardiner. Wie August nach mir pfiff, so bellte Fiffi vor unserer Küche. Und der alte, vornehme Herr hielt sich nicht für zu schade, ihn im schwerfälligen Trab auf seinen nächtlichen wilden Wegen zu begleiten. Fiffi trieb ihm das Wild so geschickt zu, daß es dem Bernhardiner förmlich in sein großes Maul stolperte. Am nächsten Morgen lag der Bernhardiner wieder, als sei nichts geschehen, unnahbar auf seinem Platz und wandte angewidert den Kopf vor einem toten Rebhuhn, das ihm die Köchin unter die Nase hielt.

Dank der Geschicklichkeit von Vater und Sohn gab es bei Räudelsterz reichlich Fleisch zu essen. Doch nie hätte ich mich getraut, darüber eine Bemerkung zu machen. Augusts Mutter hatte eine harte, schwere Hand, die außer ihrem Sohn auch ihr Mann gelegentlich zu spüren bekam. Zu mir war sie recht freundlich. Sie stopfte mich mit Kartoffelpuffern voll und sagte tadelnd zu August, wenn er sich in meiner Gegenwart mit der Gabel auf dem Kopf kratzte: «Benimm dir.»

Sein Vater verdammte alle Reichen. Reich war für ihn jeder, der mehr als er besaß. Das war nicht viel. Nur für meinen Vater zeigte er eine gewisse Schwäche. Wahrscheinlich, weil er in unserem Wald besonders ungestört wildern konnte.

«Ick weeß nich, warum», sagte er, versonnen auf die halbgeleerte Kümmelflasche starrend, «det is een juter Mensch, ja, det is er.»

«Quassel nich so dämlich, oller Saufkopp», sagte seine Frau und nahm ihm resolut die Flasche aus der Hand.

Vater und Sohn Räudelsterz sowie Fiffi gelang es, ihr Unwesen zu treiben, ohne vom Förster erwischt zu werden. Dabei saß der Förster ständig auf der Lauer, um den Mistköter zu fassen, der ihm Rehkitze und Hasen riß. Und auf Familie Räudelsterz hatte er schon lange ein argwöhnisches Auge geworfen. Aber Beweise hatte er bisher nicht. Dazu waren sie zu vorsichtig gewesen. Doch allmählich wurde die Familie leichtsinnig. Die Beute wanderte nicht mehr ausschließlich in den eigenen Kochtopf. Sie wurde versilbert. Immer häufiger fand Herr Räudelsterz, daß der Reiche von den Dummen und der Dumme von der Arbeit lebe und Branntwein das Leben versüße. Zur geflüsterten Bewunderung zeigte sich Frau Räudelsterz des Sonntags in der Kirche in einem neuen, farbenfrohen Gewand.

Es kam, wie es kommen mußte. August wurde im Wald vom Schweißhund des Försters gestellt, als er gerade ein Kaninchen aus der Falle nahm. Zitternd stand er vor dem knurrenden Hund. Er wußte, der Förster würde nicht viel Umstände machen und ihn ohne Erbarmen zur Polizei bringen. Dann kam er sicher ins Spritzenhaus, wo es nachts spukte. Bei dem Gedanken verwandelte sich August, der kühne Wilderer, wieder in einen ängstlichen kleinen Jungen, dem fast etwas passiert wäre, das nur Babys gestattet ist.

Noch einmal sollte er Glück haben. Der Förster, der annahm, der Hund wäre einem Igel oder einem Dachs auf der Spur, pfiff ihn ab. August war gerettet. Ohne einmal haltzumachen, rannte er nach Haus und versteckte sich in der Schlafkammer. Erst bei Dunkelheit wagte er sich wieder hervor.

Am nächsten Tag vermißten wir Fiffi. Soviel wir auch riefen und pfiffen, er erschien nicht. Wir suchten ihn überall im Dorf. Niemand hatte ihn gesehen. Endlich entdeckten wir ihn auf der Wiese nicht weit vom See. Die Krähen machten uns auf ihn aufmerksam. Krächzend flogen sie über ihn hinweg und stießen nach ihm. Fiffi war es nicht gelungen, dem Förster zu entkommen. Starr lag er zwischen dem welken Gras. Das geronnene Blut zeichnete eine rote Fährte auf sein weißes Fell. Seine Augen, sonst demütig und bettelnd, blickten kalt und grimmig. August bückte sich zu ihm hinab. Zum erstenmal sah ich ihn weinen. Erst flennte ich ein bißchen zur Gesellschaft mit. Dann rannte ich nach Hause.

Ich lief ins Kinderzimmer und musterte die Schar meiner Puppen. Sie saßen in einer Reihe pomadig auf der Fensterbank und streckten mir die

Arme entgegen, als wollten sie sagen: «Höchste Zeit, daß du dich mal wieder um uns kümmerst!» Nach einigem Zaudern wählte ich Lisa. Sie war weich und rundlich, und ihr Stoffkörper ließ sich angenehm knautschen. Ich klemmte sie unter den Arm und lief zur Wiese zurück.

«Ich schenke sie dir», sagte ich zu August und drückte sie ihm großmütig in die Hand.

Am Rande einer kleinen Schonung gruben wir ein Grab. Lisa lehnte an einem Baumstamm und sah uns ernst zu. Vielleicht ahnte sie, was ihr bevorstand. August griff nach ihr, drehte sie einen Augenblick unschlüssig in seinen zerschrammten Händen, dann legte er sie auf Fiffis aufgeblähten Bauch. «Damit er sich nicht so grault», sagte er und schnaubte mächtig in ein Taschentuch, das mal ein Zuckersäckchen gewesen war. Ich wagte nicht zu widersprechen.

Bedrückt trotteten wir nach Haus. Von nun an kehrten bei der Familie Räudelsterz wieder normale Verhältnisse ein. Wildfleisch gab es nur noch für den eigenen Kochtopf.

Henne Berta faßt einen Dieb

Berta war ein Adoptivkind unserer Köchin. Gegen jede Regel der Natur war es Ende Oktober aus einem alten Nestei ausgebrütet worden. Seine Mutter, eine geborene Leghorn, hatte beim Ausbrüten viel Ausdauer gezeigt. Weder das verwunderte Gegacker ihrer Kolleginnen, die in dieses Nest ihre Eier legen wollten, noch ärgerliche scheuchende Menschenhände hatten sie davon abhalten können, ihrer verspäteten Gluckenpflicht nachzukommen. Doch zeigte sie wenig Neigung, ihr Einzelkind im Schneematsch spazierenzuführen, während die anderen Hühner eng aneinandergekuschelt im warmen Stall saßen und es sich wohl sein ließen.

Das einsame, strubbelige, jämmerlich piepsende Geschöpf, das so verlassen in der Scheune umherlief, erregte das Mitleid unserer Köchin. Aus unerfindlichen Gründen gab sie ihm den Namen «Berta» und eine neue Heimat in der Küche. Dort hielten schon ein Bernhardiner, ein fetter Kater

und ein Wellensittich Burgfrieden. Der Kater
schlief in der Ofenröhre, der Wellensittich auf
dem Schrank, der Bernhardiner unter dem geräumigen Küchentisch, und das Küken bekam seinen
Platz in einem ausgelatschten Pantoffel in der
Nähe des riesigen, altmodischen Herdes. Aber
Berta behagte es wenig, in einem Pantoffel zu
schlafen. Von uns und der Köchin verwöhnt,
nahm sie sich Freiheiten heraus, die den mächtigen Kater empört aufmauzen ließen und den Wellensittich veranlaßten, pausenlos zu sagen: «Hansi
ist lieb, Hansi ist lieb!»

So trippelte sie eines Abends einfach frech zu
dem Bernhardiner hinüber, flog erst auf seinen
Kopf und kletterte dann seinen Rücken entlang bis
zum Schwanz, wo sie es sich gemütlich machte.
Melancholisch duldete es der Hund. Er war ein
Philosoph, und ein geduldiger dazu. Wenn ihn
nicht gerade jemand auf den Schwanz trat oder
aus seinem Napf fraß, war er nicht so leicht aus
seiner Ruhe zu bringen.

Der Kater, der gern nachts seine einsamen, wilden Wege ging und sich bisher stets unbemerkt
durchs Küchenfenster wieder zurückgeschlichen
hatte, mußte erleben, daß Berta hysterisch auf-
kreischte, als er mit elegantem Sprung auf dem
Küchentisch landete. Erfolg: eine lange Strafpre-
digt der sittenstrengen Köchin über das Luderle-

ben der Männer im allgemeinen und ein von nun an geschlossenes Küchenfenster.

Berta wuchs zu einem grauweißen Prachthuhn heran, dessen Arroganz alles übertraf, was je auf einem Hühnerhof herumgelaufen war. Von der Köchin zur Tugend erzogen, hielt sie viel von Sauberkeit und wenig von Männern. Vergebens versuchte der Hahn, feurig wie alle Italiener, sie durch die offene Küchentür zu locken. Sie legte lediglich ihr Köpfchen schief und pickte gelangweilt nach einer Fliege auf den Steinfliesen.

Doch der Kater, ein wahrer Mephisto, kam dem Italiener zur Hilfe. Vor ihren Augen spielte er mit einer Maus, und neugierig wie alle Jungfrauen lief sie ihm nach. Als er sie bis in den Garten gelockt hatte, erschien der Hahn und begann seine feurige Werbung, in deren Verlauf er Berta rund um die Fliederbüsche jagte, daß die Spatzen schimpfend davonstoben und der dicke Kater vor Schreck die Maus fahrenließ.

Bald begann Berta auch Eier zu legen, allerdings nur sehr sparsam. Wahrscheinlich empfand sie zu große Fruchtbarkeit als ordinär. Ihre Eier versteckte sie so, als ob jeden Tag Ostern wäre. Mal fanden wir ein Ei im Aschenkasten, mal in der Mülltonne und manchmal auch im Bett der Köchin.

Wir Kinder hatten schnell heraus, daß Bertas Intelligenz sich durchaus mit unserer eigenen messen konnte. Beim Spazierengehen folgte sie uns mit würdigem Schritt, und als sie sich einmal nach einem längeren Ausflug auf der Astgabel einer Eiche ausruhte, vermochten wir unseren plötzlich auftauchenden Jagdpächter, der Berta noch nicht kannte, nur mit Mühe davon abzubringen, sie als Wildtaube vom Baum zu schießen.

Unser schönstes Spiel jedoch war, sie mittels eines Kreidestriches zu hypnotisieren. Wir hatten so ein gutes Medium aus ihr gemacht, daß es bald genügte, ihr lediglich den Zeigefinger vor den Schnabel zu halten, um sie in Trance zu versetzen. Beim Zirkusspielen brachte uns diese Vorführung viel Beifall.

Während der Kaffeemahlzeiten auf der Terrasse fiel Berta durch ihr dreistes Benehmen oft unangenehm auf. Sie scheute sich nicht, mit Schwung neben der Obsttorte zu landen und zwischen den Tellern umherzuspazieren. Obwohl die Gäste mit den Eigenarten des Hauses ziemlich vertraut waren, schätzten sie es nicht besonders, Bertas Klauen in den Schultern zu spüren, und ihre Angewohnheit, das jeweilige Opfer an den Haaren zu ziehen, trübte die heitere Stimmung.

Bertas aufgeplusterte Arroganz und ihre Sonderstellung im Haus riefen eine Verschwörung im Hühnerhof hervor, der sie beinah zum Opfer gefallen wäre. Dicht geschart unter einer alten Kastanie, belauerte das Hühnervolk sie, als sie hochnäsig an ihnen vorbei zur Straße trippelte. Sekunden später war alles nur noch eine kreischende, wirbelnde weiße Wolke. Aus ihrer Mitte floh ein zerrupftes Etwas, schoß um die Kastanie herum, hüpfte über die Wagendeichseln, rannte durch den offenen Stall und landete schließlich wieder in der schützenden Küche. Der Hahn hielt sich abseits. Er betrachtete interessiert einen Regenwurm auf dem Misthaufen. Mit der ihm eigenen Philosophie dachte er sicherlich: «Wer sich in andere Sachen mischt, hat nur den Ärger, weiter nischt!»

Berta sah wie für die Bratpfanne präpariert aus. Zitternd schmiegte sie sich in den buschigen Schwanz des Bernhardiners, und die besorgte Köchin flößte ihr zur allgemeinen Beruhigung tropfenweise Baldrian ein, dessen Geruch den Kater wollüstig schnuppern ließ. So mußten wir auch unseren Plan aufgeben, Berta wieder zu ihren Stammesgenossen zurückzuschicken, es sei denn, wir hätten den anderen Hühnern die gleichen Rechte wie ihr eingeräumt. Doch an *einem* Haushuhn hatten wir reichlich genug.

Die liederliche Angewohnheit ihrer Mutter, in Jahreszeiten zu brüten, in denen jedes anständige Huhn seine Kinder schon seit Wochen aus den Eierschalen heraus hatte, zeigte sich auch bei Berta. Im Aschenkasten zu brüten gab sie schnell auf, der Schwanz des Bernhardiners war ihr zu unbeständig und der Mülleimer zu unbequem. So verschwand sie unbemerkt in einen Eichenschrank auf dem Flur, in dem sich die eingemotteten Wintersachen befanden.

Meine Mutter erschrak furchtbar, als sie in der Tiefe des Schrankes nach einem Pullover suchte und auf Berta stieß. Um ihr die alberne Brüterei auf nur einem Ei endgültig abzugewöhnen, sperrte die Köchin sie unbarmherzig in eine Kiste und ließ sie fasten.

Als meine Schwester die Henne am nächsten Tag aus der Dunkelheit befreite, schrie sie entsetzt: «Berta ist tot!» Regungslos und steif lag Berta im Stroh. Aber die Aufregung war unnötig. Sie hatte sich nur selbst hypnotisiert.

Allmählich verlor Berta ihre kokette Verspieltheit. Sie wurde eine dickliche, brave Matrone, deren Sinnen und Trachten anscheinend nur noch auf einen makellosen Lebenswandel gerichtet war und die die sündige Welt voller Abscheu betrachtete. Die Vortrefflichkeit leuchtete ihr sozusagen aus allen Federn. Jedenfalls behauptete mein Onkel, der sonst gern die Unterhaltung mit frivolen Bemerkungen würzte, Bertas Anwesenheit bei der Kaffeetafel wirke lähmend auf ihn.

Aber Bertas große Stunde in ihrem Hühnerleben kam erst noch. Sie hatte es sich angewöhnt, auf der Treppe zu schlafen, die von der Küche in die oberen Räume führte. Diese Treppe, steil und dunkel, muß sie an eine Hühnerstiege erinnert haben. Anders läßt es sich nicht erklären, daß sie dem Bernhardiner untreu wurde. Aber vielleicht empfand sie es im gereiften Alter auch als unpassend, bei einem männlichen Wesen zu schlafen.

Eines Nachts nun verirrte sich ein Dieb in unsere Küche. Von dem fest schlafenden Hund unbelästigt, tastete er sich vorsichtig die Treppe zum Flur empor. Dabei stolperte er über Berta. Berta stieß einen so entsetzlichen Schrei aus, daß wir aus den Zimmern stürzten, der Bernhardiner zur Treppe fegte und der Kater aufgeschreckt aus der Ofenröhre sprang.

Nach oben konnte der Dieb nicht mehr entweichen. Dort standen wir, und am Fuß der Treppe öffnete der Hund seinen geräumigen Rachen. Außerdem hatte ihn Berta völlig verwirrt. So ergab er sich in sein Schicksal. Mit uns gemeinsam wartete er auf die Polizei.

Am nächsten Tag stand im Kreisblatt zu lesen: «*Unter Mithilfe eines Huhnes gelang es der Polizei, einen langgesuchten Einbrecher festzunehmen.*»

Die Henne Berta hatte erreicht, worum sie mancher Mensch beneidete. Ihr Name war in einer Zeitung genannt worden.

Rosamundes spätes Glück

Billi behauptete, Rosamundes Getue wäre jedem anderen auch auf die Nerven gegangen. Aber wir fanden Ilkas Verhalten unmöglich. Schließlich: Noblesse oblige! Bei der Ahnenreihe, die Ilka aufweisen konnte, war ihr Benehmen nicht gerade sehr ladylike gewesen. Und gibt es nicht genug weibliche Wesen, die mit ihrer Liebe den Kindern lästig fallen, ohne deshalb gleich von ihnen gebissen zu werden?

Ehe Ilka auftauchte, führte Rosamunde das geregelte Leben einer alten Dame. Vor dem Frühstück ließ sie sich sorgfältig frisieren, sah auf dem Hof nach dem Wetter und begab sich dann ins Grüne. Dort plauderte sie ein wenig mit einem dämpfigen alten Rappen, hielt unter einer großen Kastanie ihren Nachmittagsschlaf und kehrte in ihr Heim zurück, wenn ihr die Fliegen zu lästig wurden oder ein Landregen ihr Rheumatismus verursachte. Ihre Jugend hatte sie auf der Trabrennbahn verbracht. Sie hatte an vielen Lorbeerkränzen geknabbert und keine Zeit gehabt, eine Familie zu gründen.

Vater erstand sie als Gelegenheitskauf auf einer Versteigerung für uns Kinder als Reitpferd. Sie war zwar nicht mehr die Jüngste, besaß aber noch das Temperament einer Vierjährigen. Vaters Optimismus, daß sie das Galoppieren wieder lernen würde, war wie so oft unbegründet. Gegen ihre Gangart mußte der Trab eines Kamels erholsam sein, fanden wir Kinder. Nachdem sich Billi auf ihrem Rükken eine Blinddarmentzündung geholt hatte und unsere Hauslehrerin nach einem Spazierritt die Gelbsucht bekam, wurde Rosamunde im Einspänner gefahren. Von jetzt an schafften wir die vierzehn Kilometer bis zur Kreisstadt in dreißig Minuten. Wir überholten spielend Onkel Karls Jucker, was er uns nie verzieh. Leider vermochte Rosamunde ihren Ehrgeiz nicht zu zügeln. Sie versuchte, dem Adler des Jagdpächters, der mit vierzig Stundenkilometern dahinbrauste, in einer Kurve den Weg abzuschneiden. Tante Susanne, die gerade von der Bahn abgeholt wurde, landete auf dem Kühler, und der verwirrte Jagdpächter stellte etwas planlos seinen Scheibenwischer an. Rosamunde verletzte sich an seiner Jagdstandarte empfindlich an der linken Hinterhand und konnte nur noch im Dreischlag durchs Leben humpeln. Seitdem bekam sie das Gnadenbrot, wurde sanft und ein wenig träge.

Es war Billi, der Ilka zu seinem Geburtstag geschenkt bekam. Höflich wie er war, hatte er es sich nicht anmerken lassen, daß er seinen Geburtstagstisch ziemlich poplig fand. Außer Wollstrümpfen, einer Turnhose und neuen Sägeblättern für seine Laubsäge war der Tisch nur reichlich mit Blumen verziert. Wir glätteten uns den Magen mit der traditionellen Waldmeisterspeise und spielten dann mit Nirzwickis Lenchen «Kalte Küche». Lenchen wollte gerade nach Hause gehen, weil ich ihr zum Raten eine tote Maus in die Hand gedrückt hatte, da rief Vater: «Kommt mal alle in den Hof, ich habe eine Überraschung für das Geburtstagskind!»

Die Überraschung war schwarz wie eine Holunderbeere, rund wie ein Tennisball, hatte vier zierliche Hufe, einen struppigen Schweif und betrachtete uns durch die langen Haarbüschel, die ihr über die Augen hingen, so gönnerhaft wie ein Dackel eine Herde glotzender Schafe. Ilka, das Shetlandpony, hatte seine Herrschaft über uns angetreten!

Billi umarmte sie strahlend und so heftig, daß sie zurücktrat, und gab ihr einen schmatzenden Kuß auf die Nüstern.

Bald sollten wir merken, daß diese Handvoll Pferd schwerer zu bändigen war als ein wilder Hengst. Nur Billi duldete sie auf ihrem Rücken. Sie ließ sich diese Gunst teuer bezahlen, und Mutters Zuckerdose mußte eingeschlossen werden. Wir anderen schafften es nicht einmal, gemeinsam mit ihr den Hof zu verlassen. Kaum saßen wir oben, rannte sie auf die Stalltür zu, machte eine gekonnte Bewegung mit Vorder- und Hinterbeinen zugleich, und schon knallten wir gegen die Tür, daß uns der Kopf brummte, als seien wir vom höchsten Baum gefallen.

Eine besondere Abneigung zeigte Ilka gegen Nirzwickis Lenchen, obwohl diese stets einen großen Bogen um sie machte, weil sie behauptete: «Dem Aas trau ick nich!» Mit Recht! Wir saßen mit den anderen Dorfkindern am Seeufer, und Lenchen suchte gerade für meinen Angelhaken einen schönen, fetten Regenwurm aus der Konservenbüchse heraus, als Ilka von hinten herangeschlichen kam und dem arglosen Lenchen einen Stoß versetzte, daß Konservenbüchse, Regenwürmer und kreischendes Lenchen ins seichte Wasser rollten. Wir waren sehr böse auf das Pony. Um so gute Regenwürmer zu finden, hatten wir lange suchen müssen.

Auch die Goldfische fürchteten sich vor Ilka. Hatte sie doch den Kopf durch das offene Fenster gesteckt und das Aquariumwasser ausgesoffen, so daß die Fische, nach Luft schnappend, auf dem trockenen Kies lagen.

Da Ilka Hof und Garten der Koppel vorzog, machte sie Rosamundes Bekanntschaft erst bei unserer großen Zirkusveranstaltung, die wir gaben, um unsere Sparschweine wieder etwas aufzufuttern. Es wurde ein glanzvolles Ereignis, an dem sogar unsere Großmutter teilnahm.

Sie saß, in ein fliederfarbenes Cape gehüllt, in der ersten Reihe und gab als Eintrittsgeld eine ganze Deutsche Reichsmark. Ein Beispiel, dem leider sonst niemand folgte. Billi, als Zirkusdirektor sehr schneidig in Vaters Leutnantsuniform, hatte es nicht leicht, seine Truppe bei der Stange zu halten. Der wilde Tiger aus dem Fernen Orient entfloh fauchend seiner Dompteuse Lenchen, sprang erst auf Großmutters Schoß und kletterte dann auf einen Wäschepfahl, von dem ihn weder Lenchens lockende Laute: «Komm, Muschi, komm!», noch ein gezielter Wasserstrahl aus meiner Luftpumpe herunterbrachte. Der Clown, melancholischer als alle Clowns der Welt, jammerte still vor sich hin: «Ick muß mal, ick muß mal», anstatt Purzelbäume zu schießen, und der sprechende Hund antwortete auf die Frage seines Herrn: «Wieviel, mein gutes Hundchen, ist zwei und zwei?» weinerlich: «Weeß ick nich!» und lief auf zwei Beinen davon.

Der Höhepunkt der Vorstellung war der Auftritt der edlen Pferde. Unter den rauschenden Klängen meiner Ziehharmonika «Kuckuck, Kuckuck, ruft's aus dem Wald!» kamen Ilka und Rosamunde an der Hand des Zirkusdirektors hereingetrabt. Ilka, mit einem rosa Kopftuch und einer weißen Schürze bekleidet, zuckte unbehaglich mit dem Schwanz, in den wir kunstvoll meine Sonntagszopfbänder eingeflochten hatten. Das erste Mal in ihrem Leben wirkte sie etwas eingeschüchtert. Unglücklicherweise geriet ihr in diesem Augenblick der Tiger zwischen die Beine, den ein hilfsbereiter Zuschauer mit einer Stange von dem Pfahl befördert hatte. Als sie sich schnaubend zu ihm hinunterbeugte, rutschte ihr das Kopftuch über die Augen. Sie erschrak und suchte zitternd an Rosamundes behäbiger Flanke Schutz. Beschützerinstinkte erwachten in Rosamunde. Zärtlich begann sie das Pony abzulecken. Als wir die beiden pikiert in den Stall zurückbrachten, weil unsere ein wenig kurzsichtige Großmutter Ilka mit dem Ziegenbock des Nachbarn verwechselte, wollte sie sich durchaus mit in Ilkas Box drängen.

Am nächsten Tag stand die alte Stute nicht wie sonst unter der Kastanie. Den Kopf auf das Koppeltor gestützt, beobachtete sie Ilka, die in der Gegend herumstrolchte. Wahrscheinlich wäre es bei dieser fernen Anbetung geblieben, hätte Ilka nicht die Frechheit besessen, Tante Susannes Dessous von der Leine zu zerren und den Misthaufen damit zu drapieren. So mußte auch das Pony in die Koppel. Freudig wiehernd, trabte Rosamunde auf sie zu und begrüßte sie stürmisch.

Zuerst schien Ilka von ihrer Liebe geschmeichelt. Sie fraß ihr das beste Gras vor der Nase weg und ließ sich von ihr mit den Zähnen den Rücken schuppern. Doch allmählich wurde ihr die Fürsorge lästig. Sie versuchte, sich hinter einer dicken Kuh vor Rosamundes Gesellschaft zu verstecken, aber Rosamunde fand sie schnell, und sie mußte wieder Kopf an Kopf mit ihr grasen. Wenn Ilka sich durch den Koppeldraht gequetscht hatte und sich so sachte verkrümeln wollte, gebärdete sich Rosamunde derartig hysterisch, bis schließlich jemand darauf aufmerksam wurde und das Pony zurückbrachte. Kein Zweifel, sie hielt Ilka für ihr Kind, das jeden unbewachten Augenblick in den Brunnen fallen konnte.

Und dann kam der Tag, an dem Ilka selbst ein Fohlen bekam. Es war schwierig genug gewesen, für dieses hochmütige Frauenzimmer einen passenden Mann zu finden. Aber schließlich war es dann soweit. Billi war selig, als Micki auf wackeligen Beinen vor ihm stand und ihn mit der gleichen arroganten Kopfhaltung wie seine Mutter musterte.

An einem warmen, stillen Herbsttag brachten wir Ilka und ihr Fohlen zum erstenmal auf die Weide. Die Spinnen hatten ihre Netze zum Trocknen ins Gras gehängt, und die Champignons versteckten sich vor uns unter den Kuhfladen. Ilka warf uns einen Blick zu, als wolle sie sagen: «Soll ich wieder zu der Verrückten da?», und stolzierte, gefolgt von Micki, in die Koppel. Rosamunde wandte langsam den Kopf von einem zum anderen, schüttelte ihn, als sei ihr eine Mücke ins Auge gekommen, humpelte unter ihre Kastanie und dachte nach. Es war Micki, für den sie sich entschied. Ohne von Ilkas angelegten Ohren Notiz zu nehmen, beschnupperte sie ihn von oben bis unten. Micki hopste arglos um sie herum und begann, unter ihrem Bauch heftig etwas zu suchen, was er nicht finden konnte. Doch da gruben sich Ilkas Zähne schon sehr schmerzhaft in die rechte Hinterbacke der alten Dame, so daß sie förmlich einen Luftsprung machte. Quer über die Koppel jagte das Pony sie und zwickte und biß sie, wo sie das alte Pferd erwischen konnte. Eine Versöhnung schlug fehl. Wir mußten für die beiden Ponys einen Teil der Koppel abzäunen.

Ein paar Tage später lag Rosamunde am Morgen tot im Stall. Vater sagte, achtzehn Jahre wären ja auch ein ganz schönes Alter für ein Pferd. Wir wußten es besser. Rosamunde hatte diese seelische Enttäuschung nicht überwunden.

Der ungerechte Nikolaus

Als kleines Mädchen war mein Glaube an den Nikolaus und den Weihnachtsmann unerschütter-
lich. Ich konnte mir nicht vorstellen, was mein Bruder behauptete, daß nämlich unsere Tante es sein
sollte, die, als Weihnachtsmann verkleidet und mit
drohend erhobener Rute, uns jedes Jahr wieder
fragte: «Seid ihr auch immer artig gewesen?» Nein!
Mein Bruder mußte sich da gewaltig irren. Außerdem, wenn er es wirklich glaubte, wieso sagte er
dann überhaupt noch – mit bedenklich zitternder
Stimme – angesichts des Weihnachtsmannes das
Gedicht auf: «Lieber guter Weihnachtsmann, sieh
mich nicht so böse an, stecke deine Rute ein, ich
will auch immer artig sein»? Er war ein richtiger
Angeber in meinen Augen. Dazu kam, daß er, genau wie ich, am Nikolaustag und jeden Sonn-
abendabend in der Adventszeit auch seinen Schuh
herausstellte und ihn vorher wienerte und mit
Schuhkreme und Spucke auf Hochglanz brachte.
Denn Vater sagte immer: «Bildet euch bloß nicht

ein, der Nikolaus legt seine Gaben in ungeputzte Schuhe. In solchen Sachen ist er sehr pingelig.»

Natürlich behauptete mein Bruder, dieser Besserwisser, wieder steif und fest: «Ich halte jede Wette, daß Mutter die Marzipankartoffeln oder Schokoladenweihnachtsmänner in unsere Schuhe legt.» Dabei war doch Mutter zu der Zeit, da der Nikolaus die Treppe zu unseren Schlafzimmern heraufgestampft kam, längst im Bett und schlief.

Als ich es eines Nachts dann vor meinem Zimmer rascheln hörte, konnte ich nicht widerstehen, nahm allen Mut zusammen und öffnete leise die Tür. Tatsächlich stand Mutter vor meinem Schuh. Sollte mein Bruder doch recht haben? Argwohn stieg in mir auf. Doch Mutter zerstreute schnell meine Zweifel.

«Sieh mal», sagte sie, «was ich in deinem Schuh gefunden habe! Stell dir vor, in meinem hat diesmal auch ein Tannenzapfen aus Schokolade gelegen. Ist das nicht ein freundlicher Nikolaus?» Das fand ich auch. Denn wenn sogar in Mutters Schuhen sich etwas gefunden hatte, konnte sie unmöglich der Nikolaus sein. Das war sonnenklar! Mein Vetter Carl, der gerade bei uns zu Besuch war, gab mir darin hundertprozentig recht. Ich war sehr getröstet, als er verkündete: «Natürlich gibt es einen Nikolaus. Wer das Gegenteil behauptet, ist doof!» Er mußte es ja schließlich wissen, denn er ging bereits auf die Oberschule und lernte dort sogar Griechisch.

Leider stellte es sich bald heraus, daß St. Nikolaus mir grollte. Als ich nämlich das nächste Mal neugierig in meinen Schuh guckte, fand ich an Stelle leckerer Süßigkeiten diesmal nur zerknitterte Silberpapierfetzen. Ich weinte bitterlich: «Auf keinen Fall darfst du das deinen Eltern erzählen», riet mir mein weiser Vetter, «sie werden mit dir schimpfen, weil du den guten Nikolaus erzürnt hast!» Er hatte recht. Mir fielen alle meine Sünden der vergangenen Tage wieder ein. So schluckte ich denn meinen Kummer herunter, schwieg und strengte mich in der nächsten Zeit sehr an, artig zu sein und alles zu tun, was man mir sagte.

Doch am nächsten Sonntagmorgen war die Enttäuschung nicht weniger groß. Statt der geliebten rosa Weihnachtsbaumkringel lag in meinem Schuh eine taube Walnuß. Der Nikolaus, das stand fest, mußte ein ganz ungerechter Kerl sein!

Ohne auf den dringenden Rat meines plötzlich sehr nervösen Vetters zu hören, rannte ich heulend zu meiner Mutter und erzählte ihr alles. «So, so!» sagte sie nur und versicherte mir, daß sie dem Nikolaus so schnell wie möglich erzählen wollte, wieviel Mühe ich mir in der letzten Zeit gegeben hatte, um immer artig zu sein. Und dann tröstete sie mich mit einer Handvoll Pfefferkuchen.

Am dritten Adventssonnabend war ich schließlich so aufgeregt, daß ich nicht einschlafen konnte. Würde mir der Nikolaus ungerechterweise wieder grollen? Ein lauter Krach ließ mich aus meinem Bett springen. Ich rannte zur Tür und öffnete sie. Vor mir stand mein Vater. Doch er war nicht allein. Er hatte Vetter Carl am Arm gepackt und nannte ihn aufgebracht einen ungezogenen Lümmel, der den Hals nicht voll genug bekäme. Warum er jedoch so böse auf ihn war und weshalb gerade vor meiner Tür, konnte ich mir damals nicht ganz erklären. Ich nahm mir auch keine Zeit, darüber nachzudenken. Denn was fand ich in meinem Schuh? Ein besonders großes Marzipanbrot und bunte Zuckergußkringel. So viel hatte ich noch nie bekommen. Glücklich und beruhigt schlief ich ein: St. Nikolaus war doch nicht ungerecht, er hatte sich tatsächlich wieder mit mir ausgesöhnt.

Das Löwenspiel

Ausgerechnet in der Vorweihnachtszeit machte ich den Versuch, in die aufregende Welt der Erwachsenen einzudringen. Statt mich, wie meine Freunde aus dem Dorfe, auf dem Eis zu tummeln und mich auf die milden Gaben St. Nikolaus' zu freuen, saß ich, versunken in meinen Anblick, vor dem Toilettenspiegel meiner Mutter, färbte mir mit Hilfe abgebrannter Streichhölzer die Augenbrauen und benützte heimlich das Parfüm meiner großen Schwester, so daß Vater behauptete, nach dem Geruch im Zimmer zu urteilen, müßte irgendwo eine verendete Maus liegen.

Schuld an meiner Wandlung waren teils die Masern, nach denen ich wie eine gedüngte Quecke in die Höhe geschossen war, teils meine große Schwester. Sie hatte in den Herbstferien aus dem Internat einen Stapel Liebesromane mitgebracht. Zwar hatte sie sie vorsorglich vor mir in einem alten Schuhkarton versteckt, doch sie hätte sie ebensogut auf dem Nachttisch liegenlassen können.

Meine Fähigkeit, sofort alles zu entdecken, was man vor mir verbarg, war groß.

Ich las sie alle, und statt wie bisher mit dem letzten Mohikaner, identifizierte ich mich nun mit zarten Heldinnen. Sie hatten viel zu erleiden, ehe sie endlich vor dem Traualtar landeten. Manchmal strauchelten sie auch ein wenig auf dem Tugendpfad und wurden von hochgewachsenen Männern verführt, unter deren leidenschaftlichen Blicken sie konstant erröteten. Was lag näher, als daß auch ich jemanden haben wollte, der bereit war, mir sein Herz zu Füßen zu legen?

Von meinen Dorfkumpanen war da wenig zu erwarten. Sie neigten mehr dazu, mich an den Zöpfen zu ziehen, als sich um mein kompliziertes Gemüt zu kümmern. Außerdem waren sie zu jung. So erkor ich denn Karl-Wilhelm, den Forsteleven meines Onkels, einen reifen Mann von zweiundzwanzig Jahren, zu meinem Herzensfreund. Mein Onkel behauptete von ihm, er stelle sich im Umgang mit Mädchen weit geschickter an als beim Anzeichnen von Stangenholz.

Der Eleve, ein breitschultriger Jüngling mit roten Backen und heiteren braunen Augen, war oft bei uns zu Gast. Da er aus einer geschwisterreichen Familie stammte, machte es ihm Spaß, sich mit Billi und mir zu beschäftigen. Er reparierte meine Puppe, die sich den Arm ausgerenkt hatte, beriet mich bei meiner Kaninchenzucht und nahm mich mit auf die Entenjagd. Ich bewunderte ihn ganz außerordentlich. Als er mir ein kleines Armband aus Bernstein schenkte, fühlte ich mich wie im siebenten Himmel. Um so schmerzlicher war es, daß ausgerechnet meine Lieblingstante mich ziemlich unsanft wieder auf die Erde zurückversetzte.

Mit dem Begriff der Tante verbanden wir Kinder ganz bestimmte Vorstellungen. Tanten waren meist ältere Damen. Sie hatten tiefe Stimmen und rundliche Körperformen, brachten einem immer das Falsche mit, rochen ein wenig nach Mottenpulver und hatten gerade dann tausend Wünsche, wenn man es besonders eilig hatte. Nur Tante Ella war völlig anders. Es war uns schleierhaft, wie so etwas Junges, Hübsches, Blondes eine Tante von uns sein konnte. Vater nannte sie eine Elfe. Aber Mutter meinte trocken, dazu hätte sie einen zu gesegneten Appetit. Sie konnte nämlich ungeheure Mengen vertilgen. Besonders dann, wenn Amor sie verwirrte, was er häufig tat. Meist erholte sie sich erstaunlich schnell wieder von seinen Attakken. Diesmal aber schien es ernst zu sein. Tante Ella kündigte ihren Besuch an, und das ausgerechnet im Winter! Ein wahrhaft alarmierendes Zeichen. Damit soll nicht gesagt werden, sie hätte keinen Familiensinn besessen. Nur waren um diese Jahreszeit unsere Gäste mehr von der beschaulichen, Rotwein trinkenden Sorte und nicht gerade tanzwütige junge Mädchen.

Mein Bruder und ich ließen es uns nicht nehmen, sie vom Bahnhof abzuholen. Während die Pferde durch den Schnee trotteten, saß sie wie ein vergrämtes Dornröschen neben mir und starrte auf die wippende Bogenpeitsche. Billi, der Einfältige, merkte wie immer nichts und fuhr fort, von seinen Tauben zu schwätzen. Dagegen ich, das zarte Geschöpf mit dem liebevollen Herzen, fragte ohne viel Umschweife: «Wie sieht er aus?»

Tante Ella warf mir erst einen strengen Tantenblick zu, der besagen sollte: «Sei gefälligst nicht so neugierig», grabbelte aber dann doch mit ihrer schneefeuchten, klammen Hand in der Handtasche herum und hielt mir ein Paßfoto unter die Nase. Ich erfuhr, daß «er» sein Studium an den Nagel gehängt hatte, um Schauspieler zu werden. Es war ihm einfach unmöglich gewesen, dem Bürgerlichen Gesetzbuch die gleiche Faszination wie dem Theater abzugewinnen. Kurz gesagt, er verdiente sich zur Zeit als Statist die ersten Sporen. Tante Ellas lebensfremde Eltern hielten nichts von dieser Freundschaft und hatten sie deshalb, zur inneren Einkehr sozusagen, zu uns geschickt. Tante Ellas Entschluß, mich zu ihrer Vertrauten zu erwählen, hatte seinen guten Grund. Ich mußte jeden Tag dem Briefträger entgegenradeln, um die Briefe für sie abzufangen.

Wie stolz war ich, auch aus meinen reichen Lebenserfahrungen im Umgang mit Männern einiges beitragen zu können. Ich erzählte ihr von Karl-Wilhelm und daß ich so gut wie verlobt mit ihm sei. Dabei zeigte ich ihr das Bernsteinarmband. Sie bewunderte es sehr und meinte: «Er muß ja wirklich ein interessanter Mann sein.»

Ihr Wunsch, ihn kennenzulernen, ging schnell in Erfüllung. Einen Tag später, wir saßen gerade beim Frühstück, wo Ella sich unter Mutters spöttischen Blicken mit schmerzlichen Seufzern zwei dickbelegte Schinkensemmeln einverleibte, begann es draußen schrill zu klingeln.

«Das wird für mich sein», rief Tante Ella, und weg war sie. Wir sahen sie quer über den Rosenkohl dem Nachbarhaus zutrippeln. Im Dorf gab es nämlich nur eine öffentliche Fernsprechanlage. Der Einfachheit halber hatte man eine große Glocke an der Hauswand angebracht, und wer immer im Dorf ein Gespräch erwartete und die Glocke hörte, machte sich eiligst auf den Weg. Bei uns selbst hatte das Telefon nur eine kurze Gastrolle gegeben, nachdem Vater davon mitten in der Nacht geweckt worden war und, als er ärgerlich den Hörer abnahm, als Antwort zu hören bekam: «Falsch verbunden!» Der Apparat wurde sofort wieder abgemeldet.

Denn, so meinte Vater, wo würde das hinführen,

wenn man von so einer Erfindung in der Nacht belästigt werden kann.

Als Tante Ella zurückkehrte, zwinkerte sie mir zu und sagte, der Eleve hätte sich für den Nachmittag angesagt.

Ich muß wirklich sagen, Karl-Wilhelm war noch nie so nett zu mir gewesen wie an diesem Tag. Er fragte Mutter, ob er jetzt jeden Abend kommen dürfe. Er hätte mir versprochen, bei meinen Laubsägearbeiten für die Weihnachtsgeschenke zu helfen. Einen Augenblick war ich ein wenig verdutzt, konnte ich mich doch nicht entsinnen, daß er etwas Ähnliches geäußert hatte. Um so freundlicher fand ich sein Angebot. Ich sah gerührt zu Tante Ella hinüber. Sie war in ihr neues Strickmuster vertieft und hörte gar nicht zu.

Wie jedes Jahr, wollte Mutter mit uns und den Dorfkindern eine Adventsfeier veranstalten. Was hatte ich mich sonst darauf gefreut, beim Pfefferkuchenbacken und beim Binden des Adventskranzes zu helfen. Doch anstatt reihenweise Weihnachtsmänner und Sterne aus dem ausgerollten Pfefferkuchenteig auszustechen und sie mit Zuckerguß zu bestreichen, zog ich es diesmal vor, Tante Ella auf ihren abendlichen Spaziergängen zu begleiten und Gespräche von Frau zu Frau mit ihr zu führen. Meist kreuzte auch Karl-Wilhelm unsere Fährte und brachte uns fürsorglich nach Haus. Ich mußte Tante Ella versprechen, ihm nichts von ihrer unglücklichen Liebe zu erzählen. «Hast du denn kein Vertrauen zu ihm?» fragte ich sie. Meine Tante fuhr sich graziös über ihr Blondhaar und meinte: «Ich glaube, er mag mich nicht besonders.» Was ich natürlich sofort widerlegte.

Am Adventssonntag fand sich auch Karl-Wilhelm ein mit der Begründung, er wolle meiner Mutter beim Aufhängen des Kranzes helfen. «Übernimm dich nicht, mein Junge», sagte Mutter, und mein Freund lachte verlegen.

Lange vor Beginn der Feier wuselten wir aufgeregt mit den Dorfkindern im Haus umher und störten Mutter. «Spielt doch das Löwenspiel», schlug sie vor, um uns los zu sein. Das Löwenspiel war nicht gerade das, was man besinnlich nennen konnte; doch Mutter fand es eine gute Methode, uns vor dem Stillsitzen ein wenig müde zu bekommen. Es war ein Würfelspiel, bei dem man mit jedem Wurf ein Tierbild erreichte, dessen Stimme man imitieren mußte. Sieger war, wer zuerst auf dem Bild des Löwen landete. Unter lautem Gebrüll mußte er aufspringen und sämtliche vor ihm her fliehenden Tiere einfangen. Die wilde Jagd ging durch alle Zimmer. Ein herrliches Spiel.

Auch Tante Ella und Karl-Wilhelm beteiligten sich daran. Und Tante Ella sagte, kein Löwe der Welt würde sie fangen. «Abwarten», sagte Karl-

Wilhelm und versuchte wie eine Elster zu krächzen, was wir sehr komisch fanden. Tatsächlich erreichte er als erster das Ziel, und unter wirklich erschreckendem Gebrüll trampelte er den Flur entlang die Wendeltreppe hinunter hinter uns her. Als wir uns außer Atem wieder im Kinderzimmer versammelten, fehlte Tante Ella. Wir riefen: «Komm heraus, das Spiel ist zu Ende!» Aber sie blieb wie vom Erdboden verschluckt.

Nach einer halben Stunde bekamen wir es schließlich mit der Angst zu tun und halfen Karl-Wilhelm beim Suchen. Auf dem Speicher waren große Löcher im Fußboden.

«Hoffentlich hat sie sich da nicht versteckt», meinte Billi.

«Unmöglich», sagte Karl-Wilhelm, «die Tür ist abgeschlossen, ich habe nachgesehen.»

Es war ein Irrtum. Die Tür klemmte nur. Unter Billis Fußtritten flog sie auf. Aus der Ecke des großen Speichers hörten wir Klopfen. Vorsichtig schlichen wir über die morschen Stellen und öffneten den Deckel der großen Truhe, die unter der Fensterluke stand. Zwischen alten Säcken und Decken kauerte halb ohnmächtig unsere Tante.

«Warum bist du bloß da hineingekrochen?» rief ich. «Der Deckel ist ins Schloß gefallen, du hättest leicht ersticken können!»

Statt einer Antwort nieste unsere Tante zehnmal

hintereinander heftig und ließ sich von uns heraushelfen. «Mir ist ganz elend», sagte sie schwach, «ich muß mich hinlegen.» Von Karl-Wilhelm gestützt, wankte sie die Treppe hinunter.

Als die Adventsfeier begonnen hatte, schlich ich mich leise davon, um nach ihr zu sehen. Außerdem vermißte ich den Eleven. Behutsam öffnete ich die Tür von Tante Ellas Zimmer und starrte ungläubig zum Fenster hinüber. Da standen die beiden und küßten sich. Es dauerte eine ganze Zeit, bis sie mich bemerkten. Ich musterte sie anklagend und spielte mit meinen Zöpfen. Was würden sie zu ihrer Entschuldigung vorbringen? Doch alles, was meine geliebte Tante sagte, war: «Was willst du denn hier, warum bist du nicht bei den anderen Kindern?» Und mein Herzensfreund streichelte sie und sagte ungeduldig: «Nun geh schon, sie werden dich vermissen.»

Verräter, alle beide!

«Meinst du, daß sie petzen wird?» hörte ich meine Tante noch besorgt fragen, ehe ich die Tür hinter mir zuschlug. Rachsüchtig erwog ich einen Augenblick diese Möglichkeit. Kam ich mir doch wie ein Hund vor, den man eine Zeitlang auf dem Sofa schlafen ließ und dann wieder in die Hundehütte verbannte. «Petzen», hörte ich im Geiste Vaters Stimme, «ist ebenso schlimm wie Lügen.»

Niedergeschlagen kehrte ich in den Schoß der

Familie zurück. Entschlossen zwängte ich mich auf das große Sofa zwischen Nirzwickis Lenchen und Billi. Sie machten mir bereitwillig Platz und reichten mir Pfefferkuchen und Nüsse zum Knabbern herüber. Dankbarkeit stieg in mir empor. Gleich morgen, so nahm ich mir vor, würde ich mit ihnen wieder Sechsundsechzig spielen.

Andächtig schnupperte ich den Duft der frisch geschnittenen Tannenzweige, beobachtete eine flackernde Kerze und lauschte Mutters Stimme. Sie las das Märchen von der Schneekönigin. Mein Lieblingsmärchen! Ich verwandelte mich in das kleine Mädchen, das den kleinen Kai mit dem Eissplitter im Herzen sucht. Ohne es zu merken, war ich in meine Kinderschuhe zurückgeschlüpft. Und ich muß sagen, sie paßten noch wie angegossen.

Ein Krokodil namens Pinne

Neben anderen Merkwürdigkeiten, die hier nicht erwähnt werden sollen, besaß meine Familie eine bemerkenswerte Einbildungskraft. Glücklicherweise waren in meiner Jugend Psychiater noch nicht modern. Sicherlich hätten sie bei manchen von uns schreckliche Komplexe diagnostiziert und Therapien angewandt, von denen sich die Bedauernswerten nie mehr ganz erholt hätten. Ganz anders unsere alten Hausärzte. Sie wärmten sich erst fürsorglich die Hände am Kachelofen, ehe sie uns untersuchten, und verordneten in jedem Falle warme Umschläge und Lindenblütentee. Ganz gleich, ob es sich um Keuchhusten, Masern oder den sechsten Sinn handelte.

Besonders phantasiebegabt waren Tante Adeles Kinder. Ihre Tochter Angelika, ein mageres Geschöpf mit straff nach hinten gebürstetem Haar, bis zu den Kniekehlen reichenden Zöpfen und einer Gesichtsfarbe, die sie zur lebenslänglichen Einnahme von Eisenpräparaten verurteilte, hatte zwei

Spielgefährtinnen. Sie hießen Dora und Dagmar. Ihre angenehmsten Eigenschaften waren, daß sie nie mit den Türen knallten oder den Teppich mit dreckigen Stiefeln beschmutzten, denn sie waren nur für Angelika sichtbar und hörbar. Oft gab es mit ihnen Streit in der Kinderstube. Dann lief Angelika weinend zu ihrer Mutter und ließ sich trösten. Manchmal fragte mein Onkel bei Tisch nach Dagmar und Dora und bekam dann sehr detaillierte Schilderungen über ihre Untugenden zu hören.

Angelikas Bruder Otto, ein stämmiger Junge mit Kaninchenzähnen, stand nicht hinter seiner Schwester zurück. Oft spielten sie gemeinsam mit drei Männern im Garten. Die Männer wohnten in verschiedenen Bäumen und hießen Herr Pietsch, Herr Babst und Herr Knoblauch. Auf ihren Rat wurde viel gegeben. Leider muß gesagt werden, daß er nicht immer zum Guten ausschlug. Besonders Herr Knoblauch übte einen schlechten Einfluß aus. Er verleitete die Kinder zum Naschen und anderen, verabscheuungswürdigen Taten.

Otto liebte besonders einen imaginären Hund. Es war ein wildes, bissiges Tier mit dem Maul eines Wals und den Zähnen eines Haifisches. Nach Ottos Berichten hatte er schon mehrere Menschen gefressen. Mit Vorliebe biß er Ottos Feinde. Otto ging mit ihm spazieren und führte lange Gespräche mit ihm. Der Stammplatz des Hundes war unter einem großen Lehnstuhl neben dem Kamin. Um Otto nicht zu verärgern, respektierte die Familie diesen Platz und achtete darauf, dem Hund nicht zu nahe zu kommen. Nur die Gäste, die mit der Eigenart des Hauses noch nicht so vertraut waren, sahen sich verdutzt um, wenn Otto rief: «Vorsicht, tritt nicht auf Harras!»

Der Hund verursachte einen ziemlichen Sturm im Familienkreis, als eine entfernte Verwandte auftauchte. Die Tante war den Kindern auf den ersten Blick unsympathisch, hatte sie sich doch über das ungeschriebene Gesetz, ihnen etwas mitzubringen, schnöde hinweggesetzt. Diese Antipathie sollte sich verhängnisvoll für sie auswirken. Obwohl die Tante sich wunderte, den Hund nie zu sehen zu bekommen, hatte sie genug von seiner Bissigkeit gehört, um seine Anwesenheit nicht gerade herbeizuwünschen. Kurz vor dem Mittagessen, auf dem Weg zum Eßzimmer, schrie Otto plötzlich hinter ihr entsetzt: «Harras, hierher! Hierher, Harras!» Die Tante machte einen Sprung nach vorn, stolperte über ein Loch im Teppich und verstauchte sich den Knöchel. Was sie bei ihrer Abreise meinem Onkel im Beisein seines Sohnes sagte, war unfreundlich. Sie nannte Otto schizophren. Ein Wort, dessen Bedeutung er zwar nicht verstand, das er aber ungeheuer faszinierend fand. Dagegen zeigte Kusine

Monika, die einzige Tochter von Tante Sofie, eine Vorliebe für Krokodile. Sie entdeckte eines Tages so ein Reptil unter ihrem Bett und nannte es Pinne.

Pinne wurde allmählich ein Alptraum für Tante Sofie. Zog sie arglos eine Kommodenschublade auf, so schrie Monika bestimmt: «Laß Pinne nicht heraus, er frißt dich.» Wie ein Dämon im orientalischen Märchen wechselte Pinne ständig seine Gestalt. Mal war er so winzig klein, daß er sich in Monikas Faust verstecken konnte, dann wieder füllte er das ganze Zimmer. Die Familie war erleichtert, als das Krokodil wieder im Traumland verschwand. Doch nun erfand Monika ein Brüderchen und erzählte ihren Schulkameradinnen davon. Das Brüderchen wurde getauft, bekam Zähne und machte allen Sorge, weil es nachts immer so merkwürdig schrie. Es dauerte eine Weile, bis die Klasse die Wahrheit erfuhr. Ärgerlich nannte die Lehrerin Monika eine Schwindlerin und Schlimmeres.

Zu unserer Enttäuschung zeigt sich die nun heranwachsende Generation unserer Familie mehr von der nüchternen Seite. Deshalb sah ich neulich meinem jüngsten Neffen mit besonderem Interesse beim Spielen zu. Er belud einen nicht vorhandenen Wagen mit Heu, das er sich aus der Luft holte, und fuhr damit zu einer Scheune, die noch niemand gebaut hatte.

Der Osterhase und
das Waldhorn

Auch in diesem Jahr sollte das Osterfest unter dem Zeichen von Markus-Martin stehen. Meine Schwester und ich zuckten zusammen, als Vater uns beim Frühstück seinen Besuch verkündete. Vera und ich waren zarte Geschöpfe, wahre Engel, die mit ihrem schulterlangen blonden Haar und den blauen Augen genau das Richtige für ein Pastellbild gewesen wären. So jedenfalls sprach Tante Frieda über uns, wenn sie bei Mutter etwas erreichen wollte. Mit uns allein jedoch sprach sie anders. Doch vor allem waren wir kleine Mädchen. Mit Freude am Puppenspiel, Verkleiden, altklugen Reden und Petzen.

«Als erstes», sagte Vera entschlossen, «müssen wir unsere Puppen verstecken. Weißt du noch voriges Jahr?» Sie machte eine vielsagende Pause. Markus, dieser unerwünschte Vetter, hatte unser Puppenhaus zur Festung erklärt und es mit seinem Flitzbogen unter Beschuß genommen. Das schöne Boudoir der Puppe Rosalinde hatte er dabei verwüstet. Zwei Puppenstühle waren entzweigegangen, und Rosalinde hatte der Feind in den Garten verschleppt, wo wir sie nach langem Suchen in der Hundehütte wiederfanden. Unter Markus' wißbegierigen Händen schien sich alles wie von selbst aufzulösen. Stramme Teddybären verloren ihre Robustheit und wurden haltlos und schlaff. Stolze Holzpferdchen verloren Schweif und Mähne. Veras Lieblingsplatte, die eigentlich Mutter gehörte, «Was kann der Sigismund dafür, daß er so schön ist!», bekam einen Sprung, so daß es jetzt eher klang wie: «Was kann dein Mund dafür . . .», was Vater wiederum wahnsinnig originell fand. Er hatte überhaupt eine Schwäche für Markus und lachte nur, als herauskam, was er sich im letzten Jahr beim Ostereiersuchen geleistet hatte. Während Vera und ich nur ein paar schäbige Zuckereier fanden, war sein Körbchen im Handumdrehen bis zum Rand gefüllt. Mutter murmelte etwas von «Telepathie» und «enormem Instinkt» vor sich hin, bis Markus grinsend verriet, daß er sie von ihrem Schlafzimmerfenster aus mit einem Fernglas beim Verstecken beobachtet hatte. Mutter war empört, aber Vater meinte, es wäre für die Mädchen nur von Vorteil, wenn sie schon frühzeitig lernen würden, sich dem überlegenen männlichen Geist unterzuordnen. «Geist ist gut», sagte Mutter spitz.

So begrüßten wir Markus zurückhaltend, als er

aus dem Jagdwagen kletterte und auf uns zusteuerte. Wir hatten uns umsonst geängstigt. Markus beachtete uns kaum. Sein ganzes Interesse galt einem Waldhorn, das er von seinem Vater, Onkel Karl, geschenkt bekommen hatte. Vera und ich versuchten vergeblich, diesem Instrument so etwas wie einen Ton zu entlocken. Obwohl wir unsere Backen wie Posaunenengel anschwellen ließen, gelang es uns nicht.

Von nun an wurden wir jeden Morgen durch schmetternde Signale geweckt. Vater wurde sehr ärgerlich, als ihn das «kleine Halali» einmal sogar aus dem gesunden Vormitternachtsschlaf riß. Da er Markus nicht im Bett fand, machte er sich auf die Suche nach ihm. Er fand ihn auf dem Boden auf Großmutters vermottetem Plüschsessel hocken, umgeben von alten Kartons, Koffern und Reisekörbchen vor der offenen Bodenluke, wo er dem Mann im Mond ein Ständchen brachte, an dem sich die Käuzchen angeregt beteiligten. Vater legte ihm nahe, sich in Zukunft zum Üben nach draußen oder in die Scheune zu verziehen.

Zu unserer Beruhigung war Markus jetzt meist mit Herrn Engel zusammen. Herr Engel, ein vielseitig begabter melancholischer Mann mittleren Alters, betätigte sich neben seinem Beruf als Friseur auch als Kellner und Tischler und war der Musik und dem Alkohol gleichermaßen zugetan. An lauen Abenden oder am frühen Morgen liebte er es, am Ufer des Sees zu sitzen und auf seinem Horn zu blasen. Leider waren die Wildenten nicht musikalisch genug, um «Puppchen, du bist mein Augenstern» auf die Dauer auszuhalten, was sämtliche auf Anstand befindlichen Jäger im Umkreis mit den Zähnen knirschen ließ.

Sein Liederrepertoire war klein, aber gehaltvoll. Zwar heiligten seine Melodien am Sonntag nicht gerade den Feiertag, aber sie gaben ihm doch eine eigene Note, so daß für uns sein Spiel ebenso dazu gehörte wie das Läuten der Glocken.

Unbelästigt von unserem Vetter, konnten Vera und ich unsere Puppen auf die Festtage vorbereiten. Wir wuschen und plätteten ihre umfangreiche Garderobe, bauten Osternester und beobachteten den Osterhasen, wie er im Garten an unserem Winterkohl Kraft für seine Arbeit sammelte. Vera, die schon zur Schule ging, hielt nicht mehr allzuviel von ihm. Auch mein Glaube war bereits vom Zweifel durchsetzt. Allerdings, wenn ich ihn dann so selbstverständlich im Garten sitzen sah, konnte ich mir einfach nicht denken, daß er ein ganz gewöhnlicher Feldhase sein sollte. Zu meinem Befremden wurde auch meine beste Freundin Lenchen ihm abtrünnig. Wir besuchten sie zwei Tage vor Ostern im Krankenhaus.

Lenchen hatte vor acht Tagen eine Blinddarmentzündung bekommen und sollte so schnell wie möglich ins Krankenhaus gebracht werden. Unglücklicherweise blieb der Krankenwagen mit dem wimmernden Lenchen im Sand stecken. Als sie schließlich im Krankenhaus ankamen, war es so spät geworden, daß der Chirurg, um Lenchen zu operieren, seinen Schnepfenstrich aufgeben mußte, was er der Patientin nur schwer verzieh.

Wir fanden Lenchen im heftigen Wortgeplänkel mit der Stationsschwester, die ihr verbot, den Essenwagen als Kutsche zu benutzen. Lenchen machte einen recht munteren Eindruck. Wie sie uns erzählte, hatte sie bereits drei Tage nach der Operation ihre Milchsuppe bei ihrem Bettnachbarn gegen eine Bratwurst eingetauscht und anschließend mit ihm Versteck gespielt. Mein Bericht über den Osterhasen im Garten machte nur wenig Eindruck auf sie.

«Hasenbraten esse ich lieber als Ostereier», sagte sie und leckte sich lüstern die Lippen.

Markus sah sie bewundernd an. «Den schieß ich dir», sagte er großartig.

Ich war empört. «Untersteh dich!», fauchte ich ihn an. Fast wären wir im Krankenzimmer miteinander handgreiflich geworden. Der kleine Junge im Nachbarbett zog sich bereits ängstlich die Bettdecke über die Ohren. Da kam die Schwester und sagte, es wäre besser, wir gingen jetzt nach Haus.

Nie hätte ich für möglich gehalten, daß Markus allen Ernstes daran dachte, ein Attentat auf den Osterhasen zu verüben. Vielleicht war es auch mehr der Ärger über eine Ohrfeige, die er von Vater bezogen hatte, als das Versprechen, das er Lenchen gab. Markus war es eingefallen, gerade in dem Augenblick «Kaninchen tot» zu blasen, als Vater, den einen Fuß im Steigbügel, im Begriff war, die Stute Flora zu besteigen. Flora, ein sehr nervöses Frauenzimmer, machte einen Satz, der wieder einmal ihr großes Springvermögen unter Beweis stellte, Vater jedoch ziemlich heftig zu Fall brachte. Jedenfalls suchte Markus sich ausgerechnet den Ostersonnabend für seine schändliche Tat aus.

Ich war schon früh aufgewacht. Durch das offene Fenster tönte Herrn Engels Horn. Es klang merkwürdig nah. Ich beugte mich aus dem Fenster und entdeckte in der Silberpappel vor dem Haus einen Star, den er täuschend imitierte. Sogar den kleinen Kickser vergaß er dabei nicht. Auch der Hase war wieder da. Gemessen hoppelte er den Gartenweg entlang und schien dem Star zu lauschen.

Plötzlich sah ich Markus am Nachbarfenster auftauchen. Er hob seine Zwille, visierte kurz und schoß, ehe ich ihn daran hindern konnte. Der Hase gab einen quäkenden Laut von sich, machte fast so einen Satz wie am Abend vorher Flora, drehte sich einmal um sich selbst und blieb liegen.

Markus-Martin, dieser widerliche Vetter, hatte den Osterhasen umgebracht. Ich bekam einen meiner berüchtigten Wutanfälle. Einen Augenblick trampelte ich schreiend auf der gleichen Stelle, dann rannte ich in Markus' Zimmer. Markus vergaß, daß er ein Junge und älter als ich war, er sah nur, daß ich mich in eine Furie verwandelt hatte. Das genügte ihm. Er rannte aus dem Zimmer, lief die Treppe hinauf und suchte in der Räucherkammer Schutz.

Ehe er die Tür zuzuhalten vermochte, hatte ich ihn schon erreicht. Ich vergaß, daß ich «ein wahrer kleiner Engel» war, riß eine handliche Mettwurst vom Haken und wollte sie ihm gerade über den Kopf schmettern, da packte mich Vaters Hand im Genick und zog mich nach draußen auf den Flur.

«Der Osterhase», schluchzte ich, «er hat ihn totgeschossen!» Ich deutete durch das Flurfenster in den Garten.

«Ich sehe nur Spatzen», sagte Vater. Wahrhaftig, der Hase war verschwunden. Er hatte den Meisterschuß überstanden. Nur ein wenig Hasenwolle lag auf dem Gartenweg. Ich würdigte Markus beim Frühstück keines Blickes, und er zog es vor, sich für den Rest des Tages allein zu beschäftigen.

Gegen Abend trottete er mit seinem Horn in der

Hand zu Herrn Engel, bei dem Hochbetrieb herrschte. Markus sah eine Weile zu, wie Herr Engel nach jedem Haarschnitt den Kunden fragte: «Anfeuchten?», und wenn der nickte, seinen Mund als Sprühdose benützte und das Haar leicht übersprühte. Allmählich wurde es ihm zu langweilig, auf Herrn Engel zu warten. Er schlenderte zum See hinunter und lief am Ufer entlang, argwöhnisch von den brütenden Wasserhühnern beobachtet.

Als unerwartet ein Hase vor ihm aufsprang, erschrak er, stolperte und ließ das Horn ins Wasser fallen. Es versank mit einem leisen Glucksen. Er starrte eine Weile verbiestert auf die Wasserfläche und versuchte dann, es mit einem Ast wieder herauszuangeln. Vergeblich. An dieser Stelle war das Wasser tief und der Grund morastig. Dazu wurde es bereits dämmrig. Markus gab entmutigt auf und rannte zu Herrn Engel, um ihn um Hilfe zu bitten. Zwar war Herr Engel allein, aber ein beharrlicher Schluckauf hatte ihn schon eine Weile dazu genötigt, das Übel mit doppeltem Korn zu bekämpfen, so daß sein Begriffsvermögen etwas getrübt war.

Markus trat vor Ungeduld von einem Bein auf das andere. Morgen früh sollte sein Vater kommen, und wehe ihm, wenn bis dahin das Waldhorn nicht wieder aufgefunden war! Onkel Karl war für seine Pingeligkeit in der ganzen Familie berühmt.

Endlich bequemte sich Herr Engel doch, Markus

zu folgen. Mit einer alten Heugabel bewaffnet, begab er sich an die Stelle. Aber auch sein Bemühen blieb ohne Erfolg. Das Waldhorn dachte nicht daran, mit seinem Riemen an den Zinken hängenzubleiben.

Es war ein ziemlich blasser Markus, der zu uns zum Abendbrot kam. Natürlich konnte er sein Unglück nicht bei sich behalten. Bevor wir ins Bett gingen, erzählte er uns alles. «Das war bestimmt der Osterhase», rief ich triumphierend, «und nun hat der Wassermann dein Horn. Vielleicht spielt er auch darauf ‹Puppchen, du bist mein Augenstern›.» Vera kicherte. «Dein Vater wird sich freuen.» Markus senkte den Kopf. Fasziniert sah ich eine Träne auf seiner Backe.

In dieser Osternacht schliefen wir alle drei schlecht. Wahrscheinlich war der Mond dran schuld. Er besah sich so lange neugierig unser Spielzeug, bis wir aufwachten. Als es hell wurde, faßte Vera einen ihrer spontanen Entschlüsse. Sie lief in Markus' Zimmer. Nach wenigen Augenblicken kam sie mit ihm zurück. Ich hatte mich gerade auf das Fensterbrett gesetzt und sah zu, wie die Nacht sich langsam zu den Sternen zurückzog. Unwillkürlich blickte ich zu dem Platz hinüber, wo sich sonst der Hase aufzuhalten pflegte. Aufgeregt zog ich Vera am Ärmel ihres langen Nachthemds. «Sieh mal, wer da sitzt», sagte ich glücklich. Weder

Vera noch Markus fanden es ratsam, mich darüber aufzuklären, daß sich der Hase in ein Wildkaninchen verwandelt hatte.

«Komm jetzt», sagte Vera ungeduldig, «und zieh dich schnell an. Wir wollen zum See und das Waldhorn herausholen. Onkel Karl kommt schon zum Frühstück.»

«Um diese Zeit?» Ungläubig sah ich sie an. «Es ist ja noch beinah Nacht, was wird denn Mutter sagen?»

«Laß sie lieber hier, das Baby.» Markus schlüpfte ohne viel Umstände in seine Schuhe, ohne die Schuhbänder aufzubinden.

«Auf keinen Fall, sonst petzt sie alles!» Vera kannte mich.

Doch das Wiedersehen mit dem Osterhasen hatte mich versöhnlich gestimmt. «Ich verrate nichts und komme mit», sagte ich großmütig.

Leise schlichen wir aus dem Haus. Im Schuppen fanden wir einen alten Drahtkescher, den nahmen wir mit. Dann liefen wir, um den Weg abzukürzen, quer über die Wiesen. Während Markus mit aller Kraft und beiden Händen den Kescher durch den Morast wühlte, hielt ihn Vera an seiner Lodenjacke fest und ich Vera an ihrem Rockbund. Der Wassermann schien sich nur ungern von seinem Schatz zu trennen. Als wir endlich Erfolg hatten, war die Sonne bereits aufgegangen. Markus säuberte freudig das Horn mit einem seiner Socken von Schlamm und Algen und blies Vera mit dem ersten Ton einen kleinen Fisch ins Gesicht.

Erschöpft setzten wir uns in den Kahn und wärmten unsere kalten Nasen in der Morgensonne. Die Sicht war so klar, daß wir die Pappelallee auf der fernen Hauptstraße deutlich sehen konnten.

«Na, noch böse?» fragte Markus, und ich schüttelte den Kopf. Sollte ich nachtragender als der Osterhase sein? In den Dörfern rings um den See begannen die Glocken den Ostersonntag einzuläuten. Und dann hörten wir Herrn Engels Horn. Er blies: «Das ist der Tag des Herrn . . .»

Betten meines Lebens

Manchmal am Sonntag, wenn ich den Vormittag im Bett vertrödele und versonnen Bücher, Zeitschriften und Brotkrümel aus meiner zerwühlten Lagerstatt entferne, gedenke ich der Betten meines Lebens.

Mein erstes Bett war vergittert. In ihm fühlte ich mich wie der kleine Hävelmann in Storms Märchen, zu allen Schandtaten meines jungen Lebens bereit. Ich steckte meinen Zeigefinger durch die Stäbe, deutete auf eine ältere Dame und sagte frech: «Affe, Affe!»

Später, als meine ins Kraut schießenden Glieder nur noch wie Lianen ineinander verschlungen darin Platz fanden, bekam ich ein eisernes Bett mit zerkratzten, schwarzlackierten Stäben und goldenen Kugeln darauf. Mein Vater hatte darin als Leutnant von Preußens Gloria, Pferderennen und Monte Carlo geträumt. Ich liebte es sehr. Es quietschte bei der leisesten Bewegung und trieb meine sanfte Schwester dazu, mir nachts Ohrfeigen zu versetzen.

Für mich war es eine sichere Höhle, in die ich schlüpfte, sobald mir von den Erwachsenen Gefahr drohte. Unter seinen schützenden Decken vergraben, las ich nachts heimlich beim Schein einer Taschenlampe so aufregende Bücher wie «Die Diamanten des Peruaners» und «Kreuz und quer durch Indien». Dabei ließ mich das erstickend heiße Federbett die tropische Hitze recht realistisch nachempfinden.

Die Betten, die mir in meiner Mädchenblüte zugedacht wurden, standen in Reih und Glied und wurden nicht gemacht, sondern gebaut. Sie waren aus rohen Brettern zusammengeschlagen, und der prallgestopfte Strohsack ließ uns von einer Seite auf die andere rollen. Sie waren stumme Zeugen einer nächtlichen Orgie, in der wir mit Waldmeisterbowle (drei Viertel Wasser, ein Viertel Wein) Gretel Heidepriems Beförderung zur außerplanmäßigen stellvertretenden Kameradschaftsältesten des Reichsarbeitsdienstes feierten. Dazu tanzte uns die Arbeitsmaid Annemarie Klose aus Berlin-Moabit etwas vor, das sie «feurige Pußta» nannte.

Des Morgens, noch früher als die Hähne krähen, weckte uns eine Stimme mit dem aufmunternden Ruf: «An die Arbeit!» Wir antworteten schläfrig im Chor: «Froh heran!» Des Abends lutschten wir zuweilen in unseren Betten beglückt an zwei Sahnebonbons: eine Fleißprämie für ein sauber gezogenes Rübenfeld!

Nach dem März 1945 wechselte ich mein Bett für längere Zeit von Nacht zu Nacht. Mal schlief ich auf der Holzbank eines schuttbeladenen Bahnsteigs, auf dem es viele Menschen, aber keine Züge gab, dann wieder auf rüttelnden Lastwagen, die sich einen Weg nach Westen suchten. Mein wärmstes Bett, an das ich mich in jener Zeit erinnern kann, war ein Strohbündel neben einer 4-Zentner-Sau. Ihre friedlich atmende Flanke diente mir als Kopfkissen.

Am nächsten Morgen mied man allerdings meine Nähe.

Doch dann ging es mit meinen Betten wieder aufwärts. Als Zugereiste in einer überbelegten Großstadt begann für mich das Wanderleben eines Untermieters. Zu kurze Betten, weich mit durchhängenden Federn, ausgediente Sofas, hügelige Couches, Liegen jeder Art lernte ich so kennen. Ein amerikanisches Feldbett hinterließ bei mir den größten Eindruck. Schlief ich darin nicht so ruhig wie eine chloroformierte Katze, klappte es unter mir zusammen und begrub mich in einem Knäuel von Holzstangen und Decken.

Nun habe ich wieder mein eigenes Bett. Es ist breit und bequem mit einer federleichten Daunendecke. Die Kissen sind weich, und die Matratze ist so gut gefedert, daß selbst die Prinzessin auf der Erbse nichts auszusetzen hätte. Aber ob es wie seine Vorgänger einst einen Platz in meiner Erinnerung einnehmen wird, weiß ich noch nicht.

Inhalt

Dacia Maraini

Bagheria

Eine Kindheit auf Sizilien.
Aus dem Italienischen von Sabina
Kienlechner. 171 Seiten. SP 2160

»›Bagheria‹ ist ein schönes und kluges Buch, ganz fern von allen Klischeevorstellungen vom Tourismus-Sizilien, und dazu ein Buch über eine Vielzahl eigenwilliger und begabter Frauen ...«
Die Presse

Liebe Flavia

Roman. Aus dem Italienischen von
Viktoria von Schirach. 210 Seiten.
SP 2982

»Es ist der Kinderblick der Erzählerin, der dem Buch den Ton, die Spannung und auch die Weisheit gibt.«
Henning Klüver

Stimmen

Roman. Aus dem Italienischen von
Eva-Maria Wagner und Viktoria
von Schirach. 406 Seiten. SP 2462

»Man möchte Dacia Maraini mit ihrer leicht unterkühlten, stets ein wenig ironischen Schreibweise in eine Reihe stellen mit den großartigen englischsprachigen Kriminalschriftstellerinnen.«
Literatur heute

Nachforschungen über Emma B.

Aus dem Italienischen von
Sigrid Vagt. 233 Seiten. SP 2649

Wer war Emma Bovary wirklich? Dieser Frage geht Dacia Maraini nach und wirft ein völlig neues Licht auf den Roman. Denn Emma war nicht nur eine der ersten emanzipierten Frauen in der Literaturgeschichte, sondern vor allem ein Opfer, eine Projektionsfläche für Flauberts eigene Ängste, seinen Selbsthaß und sein Verhältnis zu seiner unglücklichen Geliebten Louise Colet.

Erinnerungen einer Diebin

Roman. Aus dem Italienischen
von Maja Pflug. Mit einem
Nachwort von Heinz Willi
Wittschier. 383 Seiten. SP 1790

Fasziniert von der unkonventionellen Art Teresas, die jenseits von bürgerlichen Normen nach ihren eigenen Regeln lebt, beschloß Dacia Maraini 1972 über die »Diebin«, die sie bei einem Gefängnisbesuch in Rom kennenlernte, ein Buch zu schreiben.